车致振动荷载作用下盾构隧道动力响应特性研究

杨文波 著

科学出版社
北京

内 容 简 介

本书针对列车荷载作用下盾构隧道结构及周围地层的动力响应、能量传递等动力学问题，系统地介绍了用于盾构隧道列车动力学研究的模型试验方法、数值模拟方法和分析方法，研究了盾构隧道管片接头、上软下硬地层、衬砌管片背后空洞和列车行驶效应对盾构隧道动力响应的影响。全书共5章，内容包括：绪论、列车振动荷载作用下盾构隧道动力响应特性、上软下硬地层对盾构隧道动力响应影响、衬砌管片背后空洞对盾构隧道动力响应影响、移动列车荷载作用下盾构隧道动力响应。

本书可作为隧道与地下工程领域相关研究人员的指导用书，也可以作为相关工程技术人员的学习参考用书。

图书在版编目（CIP）数据

车致振动荷载作用下盾构隧道动力响应特性研究/杨文波著．—北京：科学出版社，2021.5

ISBN 978-7-03-067460-9

Ⅰ．①车…　Ⅱ．①杨…　Ⅲ．①地铁隧道-隧道施工-盾构法　Ⅳ．①U231.3

中国版本图书馆CIP数据核字（2020）第256861号

责任编辑：朱小刚 / 责任校对：王萌萌

责任印制：罗　科 / 封面设计：义和文创

科学出版社 出版

北京东黄城根北街16号

邮政编码：100717

http://www.sciencep.com

四川煤田地质制图印刷厂 印刷

科学出版社发行　各地新华书店经销

*

2021年5月第　一　版　开本：720×1000　B5

2021年5月第一次印刷　印张：13　插页：8

字数：260 000

定价：139.00元

（如有印装质量问题，我社负责调换）

前　言

随着我国城市化进程的进一步加快，地下轨道交通作为缓解城市地面交通压力的重要方式，进入了快速发展时期。目前，以地铁为代表的城市轨道交通已大量建成并投入运营，随之而来也引发了一系列环境振动问题。已有研究表明，地铁列车运行产生的振动可通过隧道结构与土体传播至地铁附近的建筑物，进而诱发环境振动问题，影响到沿线居民的工作与生活。同时，在一些高压缩性的软土地层，列车振动还会导致地层出现持续性沉降，对沿线建筑物的整体稳定性造成影响。另外，对于隧道结构而言，由于列车振动荷载的幅值通常较小，在列车振动荷载作用下不会导致结构的直接破坏，但隧道衬砌在长期运营后常常存在一定的损伤，在列车振动荷载的长期重复作用后会导致衬砌损伤的加速演化，严重时可能会导致隧道结构失稳，影响隧道的长期运营安全。因此，地铁列车运营所引发的振动响应规律研究具有十分重要的学术价值与研究意义，受到了学术界和工程界的高度关注。

本书针对城市地铁区间盾构隧道振动响应和振动波在周围地层中的传播规律，在国内外研究的基础上，探讨列车振动荷载下盾构隧道的动力学特性和影响因素。首先，在绪论部分总结概述列车振动荷载作用下盾构隧道动力响应特性、盾构隧道管片接头分析模型、上软下硬地层中盾构隧道结构力学特性、衬砌管片背后空洞对隧道结构的安全性影响等方面的研究现状；其次，基于室内模型试验和数值模拟，对列车振动荷载作用下盾构隧道进行动力响应分析，并研究管片接头、上软下硬地层、衬砌管片背后空洞对盾构隧道动力响应的影响，获得盾构隧道的动力响应特性及其传递规律；最后，基于数值模拟，考虑到列车的行驶效应，采用移动列车荷载进行计算，研究移动列车荷载作用下盾构隧道动力响应。

本书是国家自然科学基金项目“车致振动导致盾构隧道管片初始裂缝的扩展与损伤演化规律研究”(项目号：51678499)与“铁路盾构隧道列车振动荷载下衬砌结构及围岩动力响应特性研究”（项目号：51408494）多年研究成果的总结。本书得到交通隧道工程教育部重点实验室和中央高校基本科研业务费专项资金（项目号：2682021CG002）资助。本书主要由杨文波撰写，同时特别感谢周扬、涂玖林、钱志豪、徐朝阳、李林桂和刘德雄等在书稿撰写、文档整理、室内模型试验等方面所做的协助工作。

限于作者水平，书中疏漏之处在所难免，恳请读者批评指正。

目　　录

第1章　绪　　论

城市地下轨道交通以其运量大、准时、便捷、舒适、环保等优势已然成为城市居民日常出行的主要交通工具，极大地缓解了地面交通的压力。截至 2019 年底，中国大陆共有 40 个城市开通城市轨道交通运营线路 208 条，运营线路总长 6736.2km。其中，地铁运营线路占主要部分，长度为 5180.6km，占比为 76.9%。据不完全统计，2019 年全年累计完成客运量 237.1 亿人次，同比增长 12.5%；总进站量为 149.4 亿人次，同比增长 12.2%；总客运周转量为 2003.1 亿人公里，同比增长 13.8%，运营规模继续保持高增长势头[1]。

地下轨道交通已进入大规模发展的黄金阶段，其为生活带来便利的同时也带来了一系列问题，地铁列车运行所诱发的振动便是其中一个较为突出的问题。盾构法修建的地铁隧道大多采用装配式衬砌，隧道承载结构由预制管片拼装而成。通常而言，地铁列车运行产生的振动荷载幅值较小，不会导致衬砌结构的直接破坏，但在一些特殊情况下，如衬砌管片背后存在空洞或管片本身存在初始裂缝时，长期循环列车振动荷载就可能导致结构的损伤加速发展，进而导致结构出现失稳。另外，振动荷载可在隧道周围地层中进行长距离传播，诱发环境的振动问题，在一些振动敏感区影响尤为显著，如影院、高精密仪器实验室等。在一些特殊软土地层中，长期重复列车荷载的作用还会导致地层的持续沉降，进而威胁周围建筑物结构的稳定性。因此，研究列车振动荷载作用下盾构隧道的动力响应特性以及振动波在周围地层中的传播规律具有十分重要的现实意义，可为后期盾构隧道的减振设计提供一定的参考和依据。

1.1　问题的提出

地铁列车的振动是由列车与轨道之间的垂直轮轨接触力的准静态激励和动态激励共同作用产生的，准静态激励是由移动轴荷载的静态荷载分量、轴的距离和车辆速度决定的；动态激励是由轮轨的不平顺(如轮面擦伤、轨道接头和焊接使钢轨走形而发生的局部不平顺、轨枕的间隔排列或轨面波纹导致周期性的不平顺、纵向轨道水平偏差)、轨道支撑面(如轨枕、过渡区)刚度不同引起的随机变化以及偏心轮重等因素造成的冲击导致的[2, 3]。振动荷载产生后通过轨道传导直接作用于隧道结构，引起隧道结构的振动，再以能量波的形式在地层中传播，引起周围地层和既有建筑物的振动，振动传播机理如图 1-1 所示。

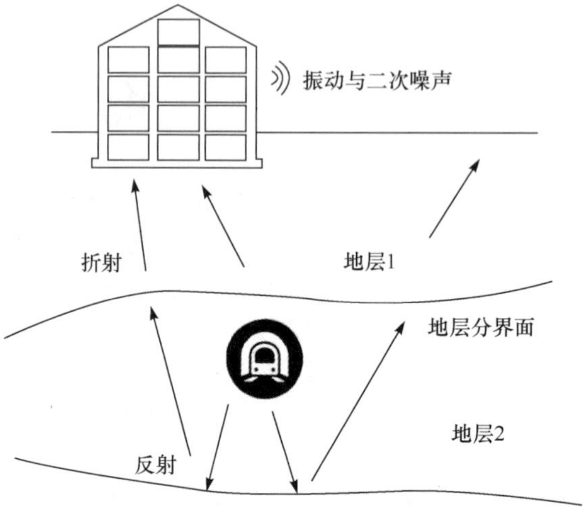

图 1-1　振动传播机理

振动波的传播由隧道结构和土体性质共同决定，根据已有研究[4]，隧道结构对于振动波在隧道结构内部以及附近区域的传播起着决定性的作用，这主要是由隧道衬砌结构的复杂性导致的。盾构法施工的地铁隧道区间常采用装配式衬砌结构，即将多个预制的钢筋混凝土管片通过环向管片接头和纵向环间接头按照一定的拼装方式组合为一个整体。由于其特殊的结构形式，衬砌管片存在众多接头和接缝，如图 1-2 所示。管片接头作为盾构隧道衬砌结构中的薄弱环节，与其他位置相比，刚度会有明显的降低。当衬砌结构受力时，管片接头位置易出现损伤甚至破坏。在列车振动荷载作用下，由于结构刚度分布不均，振动波在结构内部的传播规律较为复杂多变，同时接头处存在接触面，振动波会在此位置发生反射或折射现象，这使得振动波传播变得更加复杂。

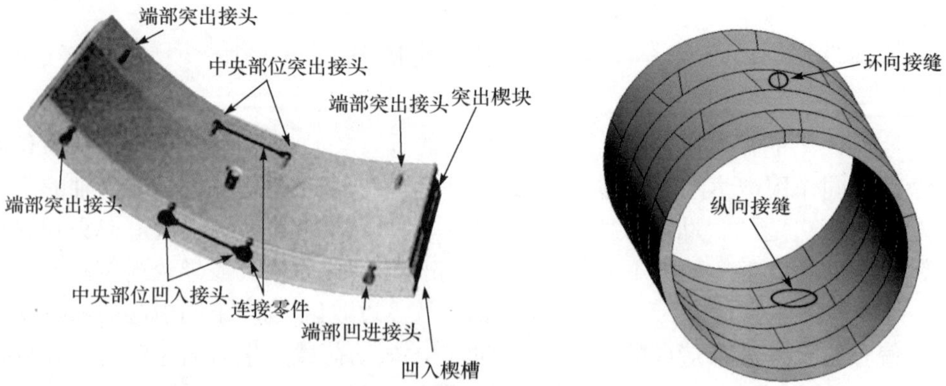

图 1-2　衬砌管片结构

衬砌的复杂构造虽然使得盾构隧道在列车振动荷载作用下的动力响应机理及传播规律变得复杂，但通常而言，隧道内列车运行期间的振动并不会导致隧道结构的直接损坏。而衬砌管片背后空洞作为一种常见的隧道病害形式，会影响隧道结构与围岩间的相互作用，降低地层抗力，改变盾构管片所受荷载的量值及空间分布，导致结构承载力不均匀并产生应力集中，从而诱发隧道结构出现初始损伤。随着盾构隧道运营年限的增加，列车荷载的作用会加速管片的损伤演化，进而影响整个盾构隧道体系的承载力和耐久性，还可能致使衬砌管片背后空洞的范围不断扩展，加剧管片荷载量值及空间分布的改变，导致结构出现较大内力，严重时甚至会引起结构的局部或整体失稳。

另外，当振动波在隧道周围地层中向更远处传播时，土体性质对振动波的传播具有比较明显的影响。在均一地层中，地铁列车通过盾构隧道时产生的振动波的传播过程较为简单且较具规律性，但盾构隧道不可避免地穿越软硬不均匀地层，振动波在软硬地层的交界面处会发生反射、折射等现象，这使得振动波在地层中的传播变得复杂。

目前，国内外学者对列车振动荷载作用下隧道结构的动力响应的研究，大多集中在列车荷载的产生机理、振动波在轨道-隧道支护-围岩体系中的传播规律、管片结构车致损伤特性以及列车减振技术等方面，在盾构隧道管片接缝、地层软硬性质、衬砌管片背后空洞以及荷载的移动效应对盾构隧道动力响应影响方面的研究尚不深入，目前还难以有效指导盾构隧道的设计、施工以及后期运营。因此需要进一步研究盾构隧道及其周围地层在列车荷载作用下的动力响应特性，旨在为盾构隧道在列车振动荷载作用下的安全性评估及结构减振方法的设计提供理论依据。

1.2　国内外研究现状

本书主要讨论盾构隧道在列车振动荷载作用下的动力响应特性及其影响因素，这些内容涉及盾构隧道在列车荷载作用下的动力响应规律，管片接缝、上软下硬地层和衬砌管片背后空洞对盾构隧道响应的影响，因此下面将重点阐述列车振动荷载作用下盾构隧道动力响应特性、盾构隧道管片接头分析模型、上软下硬地层中盾构隧道结构力学特性以及衬砌管片背后空洞对隧道结构的安全性影响四个方面的研究现状。

1.2.1　列车振动荷载作用下盾构隧道动力响应特性

1. 列车振动荷载

地铁列车运行时，列车与钢轨之间相互作用而产生振动激励，其原因可以归纳为以下三个方面:①列车行驶下,众多车辆与钢轨同时发生作用产生的振动力;②车轮经过钢轨接头处产生的振动力;③车轮的不均匀磨损或钢轨的不平顺等诱发的振动力。总体来说,列车振动荷载产生的原因比较复杂,其影响因素涉及列车速度、车辆类型、钢轨类型、轨道结构等,使得列车振动荷载的确定具有较大困难。现有的铁路路线多采用的是无缝线路与整体道床,因而轨道的不平顺和轨面波形磨耗效应,尤其是轨道的随机不平顺,是列车振动荷载产生的最直接原因。

目前,已有较多的国内外学者对列车振动荷载问题展开了研究。一部分学者基于现场测试进行频谱分析,通过简化模型和傅里叶变换来对列车振动荷载的数学表达式进行了研究。张玉娥等[5]在现场测试的基础上,利用频谱分析方法得出了由地铁列车振动引起的轨道振动加速度的数定表达式,根据车辆系统振动简化模型,建立了正确的模拟轮系的运动方程,从而推导出地铁列车振动荷载。高峰[6]根据北京—通辽线扎兰营子隧道列车振动现场测试的加速度数据分析列车车辆体系的振动,得到了列车振动荷载的数定表达式。潘昌实和Pande[7]根据轨道加速度测试数据分析车辆体系的振动,采用轮轨相互作用模型进行推导,提出了采用振动力函数模拟列车振动荷载的思想。该函数包括静荷载和一系列正弦函数组成的动荷载(见式(1-1)),可在一定程度上反映列车振动荷载的周期性,是一种近似的模拟方法。

$$F(t) = A_0 + A_1 \sin \omega_1 t + A_2 \sin \omega_2 t + A_3 \sin \omega_3 t \tag{1-1}$$

式中,A_0 为车轮作用的静荷载;ω_1、ω_2、ω_3 为钢轨振动圆频率;A_1、A_2、A_3 为对应的振动荷载峰值。令簧下质量为 M_0,相应的振动荷载幅值为

$$A_i = M_0 a_i \omega_i^2 \quad (i=1,\ 2,\ 3) \tag{1-2}$$

$$\omega_i = 2\pi v / L_i \quad (i=1,\ 2,\ 3) \tag{1-3}$$

式中,v 为列车行驶速度;L_i 为典型波长;a_i 为典型矢高。L_i 和 a_i 根据英国轨道几何不平顺管理值来取,如表 1-1 所示;ω_i 的取值则依据表 1-1 中的条件进行取值。

表 1-1 英国轨道几何不平顺管理值

控制条件	L_i/m	a_i/m
按行车平顺性	50.00	16.000
	20.00	9.000
	10.00	5.000
按作用到线路上的动力附加荷载	5.00	2.500
	2.00	0.600
	1.00	0.300

续表

控制条件	L_i/m	a_i/m
波形磨耗	0.50	0.100
	0.05	0.005

梁波等[8]在充分考虑振动荷载产生机理(车辆因素、轨下基础因素等)的基础上，对已有的列车荷载表达式进行了修正和完善。修正后的表达式(式(1-4))既考虑了相邻轮对间轮轨力的相互叠加和轨枕的分散作用，又考虑了由于轨道不平顺所产生的振动激励及其他要素，修正后的表达式如下所示：

$$F(t) = k_1 k_2 (A_0 + A_1 \sin \omega_1 t + A_2 \sin \omega_2 t + A_3 \sin \omega_3 t) \tag{1-4}$$

式中，k_1 为叠加系数；k_2 为分散系数。k_1、k_2 可根据车辆类型和轨道结构(包括轴重、长度、列车运行速度以及钢轨和轨枕类型等条件)计算得到，k_1 一般为 1.2～1.7，k_2 一般为 0.6～0.9。

理论分析在列车振动荷载的研究中被广泛采用，其核心是确定合适的计算模型。翟婉明[9]首先提出了车辆-轨道垂向系统统一模型，将列车简化为 10 自由度的整车模型，轨道为三层连续梁-质量模型。韦凯等[10, 11]建立了车轨耦合动力模型，采用两系悬挂自由度为 10 的模型模拟列车，钢轨与浮置板简化为 Euler 梁模型，提出了一定速度范围内列车振动荷载计算方式。还有学者进一步考虑了隧道和地基的影响，采用车辆-轨道-隧道-地基模型确定作用在隧道上的振动荷载，如 Xu 等[12]利用车辆-轨道-隧道-地基纵向模型计算了整体式轨道和浮置板轨道下隧道结构上的振动荷载时程；王田友等[13]利用车辆-轨道-隧道-地基纵向模型计算了隧道道床上的振动荷载；欧阳昆森[14]采用列车-轨道-隧道-地基模型计算了整体式轨道和浮置板轨道结构下隧道内的振动荷载。

2. 隧道结构动力响应特性

许多专家学者已经对列车振动荷载作用下的隧道结构及周围土体动力响应展开了研究。在理论分析与数值模拟方面，Forrest 和 Hunt[15, 16]首次提出了一种 Pipe-in-Pipe(PiP)理论分析模型，模型基于弹性圆柱体理论，假设隧道结构与周围土体为两个同心圆，该模型能够较为准确地模拟振动波在隧道结构和土体中的传播。Gupta 等[17]综合了 PiP 理论分析模型与周期有限元-边界元耦合模型，考虑列车、轨道、隧道与周围土体间的动态接触，研究了列车、轨道、隧道与土体参数对列车振动荷载作用下环境响应的影响。Hussein 等[18]对 PiP 理论分析模型进行了拓展，假设地层分界面和地表对隧道位移响应无影响，建立了多分层半空间体中的隧道模型，并与有限元-边界元耦合模型的计算结果进行了对比，验证该模型可以较为准确地预测多层半空间体的动力响应，且计算速度有显著提升。Yaseri 等[19]建立了三维数值计算模型，隧道结构及周围土体采用比例边界有限元，并采用有限元模拟了轨道结构，对列车振动荷载作用下隧道结构及土体的位移响应进行了研究。Real 等[20]建立了三维有限元模型以及两种不同二维模型，分别对隧道结构的加速度响应进行了计算，对比三种模型的计算结果，发现二维模型中缺少振动波的三维传播，可靠性不如三维模型。Gharehdash 和 Barzegar[21]建立了三维弹-塑性有限元模型，分别计算了隧道结构有管片接头和无管片接头两种条件下的动力响应，计算结果表明隧道结构的动力响应受管片接头影响较大，提出研究隧道管片结构动力响应时，考虑接头效应很有必要。戴林发宝等[22]以广深港高铁狮子洋盾构隧道为依托工程，采用 FLAC3D 软件建立三维数值模型，计算了隧道周围土体在高速列车振动作用下的动力响应，并进一步研究了地下水的影响。

在模型试验方面，Tamura 等[23]早在 1975 年就验证了在正常重力条件下采用模型试验的方式对这一问题进行研究的可行性，并在开展的模型试验中测试了隧道及围岩的动力响应以及隧道的变形特性。Thusyanthan 和 Madabhushi[24]在正常重力条件下开展了模型试验，对不同隧道结构材料对振动波的传递与吸收进行了研究。模型试验采用了两种荷载——冲击荷载和简谐振动；采用了两种类型的材料模拟隧道——黄铜和塑料。数据采用功率谱分析与小波分析进行处理，试验结果表明土体与隧道结构的阻抗适配度越高，隧道结构吸收的能量越少。Yang 等[25, 26]利用离心机在模型试验中还原了隧道周围土体的应力场，对激振荷载分别位于地表和地下时隧道结构及周围土体的动力响应进行了研究。同时采用 FLAC3D 软件对模型试验结果进行了验证，并进一步探究了土体参数及数值模拟中的边界条件对计算结果的影响。Huang 等[27]在正常重力条件下开展了几何相似比为 1∶4 的模型试验，激振荷载通过 MST 电液伺服激振器施加在钢轨上，研究了隧道仰拱和地基在高速列车振动荷载作用下的动力响应特性。刘志强等[28]开展了 1g 重力条件下几何相似比为 1∶30 的室内模型试验，在隧道结构底部施加动荷载，探究了动荷载作用下隧道沉降及下卧土体的动力响应特性。刘蕾等[29]分别制作了隧道模型与土层模型，开展了室内模型试验，通过激振器加载，利用土压力盒测试土压力的分布，结果表明地裂缝未活动时，附加压力的主要影响因素为地裂缝的存在和距离；地裂缝活动后主要影响因素转变为隧道与土体接触状态。杨文波等[30, 31]制作了圆形、马蹄形和矩形三种隧道模型开展室内模型试验，通过时域与频域分析研究了三种截面形式的隧道模型在列车振动荷载下的动力响应特性，并针对马蹄形截面隧道，研究了其在列车速度分别为 300km/h 和 350km/h 的振动荷载作用下的隧道结构动力响应特性。

国内许多现场实测结果表明[32-34]，地铁列车振动荷载作用下，地面振动以竖向振动为主，振动频率主要集中在 50～80Hz，振动强度随着列车速度、轴重的增加而增大，随着与线路中心水平距离的增加而降低，水平方向振动衰减速度大于垂直方向振动衰减速度，高频振动分量衰减大于低频振动分量衰减。在国外，Lopes 等[35-37]对马德里地铁沿线附近建筑物的动力响应进行了测试，并提出一种基于动态子结构的数值计算模型，综合考虑了振动波的产生、传播与接收过程，现场实测结果验证了这一方法可用于预测隧道中轨道交通引起的建筑物内部的振动。

从上述研究中可以发现，目前国内外对列车运行所诱发的振动问题的研究大多集中在忽略管片接头的盾构隧道结构(匀质圆环模型)位于均一地层中的动力瞬态响应上，振动荷载一般采用荷载数定法，且关于考虑管片接头、地层软硬性质、衬砌管片背后空洞以及列车荷载的移动效应等因素时列车振动荷载对盾构隧道动力响应影响的研究尚不深入。

1.2.2 盾构隧道管片接头分析模型

盾构隧道衬砌采用装配式衬砌结构，衬砌结构的块与块之间、环与环之间采用螺栓进行连接，因此存在众多接头。管片接头作为盾构隧道衬砌结构中的薄弱环节，会影响到隧道结构的受力，在列车荷载的作用下容易出现结构损伤。目前，国内外众多学者针对管片衬砌分析模型展开了大量研究，先后提出了多种盾构隧道管片接头分析模型。

匀质圆环模型是应用最早的盾构隧道分析方法，根据是否考虑管片接头可分为惯用法模型和修正惯用法模型。1960 年，日本土木学会[38]结合大量实测资料最早提出了惯用法模型，忽略管片接头处刚度的差异。虽然运用于工程应用，但其计算得到的内力值偏大，变形值偏小。为此，后来的学者引入了弯曲刚度有效率 η (η<1)和弯矩提高率 ζ，通过降低衬砌环整体抗弯刚度来表征管片接头引起的衬砌整体承载能力削弱，该方法即为修正惯用法模型。虽然修正惯用法模型在设计理念上较惯用法模型有极大的提升，但如何准确选取 η 和 ζ 需要进一步的研究。

然而匀质圆环模型并没有考虑管片接头引发的衬砌结构局部刚度的变化，始终将管片衬砌考虑为匀质结构。为此，许多学者进一步考虑管片接头的力学效应，根据一定假设将管片接头进行局部等效，并建立了一系列管片衬砌分析模型。

对于管片环向接头，即盾构隧道横向分析模型，侯公羽等[39]、葛世平等[40]提出了盾构管片接头局部刚度修正法。该模型假定管片环抗弯刚度为 EI，仅环向接头部位的抗弯刚度降低为 kEI(k<1)，其余区域保持原刚度不变，并利用数值计算与接头足尺试验，分析了荷载作用下管片内力和变形特性，修正刚度系数及刚度折减区域长度可通过试验确定。黄大维等[41]在此模型的基础上，进一步分析了折减区范围对内力计算结果的影响，并明确给出了折减区范围及折减系数的取值

依据。这种方法是对修正惯用法的进一步修正，然而没有考虑纵向接头对衬砌结构力学性能的影响。Hudoba[42]提出多铰圆环模型，其主要思想是将环向接头简化为可以承受剪力、轴力的铰，管片采用直梁单元或曲梁单元，地层抗力选用弹簧模拟。该模型忽略了管片接头的抗弯性能，且需要围岩约束才能保证结构稳定，计算结果的准确性取决于荷载及围岩抗力取值。另外，该模型同样没有考虑纵向接头的力学效应。

对于管片纵向接头，日本的志波由纪夫等[43, 44]提出一种纵向等效连续化模型。此类模型假设隧道结构在横向上为匀质圆环，在纵向通过刚度等效的方式将隧道结构等效为匀质圆筒。徐凌[45]在模型试验的基础上，结合已有研究成果，对上述纵向等效连续化模型进行了修正，考虑了有限范围内螺栓的拉伸作用，并推导了考虑隧道纵向接头影响范围的纵向等效抗弯刚度、纵向轴向刚度的计算式。张文杰等[46]在传统纵向等效连续化模型的基础上，考虑横向刚度的影响及纵向环缝影响范围，提出了广义的盾构隧道纵向等效连续化模型；并以耀华支路磁浮盾构隧道为工程背景，分析得到隧道纵向刚度有效率随横向刚度和环缝影响范围的变化规律。由于纵向等效连续化模型具有难以体现纵向接头处刚度不连续的特点，郭乐等[47]将管片纵向等效为连续非均匀模型，即纵向接头影响范围内的刚度小于范围外刚度，建立了纵向等效连续非均质模型；同时提出了接头处等效剪切刚度的概念，为计算管片环承受剪力作用而产生的环间位移提供了依据。杨春山等[48]将管片纵向接头考虑为等效螺栓环，同时引入刚度修正系数对其进行修正，利用计算与工程实例进行验证，得到了不同条件下的修正系数。

此外，部分学者将管片接头模拟为弹簧，其中环向接头采用承受弯矩、剪力、轴力的旋转弹簧，纵向接头为剪切弹簧，管片依然采用直梁或曲梁单元模拟，提出了梁-弹簧模型。该模型可较为准确地反映实际工程中管片接头的受力特征，然而模型中弹簧参数的选取是一个难题，目前尚未有明确理论支持，大多根据接头受力试验或工程经验获得。李围和何川[49, 50]、赵国旭和何川[51]采用该模型分析了通缝拼装与错缝拼装两种拼装模式下管片结构的力学行为，提出了管片关键设计参数的优化方案。钟小春等[52]利用梁-弹簧模型对各种条件下的通缝与错缝拼装管片衬砌在结构受力、变形和防水方面的区别进行了研究。

鉴于梁-弹簧模型难以体现出管片衬砌三维空间内的受力变形特征，有些学者提出了壳-弹簧模型。该模型采用壳体模拟管片结构，接头依然采用弹簧单元，可综合表现管片结构横向和纵向的力学特性，弥补了梁-弹簧模型在隧道纵向计算中的不足。然而此模型仍然具有管片接头弹簧参数难以确定的问题。朱伟等[53]采用壳-弹簧模型与梁-弹簧模型分别对通缝和错缝拼装衬砌结构进行了对比分析，结果表明错缝拼装管片时，壳-弹簧模型的计算结果小于梁-弹簧模型的计算结果，而通缝拼装时两种模型下的计算结果一致。苏宗贤和何川[54, 55]在此基础上使用有限元软件分别建立了荷载-结构模式与地层-结构模式下的壳-弹簧模型，考虑了地层与管片结构之间的相互作用，探究了管片接头各参数对结构内力的影响。

上述接头等效模型简化思路清晰，计算结果的可靠性较高，为众多学者采用，同时提出了许多改进思路。

朱合华等[56-58]提出了一种梁-接头不连续模型，此类模型是对梁-弹簧模型的一种改进，采用双节点模拟管片环向接头，可模拟出接头内力与变形的非线性关系，克服了梁-弹簧模型只能模拟线性关系的缺点。张冬梅等[59]将管片间众多纵向和横向接头模拟为剪切弹簧和法向弹簧的组合，由节点的弹簧应力或位移得到弹簧的动态刚度，最终计算得到了管片与接头的内力和变形特征。赵大洲和景来红[60]基于 Mindlin 平板理论以及钢筋混凝土分层组合式模型，提出了平板壳-接缝元-地基系统模型，模型以较易确定参数的止水、衬垫、螺栓和混凝土指标代替不易确定参数的接缝刚度指标，可反映管片中钢筋、接缝处各种构造对衬砌结构力学性能的影响。彭益成等[61]针对壳-弹簧模型中弹簧单元无法真实模拟接头三维力学性能的缺陷，将管片接头模拟为接头连接单元，给出了其刚度矩阵及计算流程，建立了新的盾构衬砌计算模型——壳-接头模型。叶飞等[62]针对纵向等效计算模型只考虑纵向性能而忽略横向性能的缺陷，在纵向等效连续化模型中引入横向弯曲有效率的概念，得出了隧道纵向等效抗弯刚度随横向抗弯刚度有效率的变化规律，将隧道结构的纵向与横向抗弯刚度变化有机结合，也进一步说明了盾构隧道纵向、横向抗弯刚度的匹配性。李翔宇等[63]考虑横向刚度、环缝作用范围和螺栓预应力的影响，建立了新型的盾构隧道修正纵向等效连续化模型，据此提出了弹、塑性状态下隧道纵向等效抗弯刚度、极限弯矩以及最大环缝张开量的计算方程。

随着计算机技术的不断发展，应用有限元、有限差分、边界元、离散元等工程计算软件越来越多，计算功能也越来越强大，使得许多学者可以应用数值计算软件对管片接头进行精细化模拟，并用实体单元模拟管片结构，综合反映其在三维空间下的力学特性。

吴兰婷[64]利用有限元软件建立了三种管片接头力学模型，使用 Gasket 接触单元模拟弹性衬垫，分析了管片尺寸、接头位置、荷载大小及衬垫材料等因素对管片接头力学行为的影响。张海波等[65]进行了通缝拼装与错缝拼装两种模型下的三维有限元模拟，编制程序自动施加多点接触约束模拟管片接缝，考虑施工阶段的千斤顶压力、注浆压力和围岩压力，对盾构隧道衬砌结构的变形和应力进行了分析。胡志平等[66]考虑了管片衬砌本身的弯曲、剪切和薄膜作用，考虑纵向接缝在正负弯矩作用下的转动刚度差异和环向接缝对结构刚度的削弱作用，以及土层与衬砌结构的共同作用，提出了盾构隧道管片衬砌结构的平板壳-弹性铰-地基系统模型，可对盾构隧道衬砌结构进行三维分析。陈俊生和莫海鸿[67]采用 ADINA 有限元软件建立了盾构隧道结构的三维精细化模型，采用纵向螺栓、环向螺栓、橡胶止水条及垫板，利用接触方法建立了管片结构各部件间及管片与周围地层、盾构机的联系，研究了施工阶段管片的位移及应力状态。

由以上研究可知，目前关于盾构隧道管片接头的研究主要集中于管片接头对盾构隧道的静力特性影响上，且关于考虑管片接头时列车振动荷载对盾构隧道动力特性影响的研究较少。

1.2.3　上软下硬地层中盾构隧道结构力学特性

盾构穿越上软下硬地层时，由于坚硬岩层仅在开挖面下半部分出露，下部硬岩自稳性较好而上部软岩自稳性较差，软硬不均现象明显。盾构隧道在通过此类地层时，管片在同一断面同时遇到两种性质相差较大的地层，这使得管片受力情况与近似均匀的单一地层中设计得到的内力出现较大偏差。针对这个问题，目前已有大量学者展开了研究。

何祥凡等[68]采用数值模拟的方法分别针对盾构隧道“由软入硬”和“由硬入软”两种方式穿越上软下硬地层段的施工力学特性进行了研究。研究结果表明，盾构在穿越上软下硬交界地层过程中，地表沉降显著增大，拱顶不均匀沉降的现象较为严重；对较软侧地层进行适当加固，可以有效减小上软下硬地层交界处的地表及管片拱顶沉降，同时能够降低“由软入硬”段管片的应力水平。

刘重庆等[69]通过现场监测和数值模拟，发现上软下硬地层地表横向沉降受硬层比的影响比较明显，基本上表现为随硬层比增大，地表沉降量整体减小且沉降槽变浅的趋势，建议将硬层比 15%～85%视为开展上软下硬地层地表变形研究的阈值。雷凯等[70]以珠海市区至珠海机场地铁盾构工程为背景，采用三维有限元软件建立了精细化的三维管片模型。结果表明，在上软下硬复合地层中，管片拱底处几乎没有竖向位移，管片拱顶向内侧收敛。邓彬和顾小芳[71]依托工程实例分析了在上软下硬地层中盾构法施工中存在的进度缓慢、刀具磨损严重、喷涌等难点和风险，提出了改良的盾构掘进参数以及相应渣土改良技术。

王俊等[72]采用模型试验与数值模拟相结合的方法研究了土压盾构掘进对上软下硬地层的扰动特征，发现采用土压盾构在硬岩地层中掘进时地表沉降曲面呈现向软土侧展开的“扇面”状，进入上软下硬地层后地表沉降值与范围均急剧增加，沉降曲面呈现自上而下逐渐收缩的“漏斗”状；上软下硬地层地表位移小于均质软土地层，而地中沉降显著大于后者。

苏昂等[73]通过大量现场调查、理论分析和扩展有限单元法系统分析了上软下硬地层中管片裂损的成因机制，研究发现，盾构隧道管片衬砌裂损按照所占比例由大到小依次为环向区域性剥落、纵向裂纹、边角部裂损，纵向裂纹与千斤顶推力和接触面不平整有关，环向区域性剥落与环间错台有关。

朱宏海[74]从设计、盾构选型及配置、施工措施等方面提出了上软下硬地层中盾构隧道设计与施工的处理方案及措施：①设计方案合理绕避上软下硬地层，有针对性措施及对应概算；②盾构选型和刀盘配置需适应硬岩掘进和软弱层保压；③给出全面可行的施工技术措施和应急预案。

为研究上软下硬复合地层盾构隧洞开挖面破坏形式、确定开挖面极限支护力最小值，闫军涛等[75]引入弹性模量比的概念，利用数值模拟技术研究开挖面前方上下土(岩)层弹性模量比对开挖面破坏的影响，结果表明，开挖面前方上下土(岩)层弹性模量比对开挖面破坏有一定影响，并且采用三维松动土压力理论计算盾构隧洞开挖面上覆土压力和部分梯形楔形体模型计算上软下硬地层盾构隧洞开挖面极限支护力最小值较可靠。

何万平和张志强[76]基于有限元软件 LS-DYNA，采用机械法和爆破法施工对上软下硬地层隧道进行研究。研究结果表明，与上下台阶爆破开挖相比，上台阶机械开挖下台阶爆破开挖的综合振速、最大主应力和最小主应力最大值最大降幅均达 40%左右；针对上软下硬地层，采用上台阶机械开挖下台阶爆破开挖的方法，充分发挥了机械法和爆破法的优势。

刘五一和李艳霞[77]依托长沙市轨道交通 4 号线黄砂区间的盾构工程，采用有限元软件 MIDAS/GTS 进行施工模拟，对上软下硬地层小间距盾构施工安全性进行了研究，分析了不同支护方式对盾构施工的影响。研究结果表明，注浆加固能有效减小上软下硬地层中新建隧道对既有隧道的影响。

皮亮[78]以广东紫惠高速公路好义隧道为例，选取三台阶法、中隔墙法，也称 CD(center diaphragm)法和半步 CD 法三种方法，利用有限元分析软件对三种方法进行数值模拟，重点对开挖过程中拱顶和埋深最浅处围岩竖向位移，以及隧道支护结构内力进行了分析。研究表明，在偏压浅埋条件下，穿越软硬不均地层时采用半步 CD 法可满足围岩变形控制和结构受力的安全性要求，也可实现快速、经济的目标，是类似地层中施工最优方法。

孙建等[79]以青岛地铁 1 号线某区间地表沉降实测数据为基础，采用回归分析方法并引入最大地表沉降修正系数、沉降槽宽度修正系数对 Peck 预测公式进行修正，得出适用于该区间上软下硬地层盾构法施工的 Peck 预测公式。

为了研究盾构隧道管片在上软下硬地层中的上浮机理，胡瑞等[80]通过对施工阶段单环管片的受力情况进行分析，得出了浆液产生的浮力是引起管片上浮的主要诱因的结论。同时，建立了上软下硬地层中盾构隧道管片上浮量计算模型，引入上浮力时变系数，推导出了管片上浮量预测公式，并结合青岛地铁 1 号线某盾构区间施工实践，验证了其理论解的准确性。最后提出了有效的抗浮措施，可为盾构隧道内管片上浮的控制提供参考。

肖国微和王丁杰[81]研究了不同软硬岩比例的复合土层中盾构掘进对地表沉降的影响，选择具有代表性的断面进行有限元的模拟，把模拟结果和实测数据进行对比。结论表明，盾构在上软下硬地层的掘进过程中，硬土比例越大，其地表沉降值以及管底隆起值越小，反之亦然。

安永林等[82]采用有限元模拟和强度折减相结合的方法研究了不同相对厚度系数下隧道掌子面的稳定性及其塌方形态。结果表明，软硬地层分界线在掌子面中，软弱地层相对厚度系数越大，稳定性越小；随着软弱地层相对厚度系数的增大，掌子面前方塌方范围扩大，最大位移在掌子面软弱地层中心偏下位置，因此应更注重掌子面下部的加固。

申玉生等[83]依托某公路隧道深大竖井工程，采用动力时程分析法对穿越软硬岩交界面深大竖井结构动力响应规律进行分析，得出软硬交界面处竖井结构的横向和竖向动力响应变化规律，发现竖井结构主震方向的应力和位移在软岩侧相比硬岩侧要大，提出在软硬岩交界面软岩侧采用渐进式注浆技术方案，可以有效提高竖井抗震性能。结果表明，全环渐进式注浆技术方案可对长大隧道工程深大竖井结构的设计与施工提供一定的理论和参考依据。

许炜星[84]通过 ABAQUS 有限元软件探讨了上软下硬地层对大跨无柱地铁车站结构地震响应的影响因素，并以此为试验基础，采用自主设计的层状剪切箱，开展了大跨无柱地铁车站结构在上软下硬地层中的振动台试验。通过相应传感器测量结构与地基加速度、结构的应变、结构-地基动土压力，以研究该类地层中大跨无柱地铁车站结构的地震动力反应及震害规律。

刘庭金等[85]为研究大跨度无柱地铁地下车站结构在上软下硬地层中的地震响应，以广州地铁 11 号线为依托工程，采用 ABAQUS 有限元软件开展该类复合地层中车站结构的震害规律分析，对比研究软硬地层交界面处于车站结构不同位置时结构地震动响应特性的异同及规律。

吴波等[86]通过有限元数值计算对上软下硬地层隧道围岩稳定性量化评价标准进行了详细的分析和系统的研究。首先确定以拱顶位移突变判据和能够反映隧道破坏本质的安全系数作为判别隧道围岩稳定性的双重指标，对 5 组地层组合隧道围岩的自稳性进行了研究，并通过自稳曲线进行围岩稳定性量化分组，建立了围岩稳定量化评价体系。

林炳潮等[87]采用理论分析与数值模拟相结合的方法，分别确立了爆破过程中上覆软岩和基岩的损伤分区判据，最后对围岩整体进行了纵向、环向及径向上的损伤分区。结果表明，上覆软岩的爆破损伤模式有异于基岩，应分别对上下岩层进行损伤分区；成洞区的损伤范围明显大于未成洞区，最危险断面位于掌子面后方约 2m 处；环向上，损伤区域集中在逆时针方向 29.7°～114.7°内，47.9°～81.1°

内损伤尤其严重；上覆软岩的剪切破坏区范围明显大于基岩的损伤区，施工过程中宜针对该区域采取注浆等加固措施。

仇文革和张自光[88]在对青岛地铁 6 座暗挖车站土建成本工程数据统计分析和君峰路车站典型案例细致剖析的基础上，构建了上软下硬地层地铁暗挖车站建设成本数学分析模型，系统分析了不同软弱土层厚度地铁车站建设成本随埋深的变化特征，深入探讨了上软下硬土岩组合地层地铁暗挖车站成本优化合理埋深问题。

余超等[89]运用 FLAC5.0 有限差分软件，以上软下硬地层中浅埋隧道为例，采用接触面单元对支护与围岩不密贴现象进行模拟计算，研究其对隧道稳定性的影响。计算结果表明，采用接触面单元模拟支护与围岩接触更符合工程实际。当支护与围岩存在间隙时，围岩位移增大较大，支护内力变化不大，能为设计与施工提供更好的指导。

安柯等[90]结合上软下硬地层的地质特点对传统拱盖法做了进一步的优化，提出了双层初支拱盖法并将其应用于青岛地铁 2 号线海川路站、徐家麦岛站。研究结果表明，在整个上台阶施工中，地面最大沉降可达 12mm 左右，拱顶最大沉降可达 7mm 左右。Ⅱ、Ⅲ级围岩采用单层支护，Ⅳ级围岩及更差的地层采用分部、分导洞开挖，双层初支。在硬岩地区采用完全双侧壁导坑的工法不合理。

何小辉等[91]建立数值分析模型研究了上软下硬地层盾构隧道变形特征。研究结果表明，上层与岩层比例对隧道拱底隆起量影响小，表明拱底变形主要与基底岩体力学特性有关，与土层与岩层比例关系不大；随着土层与岩层比例增大，拱顶变形增大，左右拱脚处洞壁向外挤压的趋势变小，隧道变形收敛轮廓的长轴逐渐减小。

林荣安等[92]为了提高由盾构施工引起的软硬不均地层地表沉降预测的准确性，建立了基于粗糙集-支持向量回归(rough set-support vector regression，RS-SVR)的地表沉降预测模型，并将该模型应用于实际地铁隧道工程的地表沉降预测中。

韩刚[93]依托青岛地铁 3 号线江西路站工程，通过数值模拟分析并对比现场监测数据，研究了上软下硬地层大断面隧道成洞过程围岩变形规律。结果表明，在大断面开挖过程中，上台阶土体开挖以及拆除临时支撑是引起地表沉降的主要原因；当围岩较好时，因开挖引发的地层沉降较小，临时支撑拆除是施工过程中最危险的阶段，极易引发施工事故。得到的结论可以为以后的研究及施工提供参考。

由以上研究可知，对于位于上软下硬地层中的盾构隧道，多数学者的研究都是针对其施工技术以及隧道衬砌结构力学特性展开的。目前，对于穿越上软下硬地层的盾构隧道在列车振动荷载作用下隧道衬砌结构的动力特性，还缺少系统的研究。

1.2.4 衬砌背后空洞对隧道结构的安全性影响

隧道衬砌背后空洞作为一种常见的隧道衬砌病害形式，会对衬砌结构在列车振动荷载作用下的内力特性及安全性产生较为明显的影响。国内外大量的学者采用现场测试、理论分析和室内模型试验等方法对此开展了大量的研究。

张顶立等[94]通过对 100 余座铁路运营隧道衬砌进行无损检测及统计分析，研究了衬砌背后接触不良状况对隧道结构安全性的影响。杨睿等[95]针对王市岭隧道隧改路工程，采用探地雷达检测衬砌壁后空洞，钻孔取芯验证，并进行现场原位测试。基于所得数据，系统地分析了壁后空洞对隧道结构稳定性的影响。苏佳园[96]依托重庆南山隧道的爆破开挖施工的现场实测爆破数据，对在已做初期支护背后有空洞存在的条件下，爆破荷载对隧道支护安全性的影响进行了研究。牛超[97]开展了基于锤击法的隧道衬砌背后空洞检测的原理性试验研究，通过时域分析、频域分析、时频域分析、相关性评价及分形盒维数计算等手段，研究了混凝土板后土体参数(密度、含水率)变化对空洞存在情况检测的影响、锤击法检测混凝土板后空洞尺寸及影响范围等问题，实现了定性分析与定量评价。

也有一部分专家学者采用数值模拟的方法进行了研究。张子韵等[98]利用 FLAC 有限差分软件分析了各位置处不同空洞深度下衬砌结构安全系数的分布规律。彭跃等[99]通过对某病害隧道典型断面进行数值分析，对隧道衬砌背后不同部位以及不同范围的空洞进行模拟，分析了隧道衬砌背后不同部位出现空洞对衬砌安全系数的影响。李思堃[100]通过计算在静载和动载作用下衬砌背后存在空洞的情况下隧道结构的安全系数，分析了不同大小和位置的空洞病害对隧道结构安全性的影响。冯岗[101]通过建立隧道衬砌背后存在空洞的缺陷模型，研究了衬砌背后空洞缺陷位置、范围以及数量发生变化时，衬砌结构安全系数的变化规律。曹学强等[102]以大梁山隧道为依托，采用地层-结构模型对隧道结构及空洞进行数值模拟，计算了不同冲击力作用下结构的安全系数。万少锋[103]采用数值模拟的方法计算分析了运营隧道拱顶二次衬砌背后存在不同形状、不同尺寸的空洞时隧道结构的力学特性及安全系数。靳学峰[104]对慈母山 2 号隧道建立三维弹塑性有限元模型进行分析，研究了在隧道拱顶、拱腰位置处呈三角形、矩形及梯形等形状的空洞对隧道整体结构的影响。Meguid 和 Dang[105]通过数值模拟方法研究了衬砌材料、空洞尺寸及空洞位置等对隧道衬砌受力的影响规律。李振等[106]利用数值计算软件研究了多空洞组合工况对隧道衬砌结构应力和应变的影响规律。崔文艳等[107]采用模型试验和数值模拟相结合的方法，研究了衬砌背后不同位置存在空洞时的隧道结构的受力特性。司徒丽新和邹友泉[108]通过同济曙光 GeoFBA 有限元软件，并利用平面弹塑性分析模型，研究了衬砌背后空洞位置和尺寸对隧道结构内力的影响规律。汪波等[109]针对相邻隧道爆破施工中对既有空洞病害隧道带来的不利影响，以既有新岭隧道旁拟建新隧道的具体工程为依托，在充分调研分析既有隧道衬砌背后空洞尺寸及分布的基础上，采用数值分析方法对不同空洞尺寸、不同分布部位及不同围岩级别下的空洞影响进行了研究。罗攀峰[110]运用MIDAS/GTS 软件，根据杉树陀隧道的实际情况建立三维模型，通过改变空洞的水平长度和竖直长度来研究爆破作用下拱顶空洞对隧道衬砌结构位移、振速和主应力的影响规律。计算结果表明，同无空洞时相比，拱顶空洞对隧道拱顶振速和主应力存在明显的增大作用，同时拱顶振速和主应力随着空洞尺寸的增加而增大。王永刚等[111]基于 ABAQUS 有限元软件建立隧道衬砌背部不含空洞和含有不同深度空洞的隧道有限元模型，对 250km/h 列车荷载作用下隧道衬砌结构的动力响应进行数值仿真模拟。研究结果表明，随着背部空洞深度的增加，衬砌各点的加速度、最大主应力值和竖向位移最大值整体呈现增加的趋势，最小主应力值呈现减小的趋势。

除此之外，国内外部分学者通过模型试验的方法研究空洞对隧道结构内力特性及安全性的影响。佘健等[112]以重庆某高速公路隧道为工程背景，通过室内几何相似比为 1∶25 的模型试验，研究了围岩条件和空洞位置对隧道结构受力特性的影响规律。兰宇[113]以几何相似比 1∶25 和容重相似比 1∶1 为基础相似比进行了平面应变模型试验，研究了Ⅱ、Ⅲ、Ⅳ类围岩中拱顶空洞对隧道结构承载力的影响。方勇等[114]通过控制模型内外气压差等效模拟外水压，研究了富水地层条件下空洞对二次衬砌的受力分布规律及开裂特征的影响规律。张素磊[115]分别从理论分析、数值模拟和模型试验三方面针对衬砌背后空洞对隧道结构内力的影响规律进行了研究。王述红等[116]开展了空洞在拱肩、边墙、拱脚及拱底等位置的模型试验，得出存在不同位置的空洞隧道的破坏形式和破坏顺序。研究结果表明，拱肩空洞模型在空洞的边界位置和拱脚出现受压破坏，底板出现开裂；边墙空洞模型在空洞位置相应的衬砌出现压溃及拱顶产生开裂；拱脚空洞模型是在拱脚位置衬砌受压破坏以及在拱顶出现开裂；拱底空洞模型是在底板衬砌位置及相应拱肩衬砌受压破坏以及拱顶出现开裂，研究结果为隧道的顺利施工和后期维护提供了参考依据。闫高明等[117]针对隧道洞身段衬砌拱顶结构背后出现空洞的情况，开展大型振动台隧道模型试验研究，主要通过加速度响应特征、应变响应特征和震后衬砌破坏形态，探究竖向地震动作用下衬砌拱顶背后空洞对隧道衬砌动力响应的影响。同时结合傅里叶谱和频率传递函数方法，从频域角度展示衬砌结构频谱特性的变化。杨文波等[118]为探究盾构隧道管片后拱顶空洞对隧道结构及周围软土地层的动力响应的影响，采用模型试验与数值模拟相结合的方法，以加速度响应峰值和频率响应函数作为评价指标，研究单点振动荷载作用下管片后拱顶有、无空洞两种工况下隧道结构与周围土体的动力响应特性。李倩倩等[119]采用室内相似模型试验对含空洞黏性地层受隧道施工的影响进行研究，发现隧道施工影响下地层中空洞的复杂变形可归结为径向收缩、椭圆化变形、竖向沉降和水平侧移四种基本方式及其不同组合。应用 Airy 应力函数法获得了复杂位移边界条件下空洞洞周应力场的精确解答，并根据剪切屈服条件求得地层变形引起的空洞周边塑性区范围，分析了不同变形方式对塑性区分布的影响。

也有少量的学者开展了盾构管片背后空洞对隧道结构内力特性及安全性的影响研究。凌同华等[120]以长沙轨道交通 2 号线为工程背景，采用数值模拟的方法研究了盾构隧道管片背后存在空洞时管片结构受力特性及承载力变化规律。赖金星等[121]以西安地铁某区间隧道为工程背景，采用 ANSYS 有限元数值分析软件，研究了盾构隧道背后空洞的位置及大小对管片内力的影响规律。王士民等[122]采用模型试验的方法对考虑地层空洞缺陷影响的盾构隧道管片渐进式破坏规律进行了研究。程升亮等[123]采用数值模拟方法分别对空洞发展过程、不同空洞深度、不同埋深隧道条件下空洞对衬砌结构的影响进行了研究。数值模拟结果表明，随着空洞的逐渐扩大、空洞深度的增加和隧道埋深的增大，衬砌安全系数呈减小的趋势，拱顶部分安全系数显著降低，二次衬砌结构内力重新分布，空洞部分的弯矩增大而轴力会相应减小，围岩竖向位移增大。王亚伟和郑佳艳[124]为解决高寒地区公路隧道衬砌背后积水冻胀问题，采用荷载-结构法推导衬砌结构在冻胀力作用下的内力公式，利用 MATLAB 软件计算不同参数下的理论值，并绘制内力变化曲线，确定整个衬砌结构在空洞不同大小时的内力分布规律。季维生[125]为了探索隧道拱顶二次衬砌背后不同范围内存在空洞条件下高速列车气动荷载对隧道二次衬砌结构的影响，采用隧道空气动力学的流体力学分析方法及结构力学分析方法，对二次衬砌结构的受力进行了研究。姜宁[126]对衬砌背后出现空洞及空洞群的现象进行数值模拟，分别对衬砌背后存在拱顶空洞及双侧拱腰空洞、双侧边墙空洞、拱顶与双侧拱腰空洞、拱顶与双侧边墙空洞、双侧拱腰与双侧边墙空洞等空洞群时进行模拟分析，从空洞出现后衬砌截面弯矩分布形式与弯矩值的变化、围岩总位移大小的变化及衬砌变形状态的改变三方面来分析空洞产生后对衬砌造成的不利影响，分析总结空洞及空洞群出现后对衬砌受力的影响规律。

由上述研究可见，已有的关于空洞对隧道结构的影响研究主要针对采用复合式衬砌的矿山法隧道，并且主要研究内容多为衬砌背后存在空洞时隧道结构的内力特性和安全性，缺少对在列车振动荷载作用下背后空洞对盾构隧道结构的动力特性影响的研究。

1.3 本 书 内 容

本书基于国内外研究现状，采用室内相似模型试验和数值模拟的研究方法开展了大量研究，具体开展了列车振动荷载作用下盾构隧道动力响应特性、盾构隧道管片接头分析模型、上软下硬地层中盾构隧道结构力学特性及衬砌背后空洞对隧道结构的安全性影响等四部分的研究工作。全书共分 5 章。第 1 章为绪论；第 2 章为列车振动荷载作用下盾构隧道动力响应特性；第 3 章为上软下硬地层对盾构隧道动力响应影响；第 4 章为衬砌背后空洞对盾构隧道动力响应影响；第 5 章为移动列车荷载作用下盾构隧道动力响应。

第 2 章　列车振动荷载作用下盾构隧道动力响应特性

盾构隧道结构通常由多个不同尺寸的管片拼装而成，因此不可避免地存在众多接缝，当振动波传播至接缝处会发生多次传播介质的变换，影响结构的动力响应特性。本章首先在充分调研的基础上开展室内相似模型试验，采用匀质圆环模型模拟盾构隧道，探究盾构隧道结构和周围地层在振动荷载下的动力响应规律；之后，在此基础上，利用错缝拼装模型和通缝拼装模型，进一步讨论管片接头以及拼装方式对隧道结构和周围地层动力响应的影响；最后，利用有限差分软件开展进一步的数值模拟研究，与模型试验结果进行对比，验证基于室内模型试验下隧道动力响应结果的可靠性，重点分析低频区段下隧道结构与周围地层的动力响应特性，计算列车振动荷载作用下衬砌结构的内力响应。

2.1　基于模型试验的盾构隧道动力响应特性研究

2.1.1　模型试验设计

室内相似模型试验选取盾构隧道结构和周围地层共同作用的模型箱试验方式进行。为了模拟振动荷载在隧道结构内部和周围地层中的传播规律，本模型试验系统由模型箱、数据采集系统、荷载加载系统三部分组成。首先依据相似理论确定模型试验管片衬砌结构和土体的物理力学参数，完成试验模型制作，再通过激振器采用单点激振的形式将不同的振动荷载施加在盾构隧道底部中央，凭借预先埋设好的各类传感器获取盾构隧道结构和周围地层的动力响应。

1. 模型试验相似比

模型试验主要探究列车振动荷载作用下盾构隧道结构及周围地层的动力响应问题，根据已有的研究成果，列车振动荷载作用下，土体的应变状态始终处于小应变状态[127]。由此，可采用线弹性模型对本问题进行研究，即让模型试验的相似关系满足弹性相似定律即可[128]。土体的力学行为满足式(2-1)～式(2-3)，隧道结构满足式(2-4)和式(2-5)[129, 130]：

$$L^{\mathrm{T}}\sigma+\rho g=\rho\ddot{u} \tag{2-1}$$

$$\mathrm{d}\varepsilon=L\mathrm{d}u \tag{2-2}$$

$$\mathrm{d}\sigma=D\mathrm{d}\varepsilon \tag{2-3}$$

$$\frac{\partial^4 n^{\mathrm{T}}u}{\partial n^4}+\rho_b n^{\mathrm{T}}\ddot{u}-\rho_b n^{\mathrm{T}}g+n^{\mathrm{T}}S\sigma=0 \tag{2-4}$$

$$EA\frac{\partial^2 t^{\mathrm{T}}u}{\partial s^2}+\rho_b t^{\mathrm{T}}\ddot{u}-\rho_b t^{\mathrm{T}}g+t^{\mathrm{T}}S\sigma=0 \tag{2-5}$$

式中，$\sigma^{\mathrm{T}}=(\sigma_{11},\sigma_{22},\sigma_{33},\tau_{12},\tau_{23},\tau_{31})$为各个方向的应力；$\varepsilon$ 为应变；ρ 为土体密度；g 为重力加速度；$u^{\mathrm{T}}=(u_1,u_2,u_3)$为各个方向的位移；$EA$ 为抗拉刚度；n 为单位向量；t 为与 n 相切的单位向量；ρ_b 为结构密度；S 为将应力转化为力的矩阵；D 为切线模量。

$$L^{\mathrm{T}}=\begin{vmatrix}\dfrac{\partial}{\partial x_1} & 0 & 0 & \dfrac{\partial}{\partial x_2} & 0 & \dfrac{\partial}{\partial x_3}\\ 0 & \dfrac{\partial}{\partial x_2} & 0 & \dfrac{\partial}{\partial x_1} & \dfrac{\partial}{\partial x_3} & 0\\ 0 & 0 & \dfrac{\partial}{\partial x_3} & 0 & \dfrac{\partial}{\partial x_2} & \dfrac{\partial}{\partial x_1}\end{vmatrix}$$

此外土体原型与模型的物理量还需满足平衡方程：

$$\left(L^{\mathrm{T}}\right)_{\mathrm{p}}(\sigma)_{\mathrm{p}}+(\rho)_{\mathrm{p}}(g)_{\mathrm{p}}=(\rho)_{\mathrm{p}}(\ddot{u})_{\mathrm{p}} \tag{2-6}$$

$$\left(L^{\mathrm{T}}\right)_{\mathrm{m}}(\sigma)_{\mathrm{m}}+(\rho)_{\mathrm{m}}(g)_{\mathrm{m}}=(\rho)_{\mathrm{m}}(\ddot{u})_{\mathrm{m}} \tag{2-7}$$

若以 p 和 m 分别表示原型和模型的物理量，C 表示相似比，则式(2-6)变形为

$$\frac{1}{C_l}\left(L^{\mathrm{T}}\right)_{\mathrm{m}}C_\sigma(\sigma)_{\mathrm{m}}+C_\rho(\rho)_{\mathrm{m}}C_g(g)_{\mathrm{m}}=C_\rho(\rho)_{\mathrm{m}}\frac{C_u}{C_t^2}(\ddot{u})_{\mathrm{m}} \tag{2-8}$$

由式(2-7)和式(2-8)可得

$$\frac{C_\sigma}{C_l}=C_\rho C_g=\frac{C_\rho C_u}{C_t^2} \tag{2-9}$$

式(2-9)即为不同物理量之间的相似关系。以几何相似比、密度相似比、弹性模量相似比三个物理量为基础未知量，根据式(2-1)～式(2-9)可得出其他物理量的相似关系如表 2-1 所示。

表 2-1　模型试验物理量相似关系

物理量	相似比关系式
长度	C_l
密度	C_ρ
弹性模量	C_E
力	$C_F = C_l^3 C_\rho$
应力	$C_\sigma = C_E C_\varepsilon$
速度	$C_y = C_l C_p^{0.5} C_E^{-0.5}$
加速度	$C_a = a_{\mathrm{m}} / a_{\mathrm{p}}$
时间	$C_t = C_l C_\rho^{0.5} C_E^{-0.5}$
频率	$C_\omega = C_t^{-1}$

在充分考虑试验可操作性的基础上，确定本次试验的几何相似比 C_l 为 20(原型：模型)，密度相似比 C_ρ 为 1，弹性模量相似比 C_E 为 30。根据推导出的相似关系，可得其他物理量的相似比，如表 2-2 所示。

表 2-2　物理力学参数相似比

参数	C_l	C_ρ	C_E	C_a	C_v	C_t	C_ω	C_F
数值	20	1	30	1	3.651	3.651	0.274	8000

2. 模型箱

模型试验具有局限性，无法模拟实际工程中的半无限空间，振动波传递至模型箱墙体时不可避免地会发生反射或折射现象，给试验结果的可靠性造成影响，因此在进行模型箱设计时需要重点考虑模型箱边界的振动吸收问题。本次试验采用的模型箱的内部有效尺寸为 1.5m(长) × 0.9m(宽) × 1.35m(高)。模型箱整体由钢板焊接而成，在箱体前后两侧开有直径为 30cm 的圆洞。为提高试验的准确性，在模型箱内部底面与四周粘接了吸振材料 Duxseal，该材料对 P 波与 S 波均有良好的吸收效果。根据已有的研究成果[25, 26, 131]，Duxseal 的厚度建议取值为 30～40mm，本次试验实取厚度为 30mm。模型试验的模型箱与吸振材料如图 2-1 所示。

3. 模型土

盾构法多用于软土地层施工，因此原型地层选定为常见的软土地层，同时考虑到模型试验操作的简便性，试验中不考虑地层分层，按照均匀软土地层处理。

图 2-1　模型试验的模型箱与吸振材料的示意图

由于在列车振动荷载作用下隧道周围土体处于小应变状态，因此可假定土体处于线弹性阶段[127]。根据原型和模型之间的密度、弹性模量、泊松比等物理量的相似关系以及原型地层的物理力学参数可确定出模拟地层各物理量的参数，如表 2-3 所示。

表 2-3　地层物理力学参数

类型	密度/(kg/m^3)	弹性模量/MPa	剪切模量/MPa	泊松比
原型	2000	58.5	22.5	0.3
模型	2000	1.95	0.75	0.3

试验采用粉煤灰、重晶石粉、河砂与机油按照一定比例配制形成地层相似材料。为了确定各成分间的合理配比，采用全自动三轴剪力仪对不同配比下的样本进行了测试，最终试验确定的粉煤灰、重晶石粉、河砂与机油质量比为 27∶54∶12∶7。

4. 隧道衬砌模型

原型管片确定为国内常见的预制 C50 混凝土装配式管片，隧道外径 6m，内径 5.4m，管片厚度 0.3m，幅宽 1.5m。管片环分为 6 块，其中封顶块 1 块，对应圆心角 15.0°；邻接块 2 块，对应圆心角 64.5°；标准块 3 块，对应圆心角 72.0°，原型隧道衬砌结构如图 2-2 所示。管片环之间共采用 10 根 M24 高强度螺栓连接，长度为 0.4m，有效直径为 21mm，有效截面积为 346mm^2，弹性模量为 2.06×10^8kPa。根据几何相似比及模型箱的尺寸确定模型隧道外径为 0.3m，内径为 0.27m，管片厚度为 0.015m，管片纵向长度为 0.9m。模型衬砌相似材料的选取与管片接头的模拟是实现模型与原型动力相似的关键。

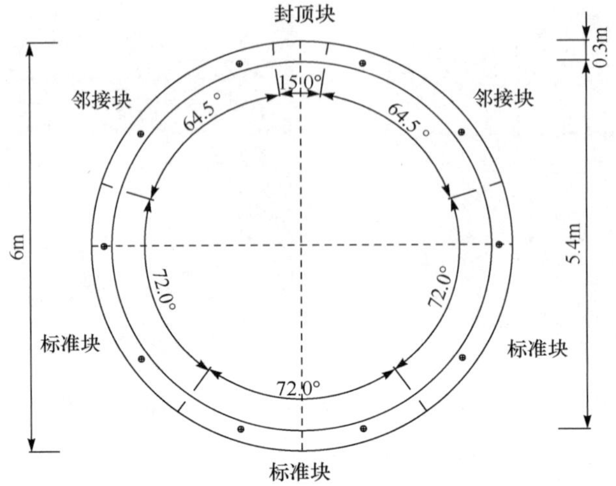

图 2-2　原型隧道衬砌结构图

1) 衬砌相似材料

原型管片的弹性模量为 34.5GPa，模型管片的弹性模量为 1.1GPa。结合已有的研究成果[132, 133]，在列车振动荷载作用动力学模型试验中，常采用石膏、硅藻土与水的混合物模拟隧道衬砌结构。为获得满足相似关系的模型衬砌相似材料，这里设计了多组不同配比的模型衬砌材料进行单轴抗压试验，测定弹性模量，单轴抗压试验结果如图 2-3 所示。由试验结果可知，当水、石膏和硅藻土的配比为

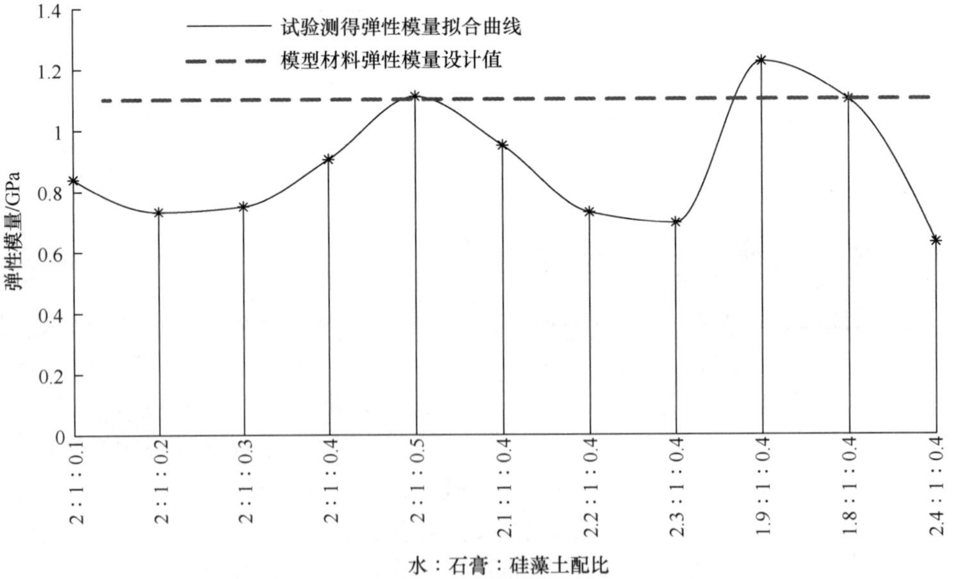

图 2-3　不同配比下衬砌材料的弹性模量

1.8 : 1 : 0.4 时，可近似满足相似条件。此外，由于盾构隧道管片配筋较为复杂，故试验中只针对管片主筋进行模拟。按照原型与模型等效拉压刚度 EA 相似的原则，模型试验中采用直径为 1.2mm 的铁丝模拟主筋。每一环模型管片的内外侧各布置 10 根铁丝模拟配筋。

2) 管片接头模拟

对于盾构隧道，其主体结构通常由钢筋混凝土管片按照不同的拼装方式用环向螺栓和纵向螺栓拼装构成。接头作为管片结构的薄弱环节，在列车振动荷载作用下可能对隧道整体结构的动态响应产生不利影响，因此选择合适的方式模拟管片接头是开展试验前的重点工作之一。

构成原型隧道的每一环管片衬砌的标准块、邻接块和封顶块通过环向螺栓连接而成，因此存在许多环向接头。在进行相似模型试验时，考虑试验的可操作性与准确性，选用割槽的方式模拟管片环向接头，目前常用的等效割槽方式主要有仅内部割槽、仅外部割槽以及内外分区割槽，本次试验采用仅外部割槽的方式。接头模拟原则是保证模型衬砌环向接头抗弯刚度与原型抗弯刚度等效。具体操作方法是在隧道模型接头位置处割一定深度的沟槽[134]，通过控制割槽深度可调节其抗弯刚度，沟槽越深，抗弯刚度越小。为计算出合理的开槽深度，通过 ANSYS 软件建立直梁模型进行计算，如图 2-4 所示。其中管片接头部位处于模型中央。选取梁上部的两个对称位置施加幅值相等的垂直向下荷载，模型中央的槽缝处会产生一定的转角位移，结合结构承受的弯矩可求得环向接头抗弯刚度，具体可采用式(2-10)计算[134]：

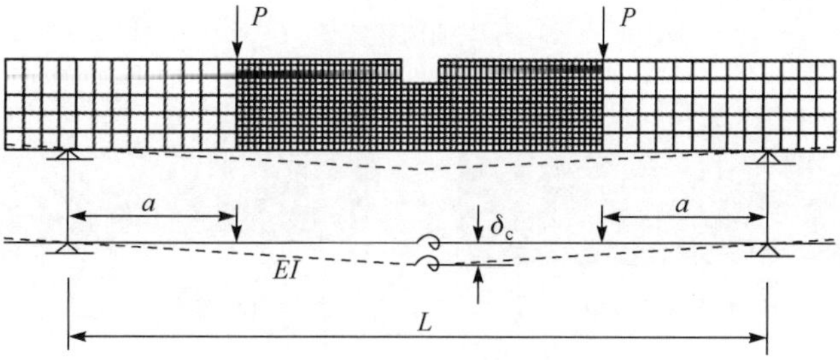

图 2-4　管片接头抗弯刚度计算示意图

$$K_\theta=\frac{6EI\cdot PaL}{24EI\delta_c-Pa(3L^2-4aH^2)} \tag{2-10}$$

式中，K_θ 为接头抗弯刚度；EI 为管片的抗弯刚度；L 为两支座间距离；δ_c 为接头转角位移；P 为施加的荷载；a 为荷载与支座间的距离；H 为管片的厚度。

根据已有的研究成果[135]，综合考虑接头螺栓形式、隧道埋深等因素，原型管片接头抗弯刚度 K_θ 可近似取值为 5×10^4kN · m/rad。根据相似关系可得出模型接头的抗弯刚度值，为得到满足要求的割槽深度，通过有限元分析软件建立直梁模型进行计算。通过不断改变开槽深度，可获得不同条件下的接头转角位移。当开槽深度设置为 17.5cm 时，计算得到接头转角位移为 0.00436m，代入式(2-10)计算得到的接头抗弯刚度与试验设计值相差较小，满足试验要求。根据几何相似比，隧道衬砌模型环向接缝处的开槽深度为 9mm。

对于纵向接头的模拟，考虑到列车振动荷载作用下隧道结构与地层的整体位移较小，隧道管片环与环之间错动很小，故试验中假设纵向接头处径向与切向抗剪刚度为无限大，即忽略管片环之间的错动。实际开展试验时，在隧道模型纵向接头对应位置处进行钻孔，钻孔深度为 20mm，再插入直径为 4mm 的钢棒，从而将环与环之间进行刚性联结，采用的钢棒长度为 40mm。

在充分考虑了管片衬砌材料选取和接头模拟的基础上，本次模型试验制作了三种管片衬砌模型进行试验，旨在探究管片接头及拼装方式对盾构隧道及周围地层动力响应的影响。第一种模型忽略管片接头，把隧道衬砌整环视为匀质的圆筒结构，即匀质圆环模型；第二种与第三种模型以国内常见盾构隧道衬砌结构为原型，即考虑管片接头，分别为通缝拼装模型与错缝拼装模型，制作完成的隧道衬砌模型如图 2-5 所示。

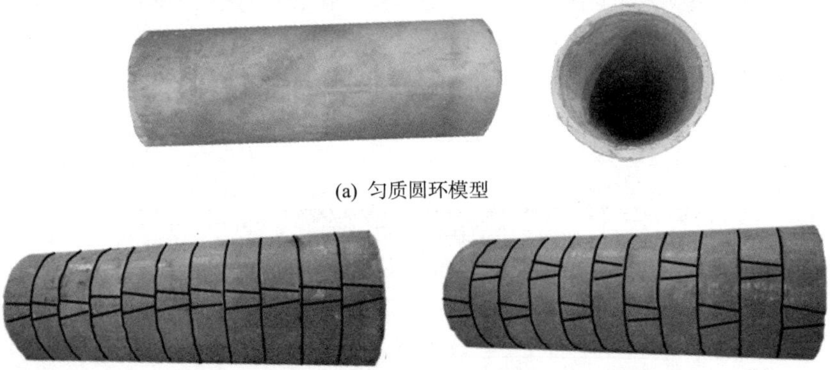

(a) 匀质圆环模型

(b) 通缝拼装模型　　(c) 错缝拼装模型

图 2-5　管片衬砌模型

5. 模型加载与数据采集

试验中，信号发生器经由笔记本电脑控制产生电平信号，再通过功率放大器进行电路放大，激振器将输入的电平信号转化为激振荷载直接施加在隧道模型底部中心位置。为保证荷载施加的稳定性，采用钢梁及两个钢支座组成的固定装置对激振器的位置进行固定。试验荷载施加系统选用扬州晶明科技有限公司生产的 JM1230 型数字信号发生器、JM5801 型功率放大器、JM-20 小型激振器构成，如

图 2-6 所示。

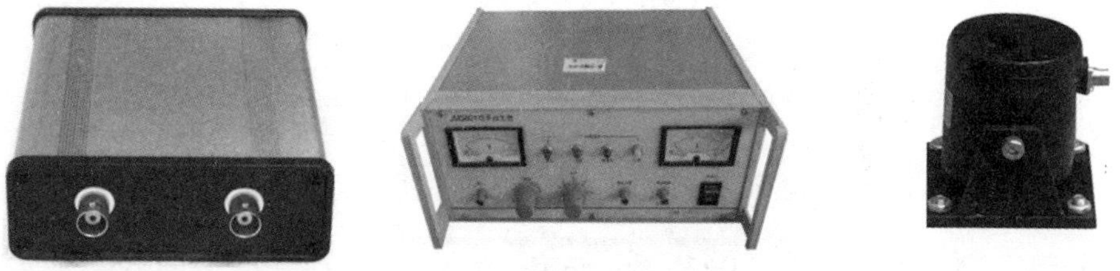

(a) JM1230 型数字信号发生器　(b) JM5801 型功率放大器　(c) JM-20 小型激振器

图 2-6　荷载施加系统主要装置

试验采集的内容包括激振器产生的振动荷载、盾构隧道结构以及周围地层的加速度，数据采集内容见表 2-4，所需采集设备如图 2-7 所示。

表 2-4　传感器及数据采集仪

编号	测试内容	测试元件	数据采集仪
1	加速度	JM5938 型加速度传感器	JM0213 型信号采集仪
2	振动荷载	JM0710 型动态力传感器	JM0213 型信号采集仪

(a) JM0710 型动态力传感器　(b) JM5938 型加速度传感器　(c) JM0213 型信号采集仪

图 2-7　数据采集主要设备

动态力传感器布置在激振器下方，与隧道衬砌结构紧密相连，目的是测定实际加载在隧道结构上的振动力幅值。模型试验中共对 14 个位置处的加速度响应进行了监测，而为了方便后期进行数据处理，在监测位置的对称处也布置了加速度传感器，最终在隧道结构与地层中总计布置 24 个加速度传感器。其中隧道结构底部布置 4 个，顶部布置 5 个，地层中共布置三层(其中一层为地表面)，每层布置 5 个加速度传感器。信号采集仪将动态力传感器和加速度传感器测得的信号传至控制终端，控制终端再将数据进行转化和处理。各传感器的具体布置及编号见图 2-8。

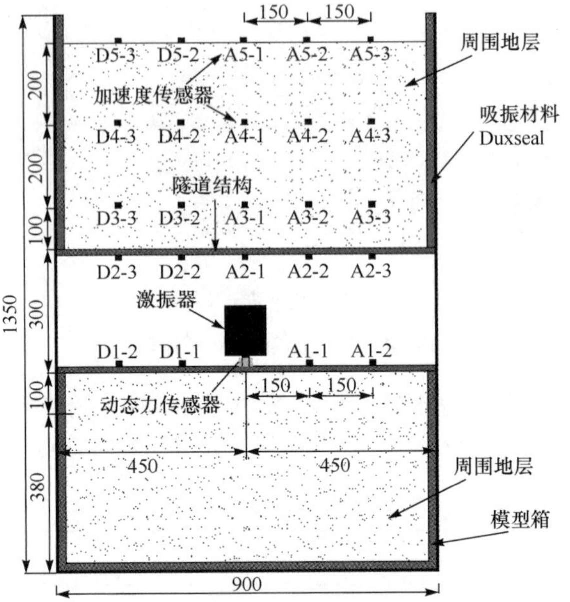

图 2-8　传感器布置图(单位：mm)

6. 振动荷载

试验中为探究振动荷载作用下盾构隧道结构和周围地层的动力响应特性，通过单点激振的方式施加三种类型的荷载：固定频率的正弦振动荷载、扫频振动荷载与列车振动荷载。

固定频率的正弦振动荷载是试验中最简单的测试波形，其目的是验证分析土体是否处于线弹性状态。故只选取三个特定的荷载频率进行施加，具体为 60Hz、120Hz、180Hz。为研究激振力大小对测试结果的影响，施加了三种振幅的正弦振动荷载(激振电压分别为 800mV、1000mV、1200mV)。图 2-9 给出了不同激振电压下频率为 60Hz 时正弦振动荷载时程曲线，其中图 2-9(a)为施加的原始电压

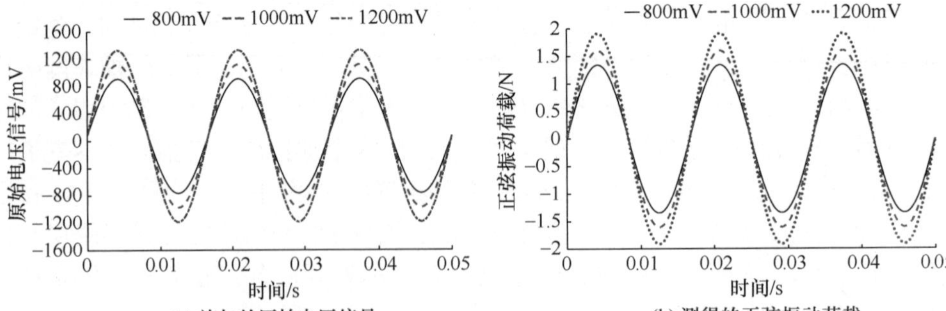

(a) 施加的原始电压信号　　(b) 测得的正弦振动荷载

图 2-9　典型正弦振动荷载曲线(60Hz)

信号，图 2-9(b)为动态力传感器测得的正弦振动荷载。

扫频振动荷载下测得的时域结果可通过傅里叶变换转化为频域，得到不同荷载频率下隧道结构与周围地层的动力响应，目的是研究在不同频率的振动荷载作用下隧道结构及周围地层的动力响应特性。其为频率不断变化的正弦激励荷载，荷载的幅值始终保持一定。已有研究表明[21, 22]，列车振动荷载为宽频振动，频率主要集中在 0～250Hz 内。本次试验选择输入扫频振动荷载的频率范围为 0～250Hz，如图 2-10(a)所示。但实际通过动态力传感器测得的扫频振动荷载与输入信号有所差异，主要体现为荷载幅值随频率不断变化，如图 2-10(b)所示。原因主要在于试验中动态力传感器通过螺杆与激振器进行刚性连接，动态力传感器与螺杆本身会对激振器产生的荷载造成一定的损耗。由于动态力传感器和螺杆本身特性的影响，损耗的荷载随着振动频率不断变化，因此测得的荷载幅值也随振动频率不断变化。

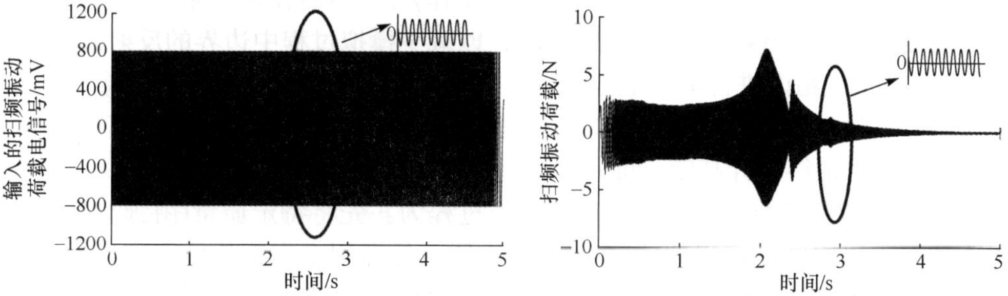

(a) 输入的扫频振动荷载电信号(模型值)　　(b) 测得的扫频振动荷载(模型值)

图 2-10　典型扫频振动荷载曲线

施加列车振动荷载可直接获得模型时域内的响应，用于研究隧道结构及周围地层不同位置处时域内的最大竖向加速度响应及衰减特性。列车振动荷载可通过调研文献获得[10, 11, 136]，分析时基于车辆-轨道耦合动力学理论，首先单独建立车辆模型与轨道模型，再综合考虑轮轨之间的相互作用，最终得出作用于道床上的列车振动荷载。车辆模型中将车辆悬挂系统简化为轮对簧上质量系统，以此为基础，发展为附有二系的整车模型。该模型自由度为 10，系统方程可以通过对各个刚体逐一应用 D'Alembert 原理获得。轨道模型中将钢轨简化为 Euler 梁模型，虽然忽略了剪力与转动惯量的影响，但在计算 500Hz 以下的竖向振动问题时具有较高的精度。同时考虑轨道扣件的影响，将隧道和整体道床按连续地基条件考虑。轮轨之间的相互作用主要考虑轨道不平顺的影响，选择基于美国轨道谱的 6 级轨道谱密度进行轨道不平顺的分析与模拟，并且只考虑高低不平顺，计算得到本次模型试验所需的列车振动荷载(80km/h)时程曲线如图 2-11 所示。

周围地层在不同频率荷载作用下的动力响应特性。频域分析方法主要包括频率响应函数(frequency response function，FRF)和相干系数以及三分之一倍频程。

(1) FRF 和相干系数。

在进行频域内动力响应特性分析时，为消除荷载幅值对动力响应的影响，借助 FRF 和相干系数对固定频率的正弦振动荷载与扫频振动荷载下的时域结果进行处理。FRF 定义为不同频率下的竖向加速度响应与振动荷载的比值，即单位幅值的不同频率振动荷载作用下的动力响应，可表示为

$$\mathrm{FRF}(\omega)=\frac{R(\omega)}{F(\omega)} \tag{2-12}$$

进行具体计算时，根据随机振动分析理论，将模型试验中测得的数据视为随机振动信号，首先求得施加荷载与加速度响应的自功率谱密度函数及两者之间的互谱密度函数，则式(2-12)可转化为以下形式：

$$\mathrm{FRF}(\omega)=\frac{S_{FA}(\omega)}{S_{FF}(\omega)} \tag{2-13}$$

式中，$S_{FF}(\omega)$ 为振动荷载的自功率谱密度函数；$S_{FA}(\omega)$ 为振动荷载和竖向加速度响应的互谱密度函数。具体可通过下式计算：

$$S_{AA}(\omega)=\frac{1}{N_S^2}\left(\sum_{n=0}^{N_S-1}A(t)_n\mathrm{e}^{-\frac{2\pi imn}{N_S}}\right)^2 \tag{2-14}$$

$$S_{FF}(\omega)=\frac{1}{N_S^2}\left(\sum_{n=0}^{N_S-1}F(t)_n\mathrm{e}^{-\frac{2\pi imn}{N_S}}\right)^2 \tag{2-15}$$

$$S_{AF}(\omega)=\frac{1}{N_S^2}\left(\sum_{n=0}^{N_S-1}A(t)_n\mathrm{e}^{-\frac{2\pi imn}{N_S}}\right)\left(\sum_{n=0}^{N_S-1}F(t)_n\mathrm{e}^{-\frac{2\pi imn}{N_S}}\right) \tag{2-16}$$

$$S_{FA}(\omega)=\frac{1}{N_S^2}\left(\sum_{n=0}^{N_S-1}F(t)_n\mathrm{e}^{-\frac{2\pi imn}{N_S}}\right)\left(\sum_{n=0}^{N_S-1}A(t)_n\mathrm{e}^{-\frac{2\pi imn}{N_S}}\right) \tag{2-17}$$

式中，$m=1,2,\cdots,N_S-1$；$n=0,1,\cdots,N_S-1$；i 为虚数单位；e 为自然常数；$F(t)_n$ 为振动荷载；$A(t)_n$ 为竖向加速度响应；$S_{AF}(\omega)$ 为竖向加速度响应和振动荷载的互谱密度函数；$S_{AA}(\omega)$ 为竖向加速度响应自功率谱密度函数。

试验结果经过 FRF 处理后，再将其单位换算为 dB，具体计算公式为

$$A_{\mathrm{dB}}=20\lg(A) \tag{2-18}$$

式中，A_{dB} 为转化后的动力响应；A 为经过 FRF 处理后的试验结果。

固定频率正弦振动荷载作用下的动力响应可通过式(2-19)转化为竖向加速度级 A_{dB}：

$$A_{\mathrm{dB}} = 20\lg\left(\frac{a_{\mathrm{m}}\cdot\lambda_a}{F_{\mathrm{m}}\cdot\lambda_F}\right) \tag{2-19}$$

式中，a_{m} 为模型试验中测得的正弦振动荷载作用下的竖向加速度响应；F_{m} 为模型试验中施加的正弦振动荷载幅值；λ_a 和 λ_F 分别为竖向加速度和力的相似比(原型：模型)。

同时，引入相干系数 $\gamma^2(\omega)$ 对由式(2-14)～式(2-17)计算得到的FRF进行检验，其计算式为

$$\gamma^2(\omega) = \frac{S_{FA}(\omega)S_{AF}(\omega)}{S_{FF}(\omega)S_{AA}(\omega)} \tag{2-20}$$

相干系数表征了测得的动力响应与所施加荷载的相关程度，其幅值为 0～1。幅值越高，动力响应与施加荷载的相关性就越高。若值为 1，说明测到的动力响应完全由施加的振动荷载引起，结果的可靠性最高。

(2) 三分之一倍频程。

倍频程是指将一个离散的振动响应谱转化为多个频段，然后分别计算每个频段内的幅值的平均值。三分之一倍频程则是将倍频程再细分为三段，且每个频带的上限频率与中心频率之比以及中心频率与下限频率之比保持为 $2^{1/6}$：1。将下限频率记为 f_1，上限频率记为 f_2，频带内的中心频率记为 f_1。三分之一倍频程的上下限与中心频率存在下述关系：

$$\frac{f_2}{f_0} = 2^{\frac{1}{3}},\quad \frac{f_2}{f_1} = \frac{f_1}{f_0} = 2^{\frac{1}{6}} \tag{2-21}$$

列车运行引发的振动问题主要集中在 0～250Hz 频段内，对应的三分之一倍频程中心频率、上限频率和下限频率如表 2-5 所示。

表 2-5　三分之一倍频程中心频率、上限频率和下限频率　(单位：Hz)

编号	中心频率	下限频率	上限频率	编号	中心频率	下限频率	上限频率
1	40	35.5	44.7	6	125	112	141
2	50	44.7	56.2	7	160	141	178
3	63	56.2	70.8	8	200	178	224
4	80	70.8	89.1	9	250	224	282
5	100	89.1	112				

三分之一倍频程具有频带宽、谱线少的特点，其主要用于分析振动信号在各

个频段上的分布特征。因此采用三分之一倍频程进一步处理数据，可大大降低动力响应数据的波动性。对测试结果利用 FRF 进行处理后，计算各个中心频率对应频率范围内的平均值(式(2-22))，即可得到各中心频率对应的三分之一倍频谱值。

$$A_{\mathrm{rms}}=\sqrt{\frac{1}{n}\sum_{i=1}^{n}a_i^2} \tag{2-22}$$

式中，A_{rms} 为中心频率对应三分之一倍频谱值；n 为该中心频率对应带宽内的数据个数；$i=1,2,\cdots,n$；a_i 为频率范围内 FRF 响应值。

2. 线弹性假设验证

本次相似模型试验基于试验土体处于线弹性状态的假设进行，因此对试验结果进行可靠性分析时需要先对线弹性假设进行验证。模型试验通过加载装置施加了三种不同振幅的正弦振动荷载。以正弦振动荷载的固定频率为 60Hz 为例，正弦振动荷载时程曲线如图 2-9(b)所示，隧道周围地层典型位置处的竖向加速度响应时程曲线如图 2-13 所示。

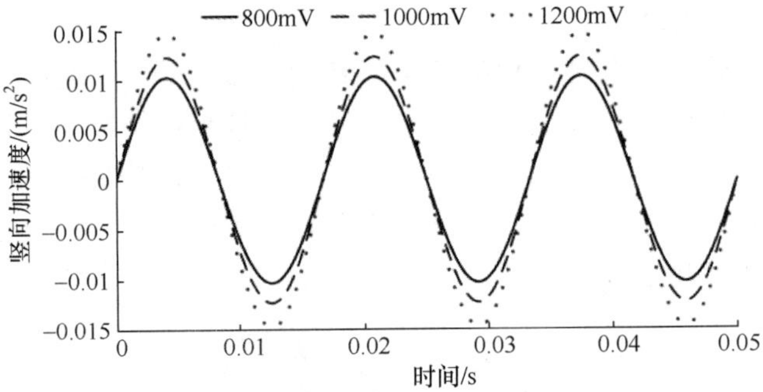

图 2-13　隧道周围地层典型位置处的竖向加速度响应时程曲线(测点 A5-3, 60Hz)

由图 2-9(b)可以发现，不同激振电压下正弦振动荷载幅值有所不同，激振电压越大，正弦振动荷载越大。当激振电压由 800mV 调整为 1000mV 后，正弦振动荷载幅值由 1.344N 升为 1.6N，增长幅度为 19%；当激振电压由 1000mV 调整为 1200mV，正弦振动荷载幅值由 1.6N 升为 1.912N，增长幅度为 19.5%，可以判断激振电压与正弦振动荷载呈线性关系。

从图 2-13 可以发现，不同激振电压下隧道周围地层的动力响应幅值也有所不同，竖向加速度响应幅值随激振电压的增大而增大。为更清楚地分析动力响应幅值与正弦振动荷载的关系，绘制竖向加速度响应幅值与正弦振动荷载幅值的关系曲线如图 2-14 所示。从图 2-14 可以看出，竖向加速度响应幅值与正弦振动荷载幅值表现出明显的线性关系。由以上分析可知，激振电压与正弦振动荷载、周围地层的竖向加速度响应幅值与正弦振动荷载幅值之间呈线性关系，可以证明隧道周围土体处于线弹性状态。

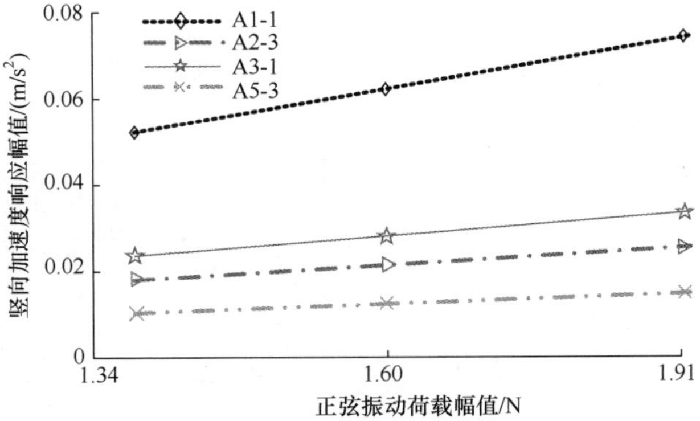

图 2-14 竖向加速度响应幅值-正弦振动荷载幅值关系图(60Hz)

3. 试验结果相干性分析

试验结果的相干性分析基于相干系数进行，相干系数表征了测得的动力响应与所施加荷载的相关程度，其幅值为 0～1。幅值越高，动力响应与施加荷载的相关性就越高。若相干系数值为 1，说明测到的动力响应完全由施加的振动荷载引起，结果的可靠性最高。图 2-15 为扫频振动荷载作用下隧道结构与周围地层的 FRF 响应及对应的相干系数曲线。

由图 2-15 可知，当振动频率处于 40Hz 以下时，FRF 对应相干系数的数值较低，且波动较为剧烈。原因可能在于环境噪声等所处的频率范围主要在此区段，对该频率区间下的模型动力响应产生了一定干扰。当振动频率处于 40～100Hz 时，相干系数虽有所波动，但数值整体较高，均值能达到 0.8，且较为平稳。而当振动频率超过 100Hz 时，除个别测点位置处，FRF 对应的相干系数已基本接近

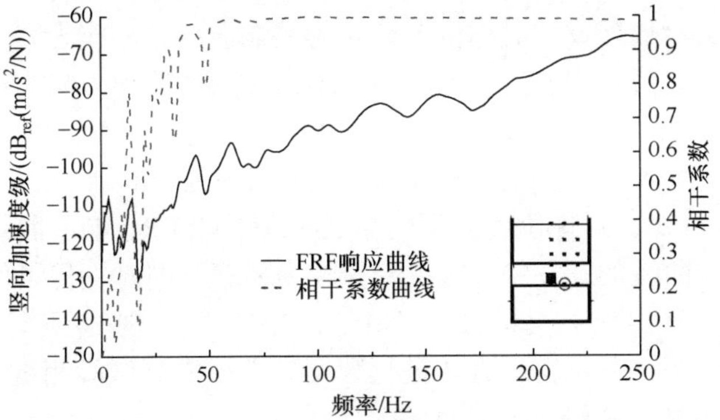

(a) A1-1测点

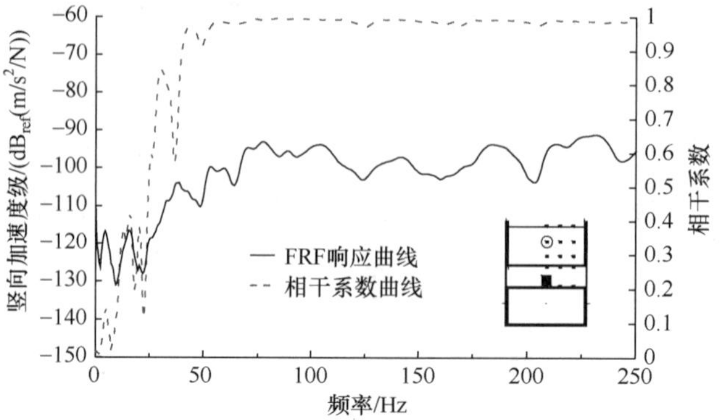

(b) A4-1测点

图 2-15　隧道结构与周围地层的 FRF 响应及相干系数

1。由此说明，当振动频率在 40Hz 以上时，加速度传感器测得隧道结构动力响应与激振器施加的荷载相关性较好，受测试环境中噪声等干扰的影响较小，测试结果较为可靠。另外，正弦振动荷载与扫频振动荷载作用对应频率下测出的隧道结构与地层动力响应结果较为吻合，结果相差较小，最大偏差不超过 2dB，进一步说明了扫频振动荷载下测试结果的可靠度较高。

此外，隧道结构的动力响应明显大于周围地层的动力响应，说明振动荷载的影响范围有限，主要集中在隧道结构及周围较近的地层。同时振动能量在高频段的衰减速度明显大于低频段。整体上，隧道结构动力响应的相干系数大于周围地层，原因可能在于隧道结构的动力响应幅值整体较大，环境噪声等因素的干扰程度相对较小。

另外，当相干系数逐渐减小至极小值又迅速增大时，对应的 FRF 响应曲线也出现了明显的先衰减后增大的趋势，从而在该频域区段出现“波谷”，同时说明此频率范围内动力响应结果的可靠性较低。为了提高试验结果的可靠性，对每一个测点位置处的试验结果进行数据处理时，均选择两组以上的试验结果进行算术平均，选择的试验数据或为对称位置处测得的响应结果，或为同一位置不同测试时间下的结果。以隧道内测点为例，对 A1-2 测点处的动力响应结果进行处理时可以选取 D1-2 测点的结果，也可选取 A1-2 测点不同测试时间下的结果，如图 2-16(a)所示。而 A2-1 测点处则只选取不同测试时间下的结果，如图 2-16(b)所示。

由图 2-16 可知，对称位置或不同测试时间下的 FRF 响应曲线变化规律大致相同，仅在响应曲线的“波谷”区段差异较为显著，同时一种条件下测得的试验结果相对于另一种出现了微弱的平移现象，“波谷”出现的频率区段也因此而发生错动。由此说明，采用这种方式进行数据处理可提高试验测试结果的可靠性，选择的数据越多时，这种效果越明显。

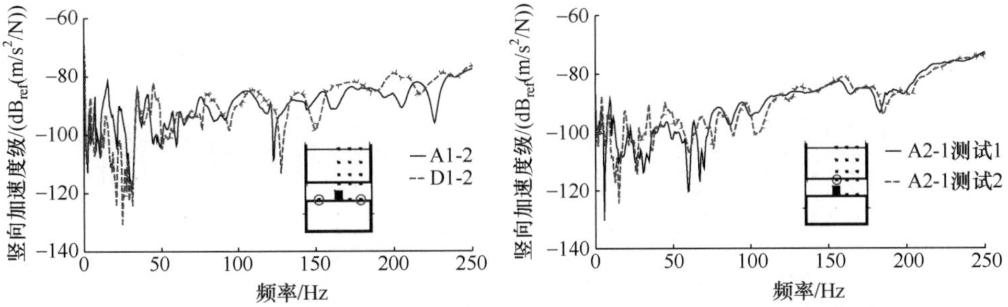

(a) 对称位置　(b) 不同测试时间

图 2-16　不同条件下隧道结构动力响应曲线

此外，由于模型试验中环境噪声等因素对测试结果的干扰难以完全避免，即使采用算术平均的方式处理试验结果也难以保证低频段 FRF 响应结果的可靠性，在后期分析中重点研究隧道结构和周围地层在 40Hz 以上时的动力响应特性。

2.1.3　匀质圆环模型的动力响应

匀质圆环模型相比考虑接头的盾构隧道模型而言，有着制作简便、结构受力清晰的特点，因此在对振动荷载作用下盾构隧道模型和周围地层的动力响应规律的讨论中，可先采用忽略管片接缝的匀质圆环模型来模拟隧道，对问题进行合理简化，从宏观角度把握盾构隧道结构和周围地层在列车振动荷载作用下的动力响应规律。

1. 匀质圆环模型下隧道结构动力响应

由试验结果的可靠性分析可知，模型试验的测试数据(频率范围为 40～250Hz)和数据处理方法均具有较高的可靠度。对盾构隧道结构在列车振动荷载作用下的动力响应的研究可从时域和频域两方面展开。

1) 隧道结构时域动力响应

时域内盾构隧道结构动力响应研究基于 80km/h 列车振动荷载作用下匀质圆环盾构隧道结构的竖向加速度响应，测得的隧道结构特征点在一个荷载周期内的竖向加速度时程曲线如图 2-17 所示。

由图 2-17 可知，一个周期内的竖向加速度响应时程曲线存在多个较为明显的竖向加速度峰值，这主要是由振动荷载的突然增大引起的，反映出列车振动荷载作用下结构动力响应的周期性；同时，隧道结构在不同位置处的动力响应幅值有较大差异，距离振源较近的位置响应幅值较大，如隧道底部 A1-1 测点的竖向加速度响应峰值明显大于隧道底部 A1-2 测点的竖向加速度响应峰值。为了更加清晰地对比在隧道结构不同位置处测点的动力响应，提取隧道内部测点的 PPA 如表 2-6 所示。

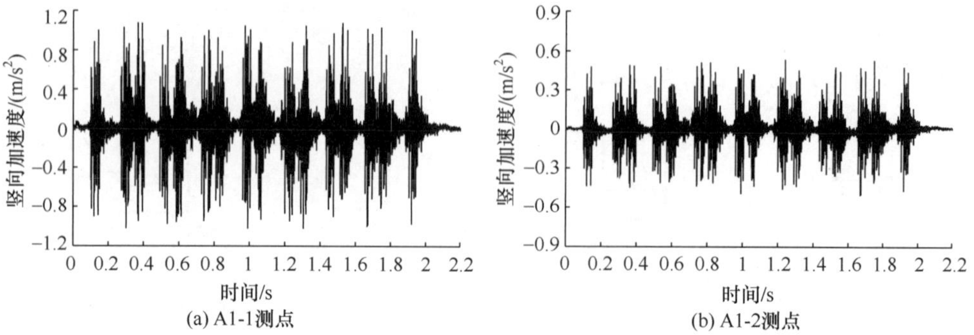

图 2-17　匀质圆环模型下隧道结构特征点竖向加速度响应

表 2-6　隧道内部测点的 PPA　(单位：m/s^2)

测点	A1-1	A1-2	A2-1	A2-3
PPA	1.0124	0.5124	0.7421	0.3915

由表 2-6 可知，距离振源越近，盾构隧道结构的动力响应越明显，即随着距离的增加，隧道结构的动力响应逐渐减弱。如隧道底部 A1-1 测点的 PPA 为 $1.0124m/s^2$，A1-2 测点的 PPA 仅为 $0.5124m/s^2$，PPA 的衰减幅度约为 49.39%；隧道顶部 A2-1 测点的 PPA 为 $0.7421m/s^2$，A2-3 测点仅为 $0.3915m/s^2$，PPA 的衰减幅度约为 47.24%。

2) 隧道结构频域动力响应

隧道结构的动力响应除了与振动荷载的频谱特性有关外，更与施加荷载的幅值有直接关系。荷载幅值越大，动力响应越明显。鉴于此，在进行频域内动力响应特性分析时，为消除荷载幅值对动力响应的影响，采用 FRF 对试验结果进行处理，以便深入分析隧道结构在不同频率荷载作用下的动力响应特性。图 2-18 为隧道结构典型测点的 FRF 响应曲线。

由图 2-18 可知，隧道结构的动力响应(竖向加速度级)具有一定的波动特征。总体上，动力响应随着频率的增大而增强，频率在 150Hz 以下时，靠近振源测点的

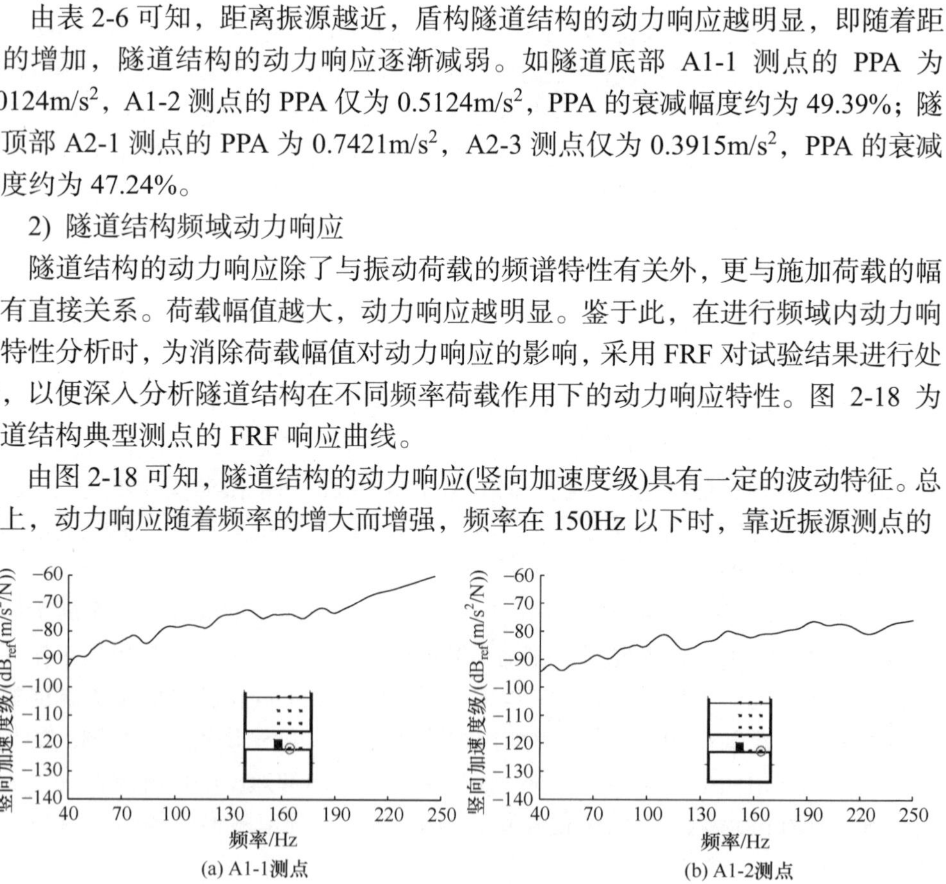

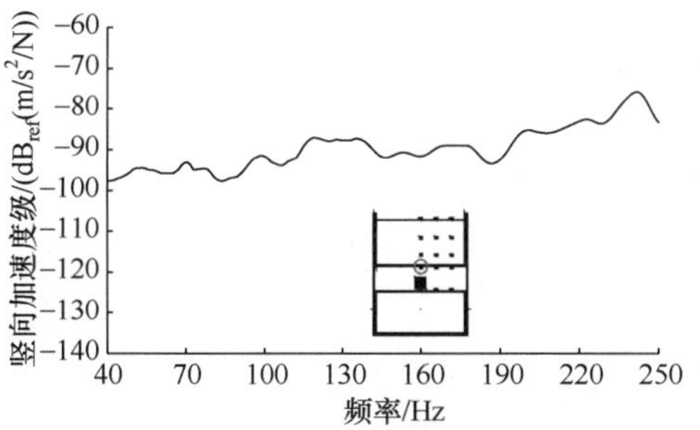

(c) A2-1测点 (d) A2-3测点

图 2-18 均质圆环模型下隧道结构典型测点的 FRF 响应曲线

FRF 值增长较快，大于 150Hz 时增速有所变缓。对比不同位置测点的 FRF 响应曲线可以看出，距离振源越近，动力响应越大。其中以 A1-1 测点处增幅最为显著，当振动频率由 40Hz 上升至 250Hz 时，FRF 响应幅值的最大增幅达到了 31dB。对比 A1-1 测点和 A2-3 测点的 FRF 响应曲线可以看出，同一断面位置处，隧道底部测点的动力响应大于隧道顶部。

2. 匀质圆环模型下周围地层动力响应

1) 周围地层时域动力响应

图 2-19 给出了列车振动荷载作用下周围地层的时域响应结果，可用于探究列车振动荷载作用产生的振动波在土体中的传播机制。从图中可以看出，时程曲线具有多个明显的 PPA，表现出明显的动力响应周期性。

为更加清晰地对比周围地层不同位置处的动力响应，提取周围地层典型位置处的 PPA 如表 2-7 所示，并绘制 PPA 随测点变化的拟合曲线，如图 2-20 所示。

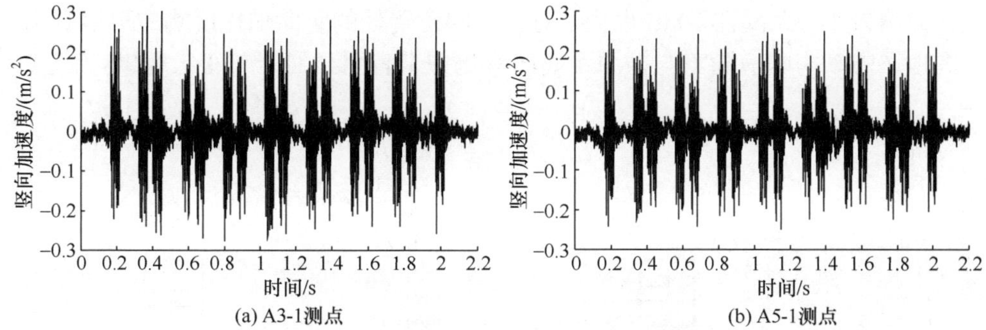

(a) A3-1测点 (b) A5-1测点

图 2-19 匀质圆环模型下周围地层竖向加速度响应

表 2-7 周围地层内测点的 PPA (单位：m/s^2)

测点	A3-1	A4-1	A5-1	A5-3
PPA	0.3027	0.2652	0.2506	0.2402

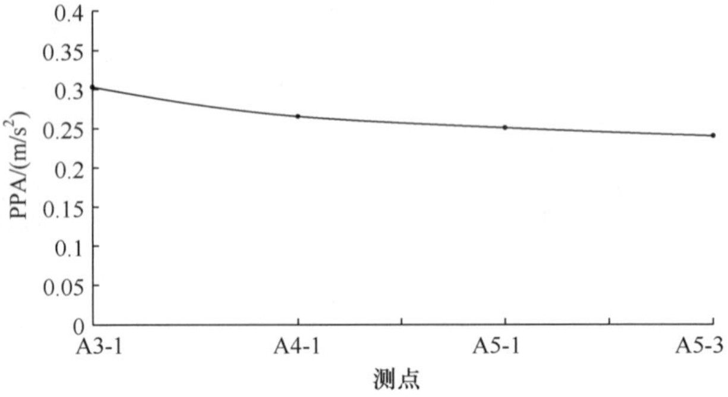

图 2-20　匀质圆环模型下 PPA 变化图

由图 2-20 可知，周围地层的动力响应特性与隧道结构具有一定的相似性：距离振源越近，周围地层的动力响应越明显，即动力响应随距离增加而逐渐衰减，但变化幅度整体较小。例如，A3-1 测点处的 PPA 为 0.3027m/s^2，A4-1 测点处为 0.2652m/s^2，衰减幅度为 12.39%；A5-1 测点处为 0.2506m/s^2，衰减幅度为 18.42%；A5-3 测点处为 0.2402m/s^2，衰减幅度为 21.81%。对比隧道结构和周围地层的 PPA 发现，隧道结构的 PPA 响应整体上大于周围地层的 PPA 响应，且随着距离振源越来越远，PPA 的衰减程度在隧道结构处更为明显，在周围地层内变化微弱。

2) 周围地层频域动力响应

为了更好地分析周围地层动力响应与激振力频率的关系，这里绘制了周围地层的 FRF 响应曲线，如图 2-21 所示。由图可知，周围地层的 FRF 响应曲线整体上具有较大的波动性。当频率位于 40～70Hz 时，周围地层的 FRF 响应整体表现为线性增长的趋势，增长幅度较为明显，最高增幅可达 15dB(A5-1 测点处)；当荷载的频率大于 70Hz 时，周围地层的 FRF 响应表现为波动变化的趋势，但整体变化幅值较小，大都在 10dB 以内。对比不同位置处的竖向加速度响应可以看出，周围地层的动力响应随着与振源距离的变化并未有明显的衰减变化规律。

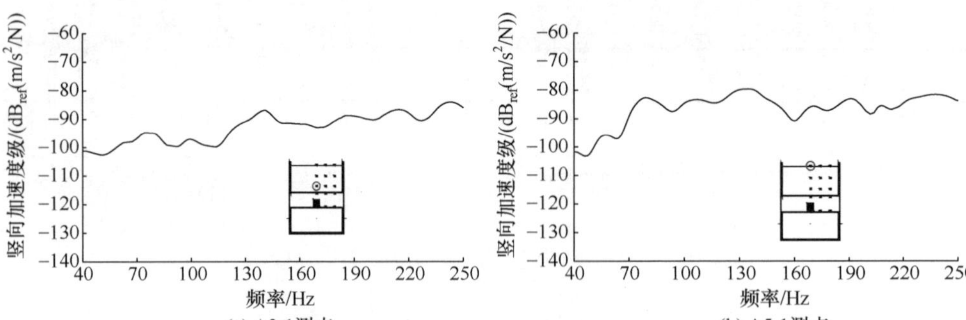

(a) A3-1测点　(b) A5-1测点

图 2-21　匀质圆环模型下周围地层 FRF 响应曲线

2.1.4 管片接缝对盾构隧道动力响应的影响研究

盾构隧道的接头会削弱隧道衬砌的力学性能，此外，在列车振动荷载作用下产生的振动波会在接头处发生衍射，势必会对盾构隧道在列车振动荷载作用下的动力响应产生影响。因此本节在对匀质圆环的隧道衬砌模型动力响应研究的基础上，进一步讨论不同拼装方式(错缝拼装和通缝拼装)下的隧道模型在列车振动荷载作用下隧道结构及周围地层的动力响应特性。

1. 管片接缝对隧道结构动力响应的影响

将匀质圆环、错缝拼装与通缝拼装三种模型下隧道结构的动力响应数据分别在时域与频域内进行对比分析，可用于研究管片接缝与拼装方式对隧道结构动力响应的影响。

1) 时域动力响应

选取列车振动荷载下的动力响应结果进行分析，图 2-22 和图 2-23 分别为通缝拼装模型和错缝拼装模型下隧道结构典型位置处一个荷载周期内的竖向加速度响应曲线。

由图 2-22 和图 2-23 可知，考虑接头的管片衬砌模型与匀质圆环模型的竖向

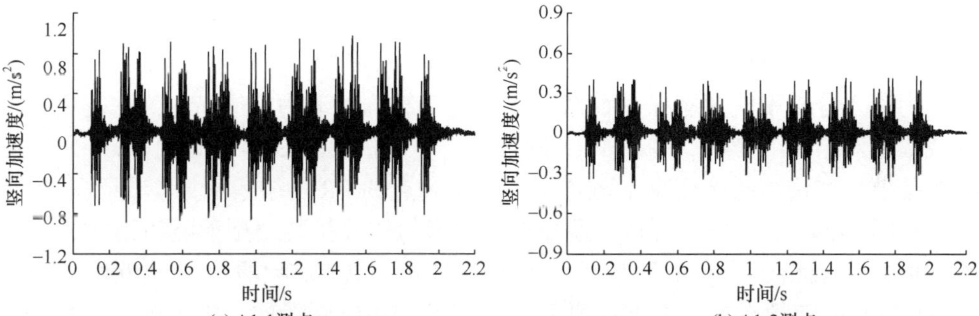

(a) A1-1测点　(b) A1-2测点

图 2-22　通缝拼装模型下隧道结构典型位置处竖向加速度响应

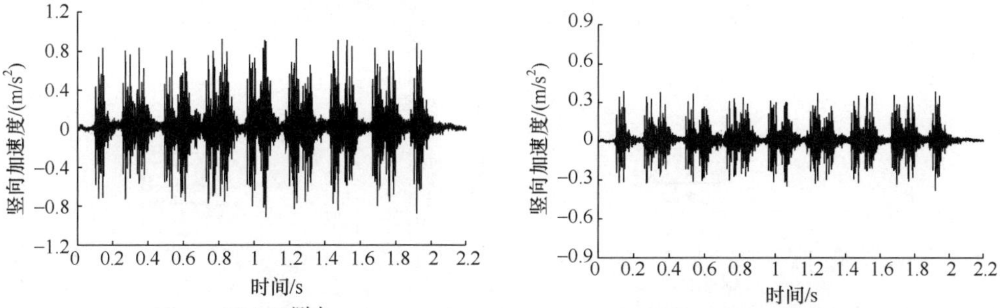

(a) A1-1测点　(b) A1-2测点

图 2-23　错缝拼装模型下隧道结构典型位置处竖向加速度响应

加速度响应相似，即在一个周期内的竖向加速度响应时程曲线同样存在多个较为明显的 PPA。为了更加清晰地对比三种管片衬砌模型在不同位置处的动力响应，提取通缝拼装和错缝拼装管片衬砌模型下隧道结构典型位置处的 PPA 如表 2-8 所示。

表 2-8　隧道内部测点的 PPA　　(单位：m/s^2)

管片类型	A1-1	A1-2	A2-1	A2-3
错缝拼装	0.8241	0.4341	0.6314	0.3491
通缝拼装	0.8915	0.4618	0.6691	0.3621

结合表 2-6 和表 2-8 可知，通缝拼装模型和错缝拼装模型表现出了与匀质圆环模型一样的规律，即隧道结构的动力响应随着与振源距离的增大而减小。错缝拼装模型的 PPA 整体小于通缝拼装模型，并且随着距离的增大，PPA 衰减也更为明显。如错缝拼装模型 A1-1 测点处的 PPA 为 0.8241m/s^2，测点 A2-3 处仅为 0.3491m/s^2，PPA 的衰减幅度约为 57.64%；通缝拼装模型 A1-1 测点处的 PPA 为 0.8915m/s^2，测点 A2-3 处仅为 0.3621m/s^2，PPA 的衰减幅度约为 59.38%。与匀质圆环隧道相比，就测点 A1-1 而言，两种拼装模型的竖向加速度响应减小了 18.6% 和 11.9%。

2) 频域动力响应

为深入分析不同频率振动荷载作用下隧道结构的动力响应特性，并避免振动荷载幅值对结果的影响，采用 FRF 进行进一步分析。图 2-24 和图 2-25 分别为通缝拼装模型和错缝拼装模型下隧道结构典型测点的 FRF 响应曲线。

由图 2-24 和图 2-25 可知，通缝拼装模型与错缝拼装模型下隧道结构的 FRF 响应曲线表现出了一定的波动性，并且在低于 150Hz 频段内，靠近振源测点(A1-1)FRF 值随频率的增加迅速增大；在高于 150Hz 频段内，随着频率的增加，通缝拼装模型中测点 FRF 值增速变缓。

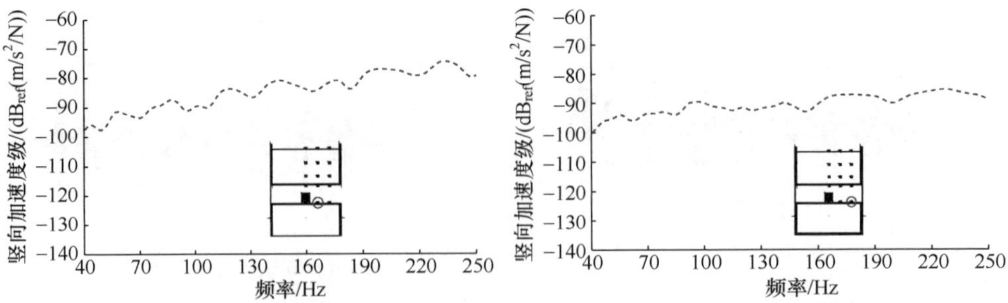

(a) A1-1测点　　(b) A1-2测点

图 2-24　通缝拼装模型下隧道结构典型测点 FRF 响应曲线

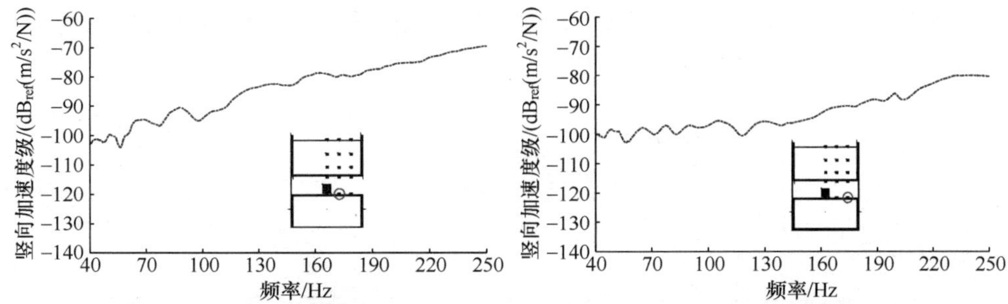

(a) A1-1测点　(b) A1-2测点

图 2-25　错缝拼装模型下隧道结构典型测点 FRF 响应曲线

为便于直观分析管片接缝以及拼装方式对隧道结构动力响应的影响，将三种管片衬砌模型下隧道结构的 FRF 响应进行对比分析，如图 2-26 所示。从图中可以看出，匀质圆环模型的 FRF 响应幅值最大，考虑管片接头的两种隧道模型下响应较小，三种模型下结构响应的最大差值可达 15dB。整体上，当频率为 40～80Hz 时，通缝拼装模型下隧道结构的 FRF 响应略大于错缝拼装模型；当频率为 80～200Hz 时，不同管片拼装方式对隧道结构的 FRF 响应并无一致性影响规律；当频率大于 200Hz 时，错缝拼装模型下隧道结构的 FRF 响应更为强烈。

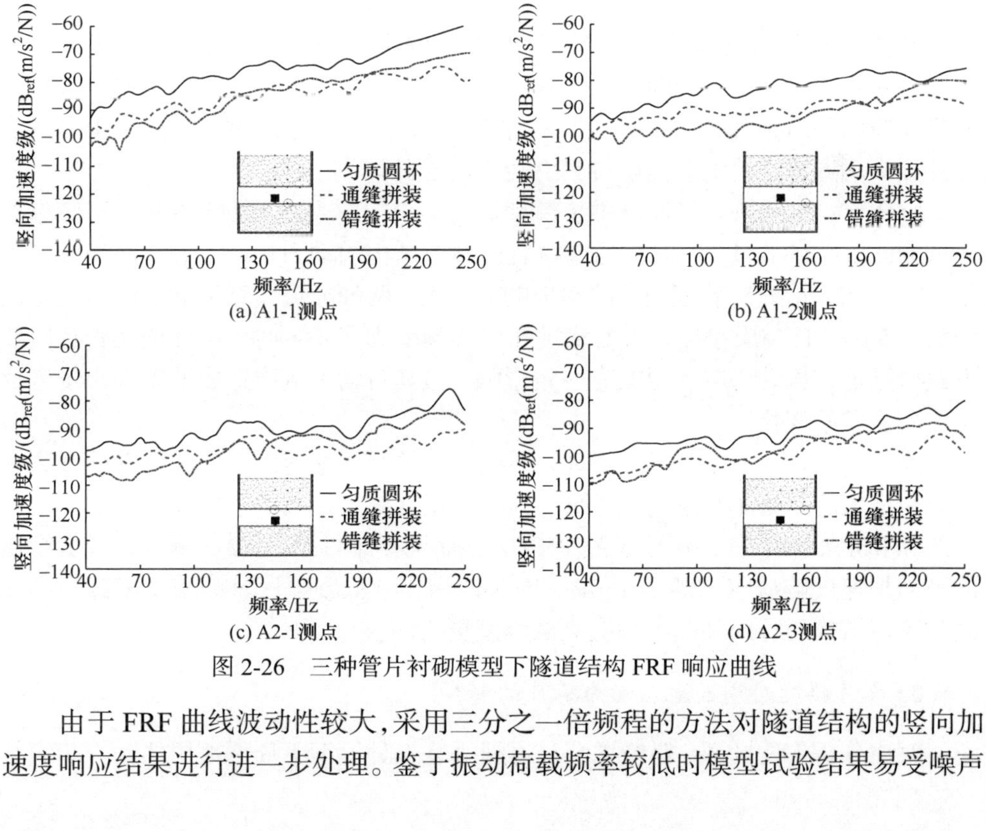

图 2-26　三种管片衬砌模型下隧道结构 FRF 响应曲线

由于 FRF 曲线波动性较大，采用三分之一倍频程的方法对隧道结构的竖向加速度响应结果进行进一步处理。鉴于振动荷载频率较低时模型试验结果易受噪声等因素的干扰，中心频率为 31.5～250Hz 时，三种管片衬砌模型下隧道结构不同位置处的竖向加速度响应曲线如图 2-27 所示。

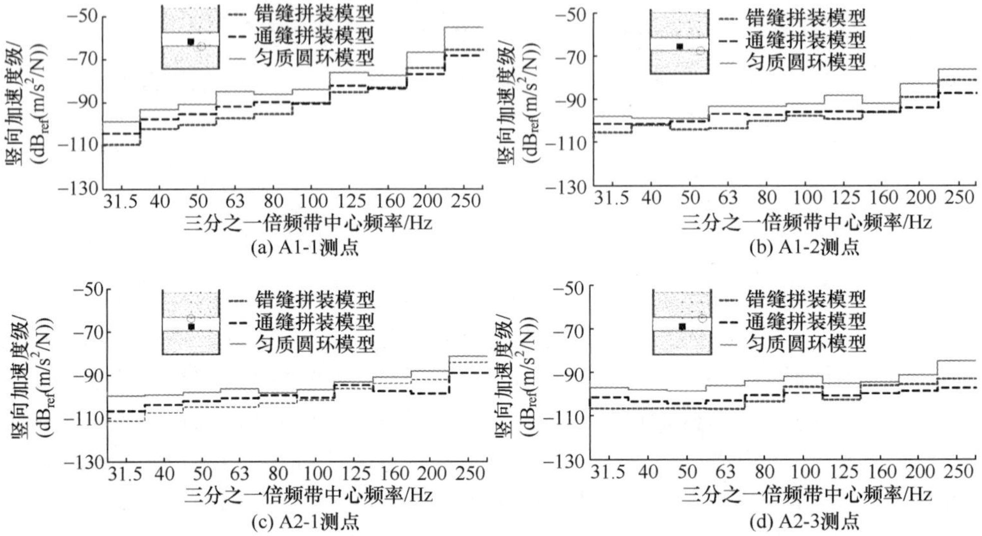

图 2-27　三种管片衬砌模型下隧道结构动力响应

由图 2-27 可知，采用三分之一倍频程的方法对 FRF 响应结果进行进一步处理后，隧道结构动力响应的波动性整体上有所下降。三种管片衬砌模型下的动力响应同样以匀质圆环模型下最大，三种模型下响应的最大差值可达 15dB。说明管片接头对隧道结构的动力响应具有较为明显的影响。

整体上，错缝拼装与通缝拼装模型下的动力响应表现出以下规律：当频率处于低频区段(125Hz 以下)时，通缝拼装模型下结构的动力响应更大，而当频率大于 125Hz 时，错缝拼装模型下的动力响应更大。两种隧道模型下响应的最大差值约为 7.5dB，且响应差异较大处出现在中心频率为 63Hz 时。由此说明管片拼装方式对隧道结构动力响应也具有一定影响，但其对动力响应造成的差异小于管片接头所引发的变化。

此外，随着距离振源越来越远，隧道结构的竖向加速度响应随振动荷载频率增长而增大的趋势越来越弱。例如，A1-2 测点处隧道结构的竖向加速度响应增长了约 35dB(频率由 31.5Hz 增长到 250Hz)，而同样条件下，A2-3 测点处隧道结构的竖向加速度响应仅增加了 12dB。同时，相较于低频区段，频率位于高频区段内时隧道结构的竖向加速度响应衰减幅度更为明显。

2. 管片接缝对周围地层动力响应的影响

对比分析匀质圆环、错缝拼装与通缝拼装三种模型下周围地层的动力响应数据，从时域与频域两方面对管片接缝与拼装方式对周围地层的动力响应影响展开研究。

1) 周围地层时域动力响应

绘制通缝拼装模型和错缝拼装模型下周围地层中的典型测点在一个荷载周期内的竖向加速度响应曲线，如图 2-28 和图 2-29 所示。从图中可以看出，竖向加速度响应时程曲线存在多个较为明显的 PPA，波峰之间的时间间距与列车轮对位置和列车运行速度相对应。

提取通缝拼装模型和错缝拼装模型下周围地层内典型测点的 PPA，如表 2-9 所示。对比表 2-8 可以发现，隧道结构的 PPA 响应整体上大于周围地层的 PPA 响应。为了便于讨论管片接头和拼装方式对周围地层动力响应的影响，绘制三种隧道衬砌模型下周围地层的 PPA 测点的拟合曲线，如图 2-30 所示。

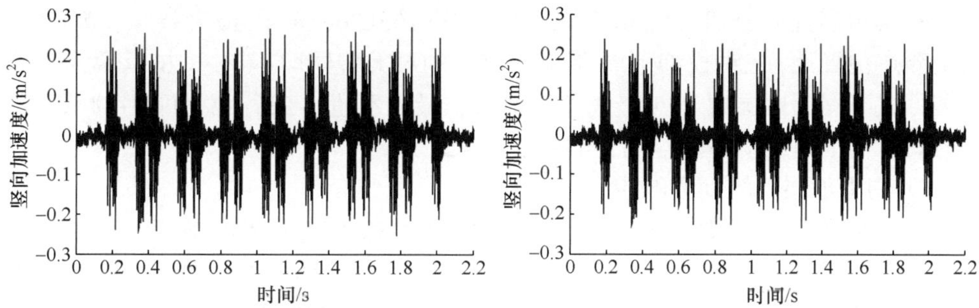

(a) A3-1测点　(b) A5-1测点

图 2-28　通缝拼装模型下周围地层竖向加速度响应

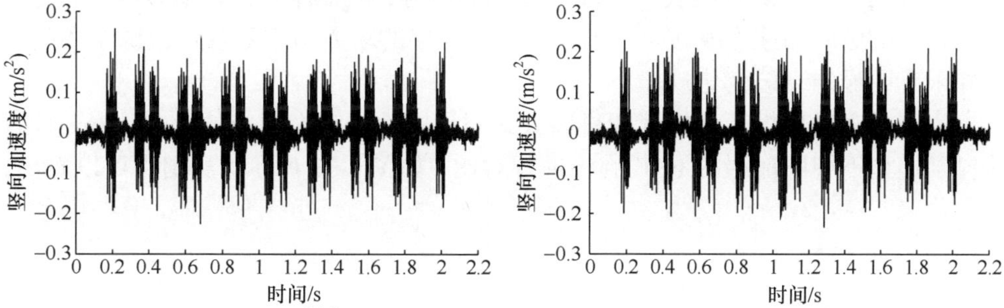

(a) A3-1测点　(b) A5-1测点

图 2-29　错缝拼装模型下周围地层竖向加速度响应

表 2-9　周围地层内典型测点的 PPA　(单位：m/s^2)

管片类型	A3-1	A4-1	A5-1	A5-3
错缝拼装	0.2665	0.2343	0.2212	0.2126
通缝拼装	0.2842	0.2483	0.2359	0.2226

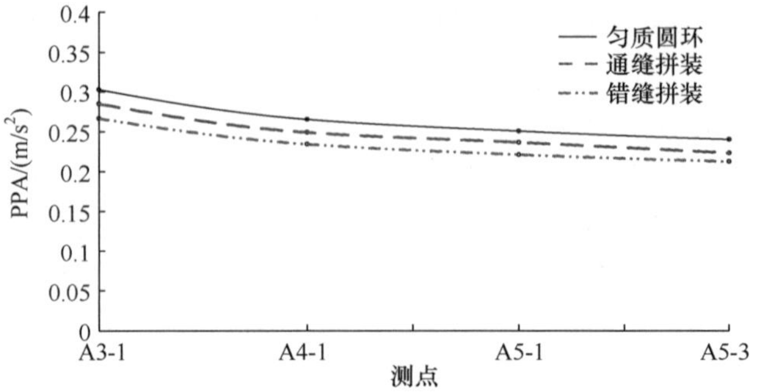

图 2-30　三种衬砌模型下周围地层 PPA 变化曲线

从图 2-30 可以看出，三种管片衬砌模型中匀质圆环模型下周围地层的动力响应最大，通缝拼装模型次之，错缝拼装模型最小。例如，A3-1 测点处三种模型下的 PPA 由高到低分别为 0.3027m/s^2、0.2842m/s^2、0.2665m/s^2，最大差异仅为 12%。其余测点位置处，三种模型下周围地层 PPA 的最大差异均不超过 13%。两种管片拼装方式下周围地层的 PPA 最大差值更低，最大不超过 7%，说明管片接头及拼装方式对周围地层动力响应的影响程度有限。

2) 周围地层频域动力响应

绘制周围地层内典型测点在通缝拼装模型和错缝拼装模型两种工况下的 FRF 响应曲线，如图 2-31 和图 2-32 所示。由图可知，周围地层的 FRF 响应曲线整体上具有较大的波动性。当频率为 40～70Hz 时，两种管片衬砌模型下周围地层的 FRF 响应整体表现为线性增长的趋势，增长幅度较为明显；当频率大于 70Hz 时，周围地层的 FRF 响应表现为波动变化的趋势，但整体变化幅值较小。对比不同位置处的竖向加速度响应可以看出，周围地层的动力响应随着距振源距离的变化并未有明显的衰减变化规律。

为便于直观分析管片接缝和拼装方式对周围地层动力响应的影响，将三种管片衬砌模型下周围地层的 FRF 响应进行对比，如图 2-33 所示。从图中可以看出，

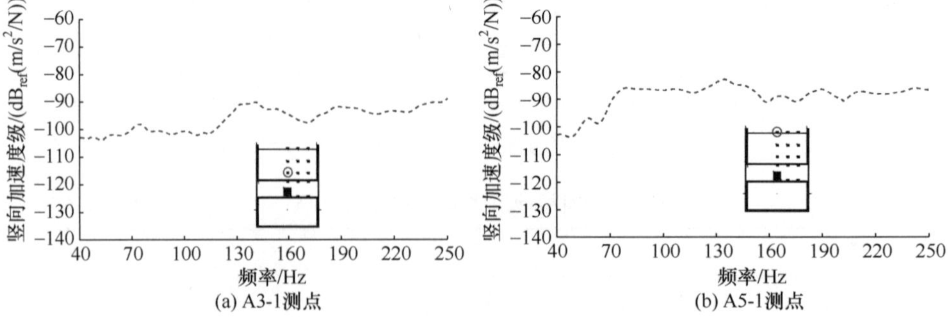

图 2-31　通缝拼装模型下周围地层 FRF 响应曲线

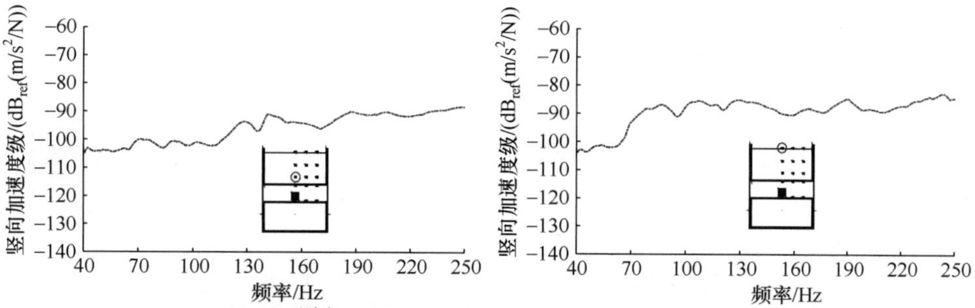

(a) A3-1测点　(b) A5-1测点

图 2-32　错缝拼装模型下周围地层 FRF 响应曲线

三种管片衬砌模型下周围地层的 FRF 响应整体差异较小，最高不超过 7dB。其中响应最大时的隧道模型为匀质圆环，考虑管片接头的两种隧道模型下的周围地层响应略小。整体上，当频率为 40～90Hz 时，通缝拼装模型下周围地层的 FRF 响应略大于错缝拼装模型；当频率为 90～200Hz 时，不同管片拼装方式对周围地层的 FRF 响应并无一致性影响规律；当频率大于 200Hz 时，对于大多数测点，错缝拼装模型下周围地层的 FRF 响应略强于通缝拼装模型。不同拼装方式下周围地层的 FRF 响应差值整体较小，不同测点位置处的差异平均值在 3dB 以下。与隧道结构 FRF 响应相比，三种管片模型的周围地层 FRF 响应较为接近，说明管片接缝对周围地层动力响应的影响较小，两种拼装模型动力响应差值不超过 5dB。

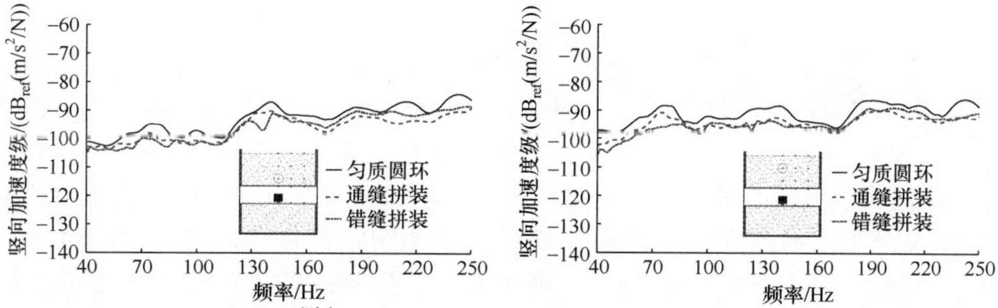

(a) A3-1测点　(b) A4-1测点

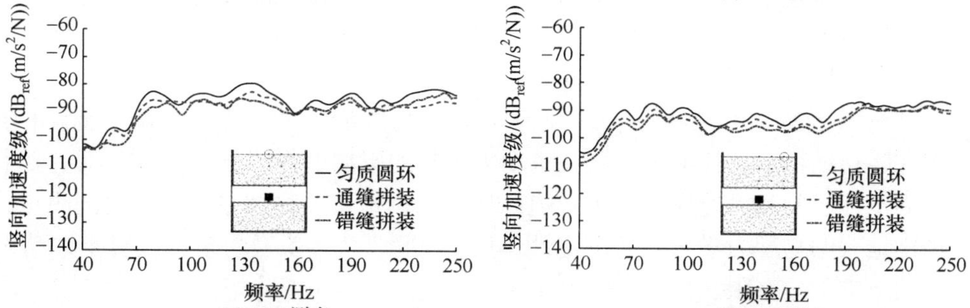

(c) A5-1测点　(d) A5-3测点

图 2-33　三种管片衬砌模型下周围地层 FRF 响应曲线

三种管片衬砌模型下的周围地层 FRF 响应曲线虽能表示周围地层在每个频率上的动力响应，但工况较多，FRF 响应曲线波动性也较大，导致结果分析比较困难。因此采用三分之一倍频程的方法对周围地层的 FRF 响应做进一步处理，绘制了三种管片衬砌模型下周围地层不同位置处的三分之一倍频程图，如图 2-34 所示。

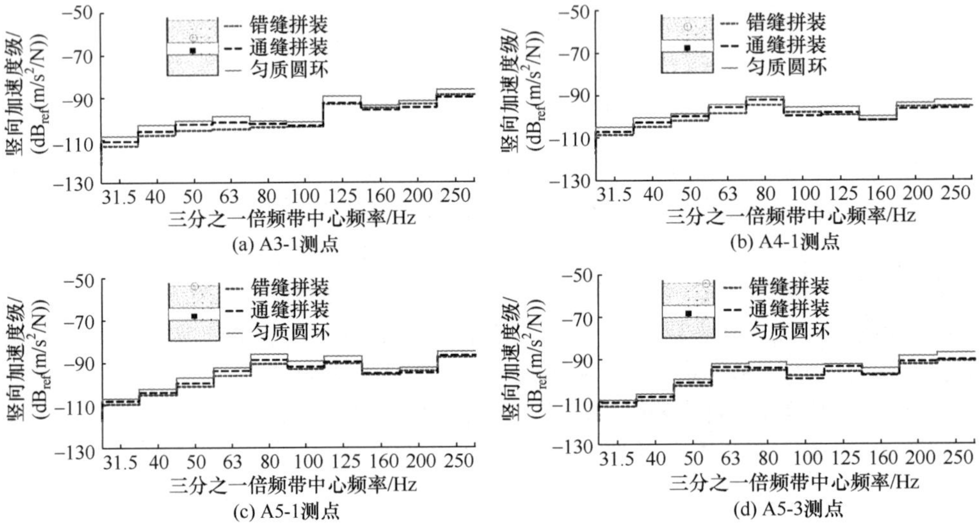

图 2-34　三种管片衬砌模型下周围地层动力响应

由图 2-34 可知，采用三分之一倍频程的方法对结果进一步处理后，周围地层动力响应的波动性有所下降。三种管片衬砌模型下周围地层动力响应整体相差较小，最大差值不超过 6dB，其中匀质圆环模型下周围地层动力响应最大。整体上，错缝拼装模型与通缝拼装模型下的动力响应表现出以下规律：当频率处于 100Hz 以下时，通缝拼装模型下周围地层的动力响应更大，而当频率大于 100Hz 时，错缝拼装模型下周围地层的动力响应略大。两种隧道模型下周围地层动力响应的差异整体较小，最大差值不超过 3dB。由此说明管片接头和管片拼装方式对周围地层动力响应具有一定的影响，但影响程度整体较小。同时，随着距离振源越来越远，周围地层的竖向加速度响应并无明显的衰减变化规律。

结合图 2-27 和图 2-34 还可知，管片接头与拼装方式对动力响应的影响主要体现在隧道结构上，其中管片接头对动力响应的影响最为明显。这一现象主要是由于周围地层的动力响应特性由隧道结构与周围地层的物理力学参数共同决定，而周围地层的物理力学参数起决定性作用，因此管片接头及拼装方式对土体动力响应的影响十分有限。

2.2　基于数值模拟的管片接缝对盾构隧道动力响应的影响研究

前面采用室内模型试验的方法对列车振动荷载作用下隧道结构及周围地层的动力响应特性进行了研究，揭示了管片接缝及拼装方式对动力响应的影响规律。本节采用有限差分软件开展进一步数值模拟研究，通过与模型试验结果进行对比，分析两种研究方法下动力响应结果的可靠性，并研究数值模拟试验中低频区段隧道结构与周围地层的动力响应特性，同时研究管片接缝与拼装方式对竖向加速度响应的影响规律。

2.2.1　数值计算模型

为与模型试验结果进行对比，利用有限差分软件建立几何尺寸为 30m×18m×25.6m(长×宽×高)的数值计算模型，如图 2-35 所示。其中隧道结构外径 6m，内径 5.4m，管片厚度 0.3m，埋深 10m，下部地层厚度 9.6m。数值模型中周围地层和隧道结构的物理力学参数与室内模型试验原型材料参数保持一致，数值模型的材料物理力学参数如表 2-10 所示。

表 2-10　数值模型的材料物理力学参数

类型	密度/(kg/m^3)	弹性模量/MPa	剪切模量/MPa	泊松比
地层	2000	58.5	22.5	0.3
衬砌	2500	34.5×10^3	13.3×10^3	0.3

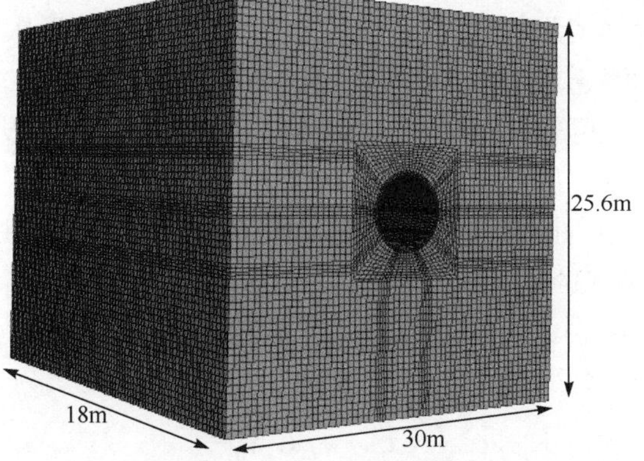

图 2-35　数值计算模型

2.2.2 网格尺寸的划分

在三维数值模型中，划分的网格尺寸越小，求解精度越高，但模型单元数量也会迅速增加，模型求解计算时间将大大延长。因此确定网格划分的尺寸是平衡计算时间与求解精度的关键。在相同的传播介质中，振动波的波速是由传播介质的物理力学特性决定的。列车振动荷载在隧道结构及周围地层中引发的振动波主要有剪切波(S 波)和压缩波(P 波)。根据振动波波速与式(2-23)可计算出确定频率的振动波的波长[137]：

$$\lambda = \frac{V}{f} \tag{2-23}$$

式中，λ为振动波的波长；V为振动波的波速；f为振动波的频率。

为了更加准确地模拟振动波在地层中的传播特性，网格划分时，网格最大尺寸应不大于振动波最高频率对应波长的 1/10～1/8[137]，即

$$\Delta l \leqslant \left(\frac{1}{10} \sim \frac{1}{8}\right)\lambda \tag{2-24}$$

式中，Δl 为模型中网格的最大尺寸；λ 为振动波最高频率对应的波长。

数值计算模拟的列车频率范围为 0～200Hz，根据管片衬砌与地层的物理力学参数，可计算出不同频率下的振动波波长。为满足式(2-24)的要求，保证该频率时计算模型采用的网格尺寸在(1/8)λ 以下。例如，频率为 200Hz 时，振动波波长为 0.5m，此时(1/8)λ=0.0625m。因此，为了较为精确地反映振动波的传播过程，进行网格划分时数值计算模型最大网格尺寸可取 0.05m。

2.2.3 边界条件及阻尼参数的选取

对于实际工程中的隧道，有一常见基本假设为隧道处于半无限空间中。在数值模拟中虽然能对隧道结构进行 1∶1 建模，但无法对半无限介质进行建模，只能对有限范围内的隧道结构及周围地层进行建模。在 FLAC3D 软件中，通过设置适当的边界条件，也可较好地模拟半无限介质中的某些半无限边界特性。对于振动力学问题，在数值模型四周边界以及底部边界施加静态边界条件，可消除振动波传播至模型边界处所产生的反射效应对数值计算结果可靠性的影响。该边界条件最早由 Lysmer 和 Kuhlemeyer 提出，通过设置自由阻尼器实现对模型边界上法向与切向入射波的吸收，从而减少自由边界上波的反射效应。这种自由阻尼器可提供的法向与切向黏性力可通过下式计算[137]：

$$t_n = -\rho C_p v_n \tag{2-25}$$

$$t_s = -\rho C_s v_s \tag{2-26}$$

式中，ρ 为介质的密度；C_p 为压缩波波速；C_s 为剪切波波速；v_n 为模型边界上法向速度分量；v_s 为模型边界上切向速度分量。

阻尼是影响动力计算结果的重要参数之一。数值模拟采用瑞利阻尼，设置时需确定临界阻尼比与最小中心频率这两个关键参数，具体可通过式(2-27)与式 (2-28)计算得到[137]：

$$\xi_{\min} = (\alpha \cdot \beta)^{\frac{1}{2}} \tag{2-27}$$

$$\omega_{\min} = (\alpha / \beta)^{\frac{1}{2}} \tag{2-28}$$

式中，$\xi_{\min}$ 为临界阻尼比；$\omega_{\min}$ 为最小中心频率；α、β 分别为与质量和刚度成比例的常数。

结合工程经验及相关资料[137]，岩土体材料临界阻尼比的范围一般是 2%～5%，而结构系统的临界阻尼比为 2%～10%。本节数值模拟选取隧道结构的临界阻尼比为 5%，周围地层的临界阻尼比为 2%。

2.2.4　管片接头模拟

在模型试验中，采用了环与环之间用接头片连接的方式等效模拟盾构隧道的环向接头。在数值模拟中同样需要对盾构隧道管片衬砌的接头进行模拟。由于对隧道结构及周围地层均进行了建模，数值模型的整体尺度较大，对盾构隧道衬砌的管片接头进行 1∶1 精细建模已然难以实现，且与数值模型的整体尺度不符。因此在数值模拟中采用近似刚度等效的方法模拟管片环、纵向接头，具体等效模拟方法如下所述。

1. 环向接头模拟

管片环向接头采用侯公羽等[39]、葛世平等[40]和黄大维等[41]提出的局部刚度修正法进行模拟。其基本原理是对管片环向接头处的弹性模量 E 进行修正，以达到同接头连接等效的抗弯刚度。其前提假设是盾构隧道结构的内力与变形特征主要受到转动刚度的影响，受剪切与拉压刚度的影响较小[138, 139]。

取两相邻管片段进行分析(图 2-36)，隧道结构的内径和外径分别为 D_1 和 D_2，两端受到纯弯矩 M 作用。假设刚度修正区对应管片环圆心角为 α，对应长度以弯曲时中性轴长度 L 计算，可表示为

$$L = \frac{D_1 + D_2}{4}\alpha \tag{2-29}$$

式中，D_1 为隧道结构内径；D_2 为隧道结构外径；L 为接头影响范围长度；α 为刚度修正区对应管片环圆心角。

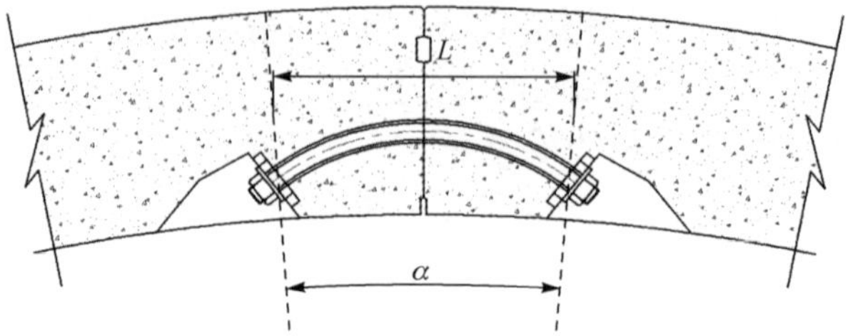

图 2-36　盾构管片环向接头示意图

根据胡克定律，在纯弯矩 M 作用下管片段两端的相对转角为

$$\theta = \kappa L = \frac{ML}{E'I} \tag{2-30}$$

式中，θ 为管片段两端相对转角；κ 为弯曲应变；E' 为隧道结构修正后的弹性模量；$E'I$ 为管片段的抗弯刚度。

管片段两端的相对转角主要由两个原因所致：①接头连接处管片接缝张开；②管片段弯曲。上述两部分可分别表示为

$$\theta_1 = \frac{M}{k} \tag{2-31}$$

$$\theta_2 = \frac{ML}{EI} \tag{2-32}$$

则管片段两端相对转角可表示为

$$\theta = \theta_1 + \theta_2 = \frac{M}{k} + \frac{ML}{EI} = \frac{ML}{E'I} \tag{2-33}$$

式中，k 为隧道结构环向接头刚度；I 为隧道结构横向截面惯性矩；EI 为隧道结构横向截面抗弯刚度；θ_1 为接头连接处管片接缝张开所导致的管片段两端相对转角；θ_2 为管片段弯曲产生的管片段两端相对转角。

在数值模拟中，将管片环向接头处的弹性模量 E 减小为 E'，以达到与接头连接时等效的抗弯刚度。根据式(2-33)，E' 可表示为

$$E' = \frac{EkL}{EI + kL} \tag{2-34}$$

定义管片环向接头局部刚度修正系数 η 为 E' 和 E 的比值，将式(2-29)代入式 (2-34)得

$$\eta = \frac{E'}{E} = \frac{k(D_1 + D_2)\alpha}{4EI + k(D_1 + D_2)\alpha} \tag{2-35}$$

由式(2-35)可知，局部刚度修正系数由隧道结构尺寸、弹性模量、接头刚度和修正区对应圆心角共同决定，而当模拟的管片原型确定后，只有修正区对应圆

心角为变量。黄大维等[41]通过研究发现，修正区对应圆心角为 3°～5°时，隧道结构的内力与变形结果的偏差可以控制在 0.2%内。但该研究针对的是静力加载，在承受振动荷载时修正区对应圆心角大小的影响尚未有研究。

为了确定合理的圆心角,对于不同圆心角下隧道结构与周围地层的动力响应特性进行了研究。按圆心角不同共模拟 4 种工况,分别对应圆心角 1°、1.5°、3°和 4.5°。根据式(2-35)，可求得对应局部刚度修正系数分别为 0.0209、0.03105、0.06022 和 0.08769。图 2-37 给出不同圆心角下隧道结构与周围地层典型位置处的动力响应曲线。

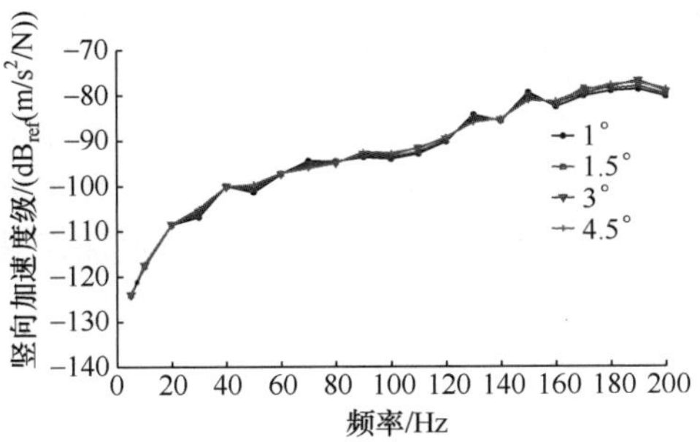

(a) A1-1测点

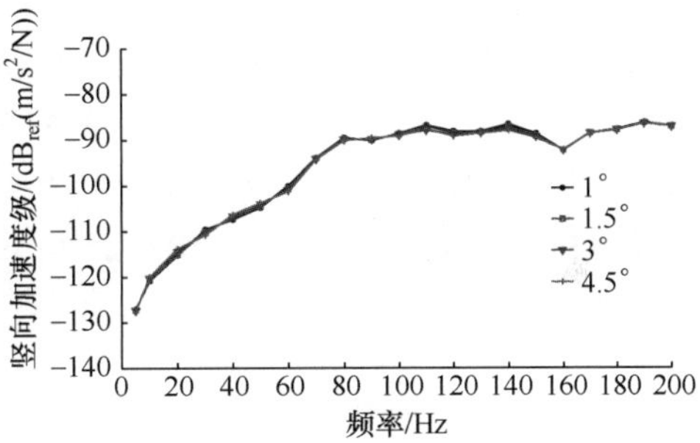

(b) A5-1测点

图 2-37 不同圆心角下隧道结构与周围地层典型位置动力响应曲线

由图 2-37 可知，不同刚度修正区宽度下隧道结构与周围地层动力响应差值较小，两者响应的平均差值在 1dB 以内，最高不超过 2dB。可见环向接头刚度修正区宽度对计算结果影响较小。因此，为了提高计算效率，在关于盾构隧道在列车振动荷载下的动力响应的计算中可取刚度修正区对应圆心角为 4.5°，对应局部刚度修正系数为 0.08769。

2. 纵向接头模拟

根据目前盾构隧道纵向受力变形理论和已有的研究成果，管片纵向接头采用常用的等效螺栓环模拟，即将纵向接头长度范围内的管片环考虑为等刚度的连续匀质体，并对该区域刚度进行等效，等效刚度可通过下式计算[140]：

$$k_j = \frac{nk_{j1}}{2\pi r} = \frac{nE_b A_b}{2\pi r l_b} \tag{2-36}$$

式中，k_j 为等效刚度；k_{j1} 为单个螺栓的线刚度；n 为管片环向螺栓的数量；E_b 为螺栓的弹性模量；A_b 为螺栓的截面积；r 为衬砌管片半径；l_b 为螺栓长度。

然而，采用此种方式难免与实际情况存在一定偏差。在受到同样外荷载作用下，隧道结构的内力与变形会存在一定差距。为了减少误差，提高计算精度，引入纵向接头刚度修正系数 λ 对式(2-36)进行修正。刚度修正系数的定义为两相邻衬砌环受到弯矩 M 作用下采用等效螺栓环时管片环缝的张开量与实际螺栓连接时管片环缝张开量的比值。根据杨春山等[48]的研究成果，对于本次模拟的盾构隧道结构，刚度修正系数可取 1.3。

2.2.5 列车振动荷载的模拟

数值模拟主要针对隧道结构与周围地层的动力响应特性进行计算，并与模型试验结果进行对比验证。为了获得不同频率荷载作用下模型的动力响应，数值模拟中采用单点施加的固定频率正弦振动荷载，待各测点处动力响应幅值稳定后，提取各测点简谐振动响应的最大值，即得到了该频率荷载下的动力响应。之后不断改变荷载频率，即可得到列车振动荷载频域范围(0～200Hz)内模型的动力响应特性。荷载施加位置为隧道结构底部中央处。同时，为消除荷载幅值对计算结果的影响，直接与模型试验 FRF 响应结果进行对比，模拟中施加荷载的幅值设置为 1N。

2.2.6 模拟工况及测点布置

数值计算中为探究管片接头及不同拼装方式对隧道结构及周围地层动力响应的影响规律，共建立了三种隧道计算模型(匀质圆环模型、通缝拼装模型与错缝拼装模型)进行计算。建立的三种隧道计算模型如图 2-38 所示。

(a) 错缝拼装模型　　(b) 通缝拼装模型　　(c) 匀质圆环模型

图 2-38　三种隧道计算模型

计算时对隧道结构与周围地层的竖向加速度进行了监测，测点位置与模型试验对应的原型一致。此外，选取三个隧道断面对隧道结构上不同角度处的应力进行监测，以求得该衬砌断面上的弯矩与轴力响应。具体的测点布置如图 2-39 所示。

2.2.7 隧道结构动力响应

将数值模拟结果与模型试验中对应的测试结果进行对比分析，可从时域和频域两个角度对两种研究方法下隧道结构动力响应数据的可靠性进行验证。

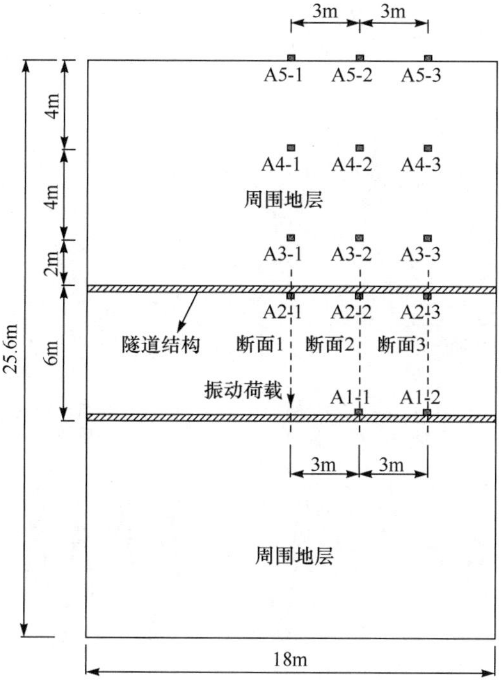

图 2-39　数值模拟中测点与断面示意图

1) 时域下的动力响应

模型试验中的时域结果选取固定频率正弦振动荷载作用下模型的竖向加速度响应时程曲线，经过处理后消除了振动荷载幅值的影响；数值模拟中时域结果选取相同频率正弦振动荷载下的响应结果。图 2-40 给出了振动荷载频率为 60Hz、120Hz、180Hz 下三种管片衬砌模型下隧道结构典型测点的竖向加速度响应时程曲线。

由图 2-40 可知，数值模拟和模型试验中隧道结构的竖向加速度响应整体吻

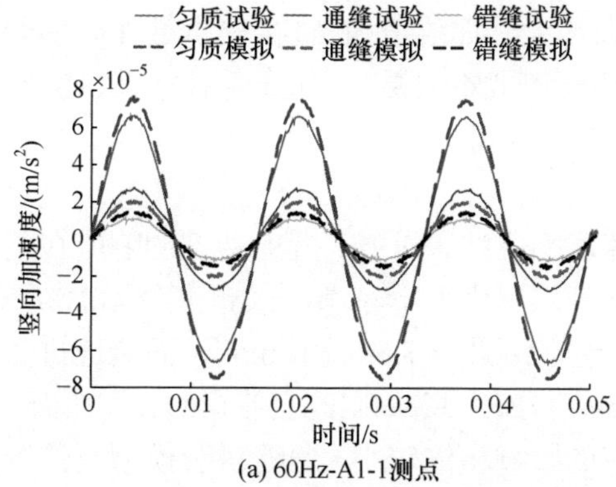

(a) 60Hz-A1-1测点

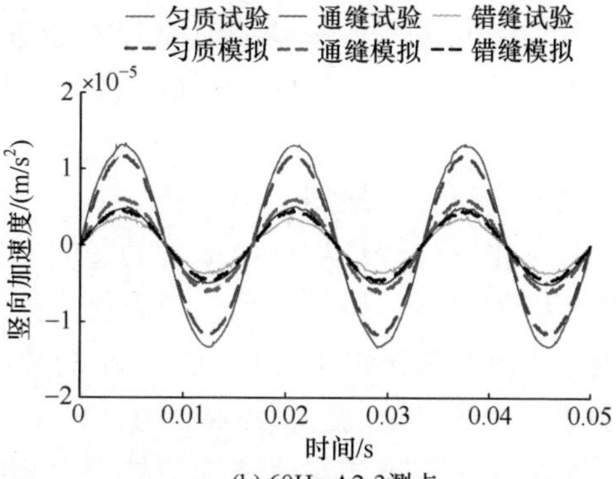

(b) 60Hz-A2-3测点

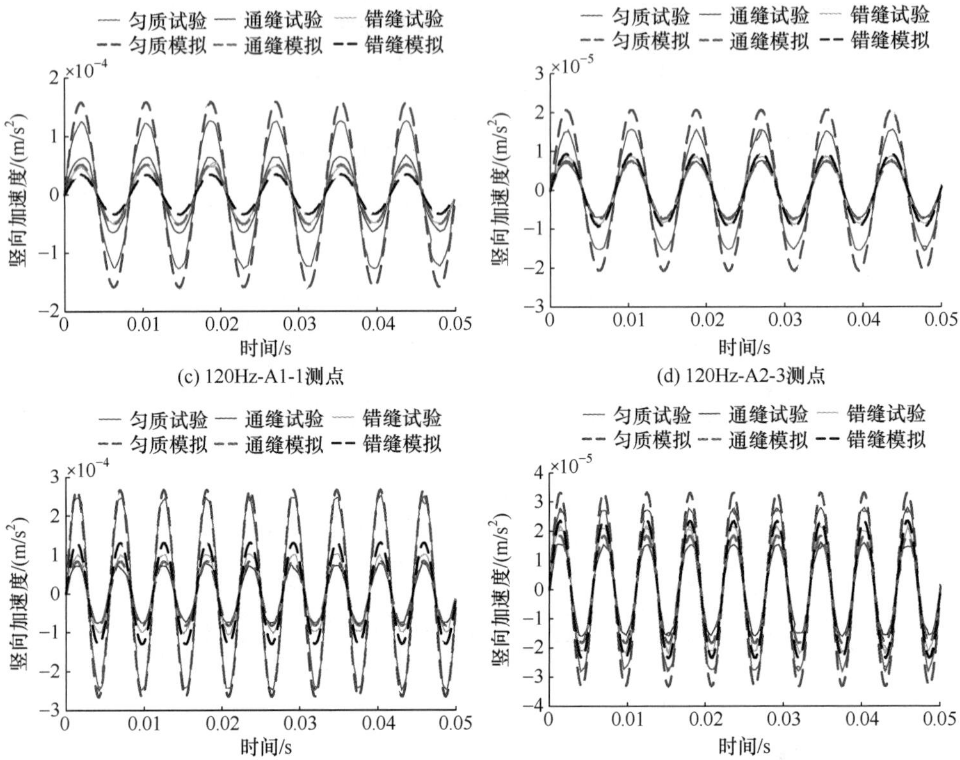

(c) 120Hz-A1-1测点　(d) 120Hz-A2-3测点

(e) 180Hz-A1-1测点　(f) 180Hz-A2-3测点

图 2-40　模型试验与数值模拟时域下隧道结构竖向加速度响应结果对比(后附彩图)

合程度较高。对比隧道结构在不同测点的竖向加速度响应可以发现，在隧道结构内部，随着距离振源越来越远，PPA 表现出明显的衰减趋势，如频率为 60Hz 时，匀质圆环模型下测点 A2-3 处的 PPA 为 1.16×10^{-5}m/s^2，相比 A1-1 测点处的 7.53×10^{-5}m/s^2 大约衰减了 84.6%。

隧道结构的竖向加速度响应表现出了与频率相关的性质，即在同一位置处，随着频率的增大，隧道结构的 PPA 也逐渐增大，如隧道内 A1-1 测点处在频率为 60Hz 时的 PPA 为 6.48×10^{-5}m/s^2(匀质圆环模型试验结果)，而当频率为 180Hz 时 PPA 为 24.5×10^{-5}m/s^2，增长幅度达到了 278%，可见隧道结构在高频的振动荷载作用下响应更为强烈。

对比三种管片衬砌模型下的竖向加速度响应结果可知，隧道结构的响应在整体上以匀质圆环模型最大，考虑接头的两种隧道模型下较小。以频率为 60Hz 为例，匀质圆环模型下 A1-1 处 PPA 的数值模拟结果为 7.53×10^{-5}m/s^2，而错缝拼装模型下此测点处的计算结果为 1.42×10^{-5}m/s^2，PPA 衰减幅度达到了 81%。然而，不同管片拼装方式对隧道结构的动力响应的影响整体较小。通缝拼装模型与错缝拼装模型下隧道结构 PPA 的平均差异不超过 30%，仅个别测点处差异较大。

2) 频域下的动力响应

绘制隧道结构在数值模拟与模型试验中的动力响应对比图，如图 2-41 所示。鉴于模型试验中低频段结果可靠度不高，只取 40Hz 以上的频率段进行分析。从图中可以看出，数值计算结果与模型试验的结果有着较高的吻合性，说明两者皆具有较高的可靠度。

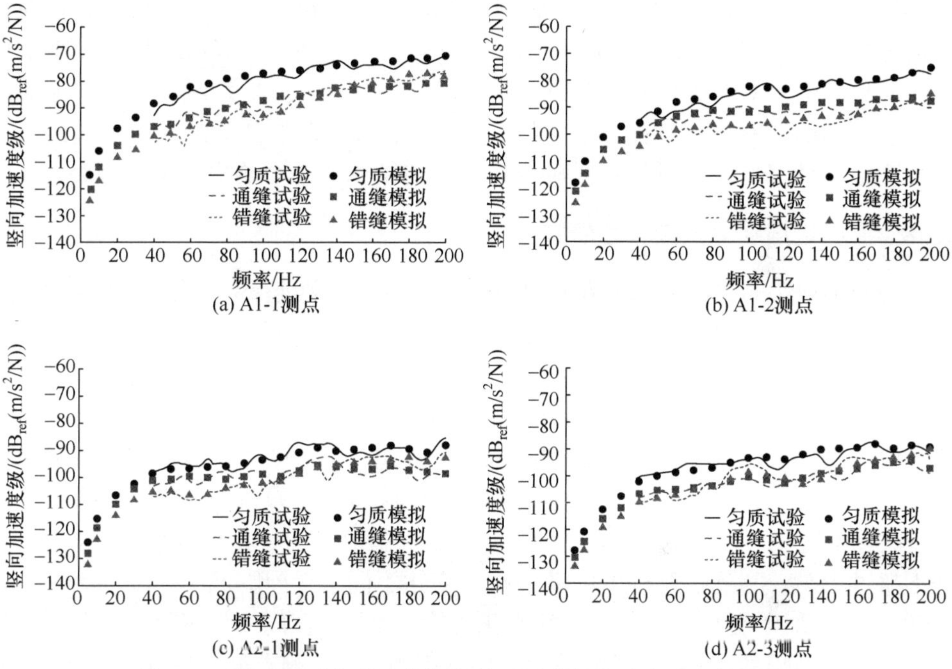

图 2-41　模型试验与数值模拟频域下隧道结构动力响应结果对比

由图 2-41 可知，随着频率的不断增大，隧道结构的动力响应呈现出逐渐增强的现象，尤其在低频段(0～60Hz)表现为线性增长且增幅明显，而在高频段(160Hz 以上)呈现波动变化，增长趋势放缓。

随着距离振源越来越远，隧道结构的动力响应呈现明显的衰减趋势。同时，相较于低频段(60Hz 以下)，当频率较高(60Hz 以上)时，隧道结构动力响应的衰减更为明显。如隧道结构顶部测点 A2-1(图 2-41(c))相比于底部测点 A1-1(图 2-41(a))，中高频段内竖向加速度响应衰减幅值最高为 18dB，而当频率小于 60Hz 时，竖向加速度响应衰减幅值最大为 10dB。

对比三种管片衬砌模型下隧道结构的动力响应可以发现，在全频域范围内，匀质圆环模型下隧道结构的动力响应最为强烈，通缝拼装模型与错缝拼装模型下的动力响应略小，三者最高差值达 15dB。其中，当频率不超过 40Hz 时，管片接头对隧道结构动力响应的影响较小，三种模型的差值不超过 10dB；而当频率大于 40Hz 时，接头影响随频率的增长而逐渐增大。对比不同拼装方式下隧道结构的动力响应可以看出，当频率在 80Hz 以下时，通缝拼装模型下结构的动力响应更大，其余频率范围内时，隧道结构不同位置处动力响应特性表现不同。例如，隧道结构底部测点 A1-1(图 2-41(a))，当频率在 130Hz 以下时，通缝拼装模型动力响应更大，在 130Hz 以上时错缝拼装模型下动力响应更大；而隧道结构顶部测点 A2-3(图 2-41(d))，在 80～140Hz 频率段内，错缝拼装模型响应更大；而隧道结构底部测点 Al-2(图 2-41(b))，在 40～200Hz 频率段内，均以通缝拼装模型响应更大。整体上，不同拼装方式对隧道结构动力响应具有一定影响，引起的响应最大差值为 7dB。另外，随着与振源距离的增加，接头及拼装方式对动力响应的影响程度也逐渐降低，三种管片衬砌模型下隧道结构的动力响应差值逐渐缩小。

2.2.8　周围地层动力响应特性研究

将周围地层的数值模拟结果与模型试验中测试结果进行对比分析，可从时域和频域两个角度在两种研究方法下验证周围地层的动力响应数据的可靠性。

1) 时域下的动力响应

图 2-42 给出了固定频率为 60Hz、120Hz、180Hz 的正弦荷载作用下三种管片衬砌模型的周围地层的竖向加速度响应时程曲线。从图中可以看出，数值模拟和模型试验中周围地层的竖向加速度响应整体吻合程度较高，这与在隧道结构上所观察到的现象一致。整体上两种研究方法下周围地层 PPA 差异较小，大部分测点处不超过 10%。与隧道结构内的动力响应变化不同，在周围地层内部，不同位置处的 PPA 随距离改变并没有一致的变化规律。此外，在同一位置处，随着频率的增大，周围地层的 PPA 也逐渐增大，如隧道内 A3-1 测点处在振动频率为 60Hz 时 PPA 为 $1.15\times10^{-5}m/s^2$ (匀质圆环模型试验结果)，而当振动频率为 180Hz 时 PPA 为 $3.02\times10^{-5}m/s^2$，增长幅度达到了 163%。可见周围地层在高频的振动荷载作用

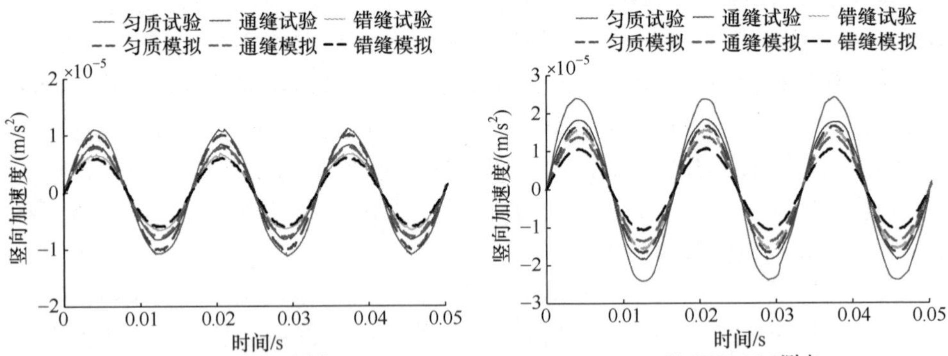

(a) 60Hz-A3-1测点

(b) 60Hz-A5-3测点

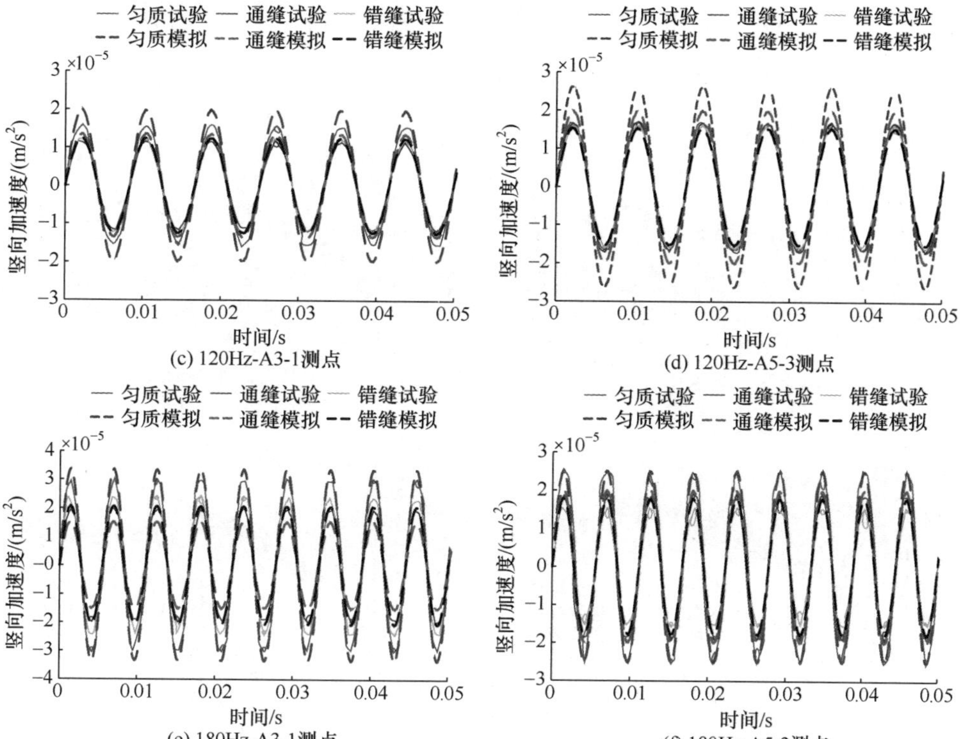

(c) 120Hz-A3-1测点　(d) 120Hz-A5-3测点

(e) 180Hz-A3-1测点　(f) 180Hz-A5-3测点

图 2-42　模型试验与数值模拟时域下周围地层竖向加速度响应结果对比(后附彩图)

下响应更为强烈，但其增长幅度要小于隧道结构的响应。

对比三种管片衬砌模型下的竖向加速度响应结果可知，整体上周围地层的竖向加速度响应以匀质圆环模型下的最大，考虑接头的两种隧道模型下的较小。此外，还发现土体表面测点的竖向加速度响应存在着动力放大效应，以频率为 60Hz 为例，匀质圆环模型下地层中 A3-1 与土体表面 A5-3 处 PPA 的数值模拟结果分别为 $1.15\times10^{-5}m/s^2$、$2.46\times10^{-5}m/s^2$，放大了 113.91%；错缝拼装模型下两测点处的计算结果分别为 $0.62\times10^{-5}m/s^2$、$1.48\times10^{-5}m/s^2$，放大了 138.71%；通缝拼装模型下两测点处的计算结果分别为 $0.79\times10^{-5}m/s^2$、$1.93\times10^{-5}m/s^2$，放大了 144.30%。

2) 频域下的动力响应

周围地层典型测点在数值模拟与模型试验中动力响应如图 2-43 所示。由图 2-43 可知，两种研究方法下周围地层的动力响应结果整体相差较小，响应差值大部分不超过 4dB，可认为两种方法下的动力响应结果较为可靠。整体上，频率位于 100～200Hz 时动力响应的差值小于频率处于低频部分(40～100Hz)时的动力响应差值，原因主要是低频段时模型试验结果容易受到噪声等因素干扰。此外，周围地层的动力响应在低频段(60Hz 以下)同样表现出随频率增大而线性增长的特性，频率在 60～160Hz 时，竖向加速度响应增长趋于平缓，并出现波动；在 160Hz 以上时，动力响应又逐渐增强。

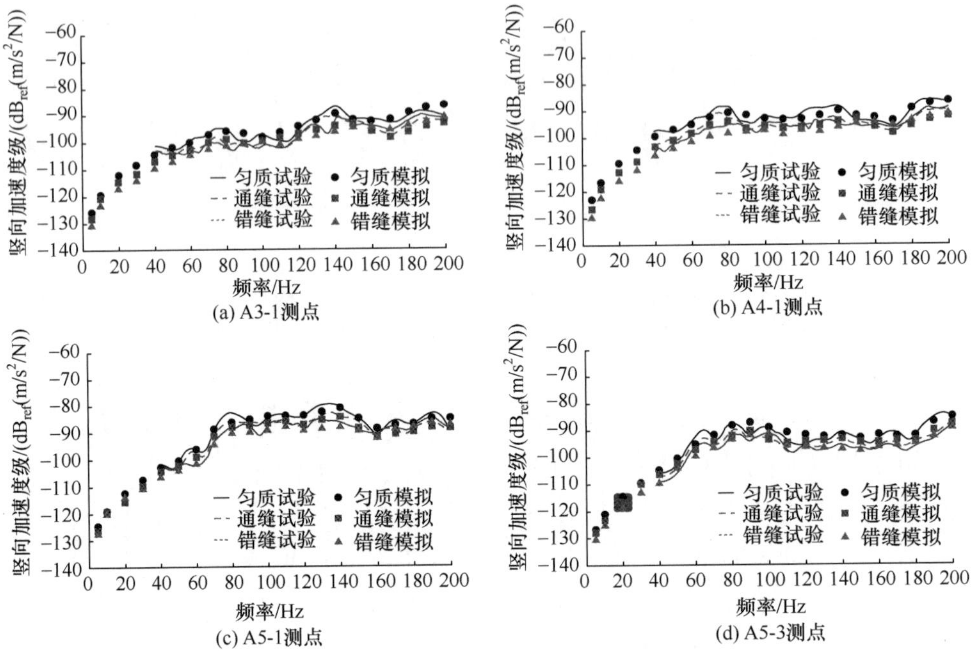

图 2-43　模型试验与数值模拟频域下周围地层动力响应结果对比

三种管片衬砌模型下周围地层的动力响应以匀质圆环模型下最大，通缝拼装模型与错缝拼装模型下响应偏小。三种管片衬砌模型下响应的平均差值在 5dB 以内，最大不超过 7dB。当频率较低时，考虑管片接头与否对周围地层的动力响应影响不大，当频率大于 40Hz 时，接头的影响逐渐体现出来。例如，测点 A5-1 在 100～140Hz 内的平均差值为 6dB，明显高于低频段(0～40Hz)的平均差值 3dB(图 2-43(c))。相比之下，不同管片拼装方式对周围地层动力响应的影响更小，各测点处响应的平均差值都在 2dB 以内。总体来看，管片接头及不同拼装方式对周围地层动力响应的影响程度有限，原因主要在于周围地层动力响应由隧道结构与周围地层的物理力学参数共同决定，而其中土体本身参数起决定性作用。

2.2.9　隧道结构内力分析

在模型试验与数值模拟中隧道结构和周围地层的动力响应对比分析中，对数值模拟结果的可靠性进行了验证。在此基础上，可通过数值模拟对隧道结构在列车振动荷载作用下的内力响应展开研究。在本次数值模拟中，除对不同位置处竖向加速度响应进行计算外，也对隧道结构在不同断面位置处的应力进行了监测，获得了盾构管片的弯矩与轴力响应。

1) 弯矩响应分析

绘制断面 1、断面 2 和断面 3 在 100Hz 振动荷载频率作用下隧道结构的弯矩响应，如图 2-44 所示。由图可知，由于荷载施加在隧道拱底，管片结构弯矩响应以隧道拱底附近区域(180°位置附近)最为强烈，以拱顶处(0°位置附近)响应最小。每一个监测断面上，隧道结构所受弯矩都存在 3 个明显的极值，其中以隧道拱底处弯矩最大，另外 2 个弯矩极值出现的位置关于拱底对称，且随着监测断面与振源距离的增加，三个弯矩极值点间的距离也逐渐增大。如断面 1 上三个极值点对应的角度近似为 140°、180°和 220°；断面 2 上三个极值点对应角度为 120°、180°和 240°；断面 3 上三个极值点对应角度为 105°、180°和 255°。不同监测断面处的弯矩响应差异较大，距离振源越远，响应越小。例如，错缝拼装模型下断面 1 上所受弯矩峰值为 0.3732N · m，而在断面 3 处所受弯矩峰值仅为 0.0036N · m，衰减了 99.04%。

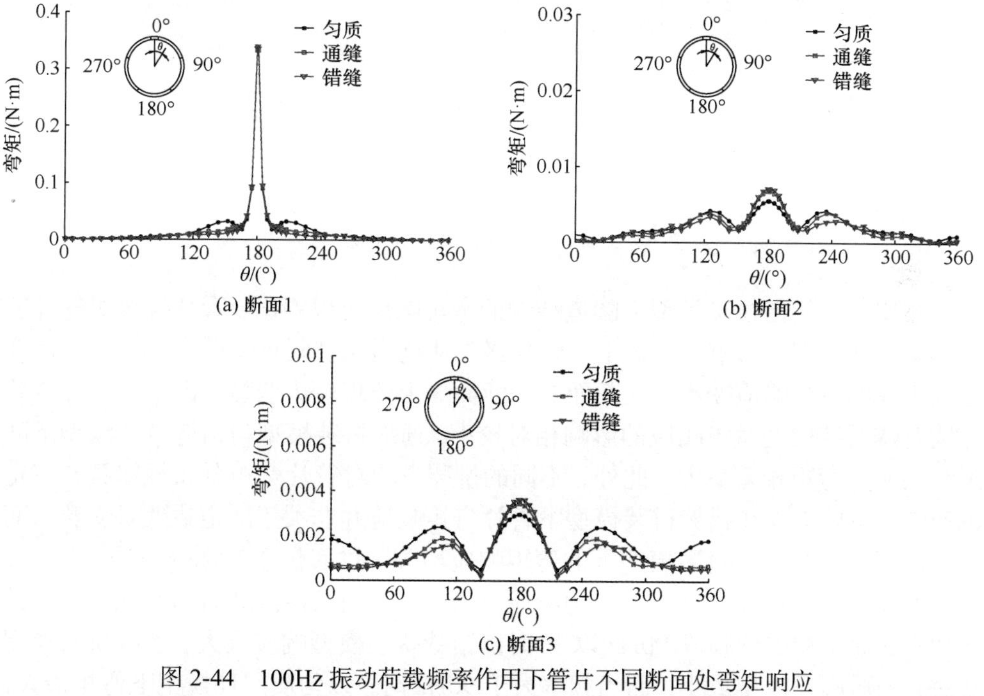

(a) 断面1　(b) 断面2　(c) 断面3

图 2-44　100Hz 振动荷载频率作用下管片不同断面处弯矩响应

为了分析频率的影响，施加不同频率的振动荷载，提取管片弯矩响应的峰值，绘制不同频率作用下管片弯矩响应峰值与频率关系曲线，如图 2-45 所示。随着频率逐渐增大，三个监测断面处弯矩响应的峰值均呈现出逐渐减弱的趋势，其中断面 1 的弯矩响应峰值随着频率的增大呈现出线性衰减的趋势，而断面 2 和断面

3 处所受弯矩响应峰值在频率较低(50Hz 以下)时衰减较快，频率较高(高于 50Hz)时衰减趋势逐渐放缓。

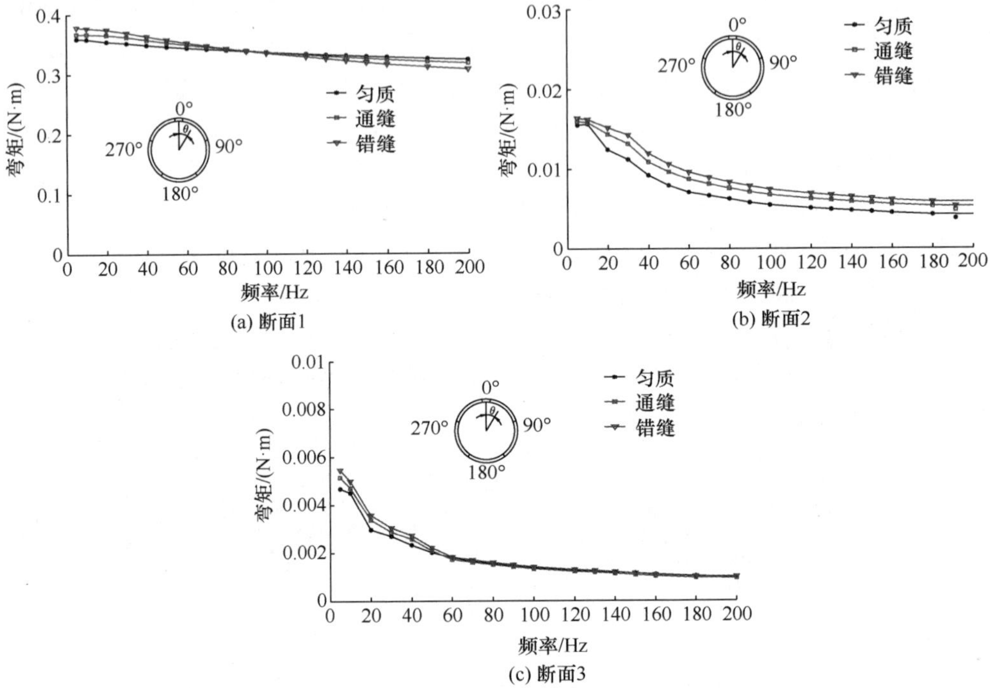

图 2-45　不同频率振动荷载作用下管片弯矩响应峰值

对比三种隧道衬砌类型下隧道结构的弯矩响应可以看出，管片接头对管片所受弯矩具有一定的影响。整体上，管片接头使隧道拱底附近所受弯矩变大，而在远离拱底的位置响应变小，在断面 2 和断面 3 上体现较为明显。而不同管片拼装方式对隧道结构的弯矩响应的影响相对较小，通缝拼装模型与错缝拼装模型下隧道结构所受弯矩相差不大。此外，不同的拼装方式对管片弯矩分布规律具有一定的影响，主要表现在错缝拼装模型下管片弯矩响应并非关于隧道拱底处对称，而匀质圆环模型与通缝拼装模型下的弯矩响应均关于拱底位置对称分布。

对比不同频率作用下管片弯矩响应峰值(图 2-45)，各监测断面表现出不同的规律：断面 1 在中低频段(90Hz 以下)时以错缝拼装模型响应最大，通缝拼装模型次之，匀质圆环模型最小，而当频率大于 90Hz 时，以匀质圆环模型下弯矩最大，通缝拼装模型次之，错缝拼装模型最小；断面 2 和断面 3 则在全频域内以错缝拼装模型下响应最大，通缝拼装模型次之，匀质圆环模型最小。

2) 轴力响应分析

绘制频率为 100Hz 时三个监测断面上的轴力响应如图 2-46 所示。由图可知，振动荷载作用下，管片结构轴力响应的最大值和最小值分别出现在隧道拱底和拱顶位置。轴力主要集中在拱底附近区域(120°～240°内)。同时，沿隧道纵向，随着距离振源越来越远，管片环所受轴力明显降低，但与所受弯矩相比，其衰减幅度相对较小。在距离振源较远处(断面 2 和断面 3)，轴力响应存在 3 个较为明显的峰值，其位置规律与弯矩响应类似，而断面 1 上的轴力响应表现为距离隧道拱底越近的位置响应越大。

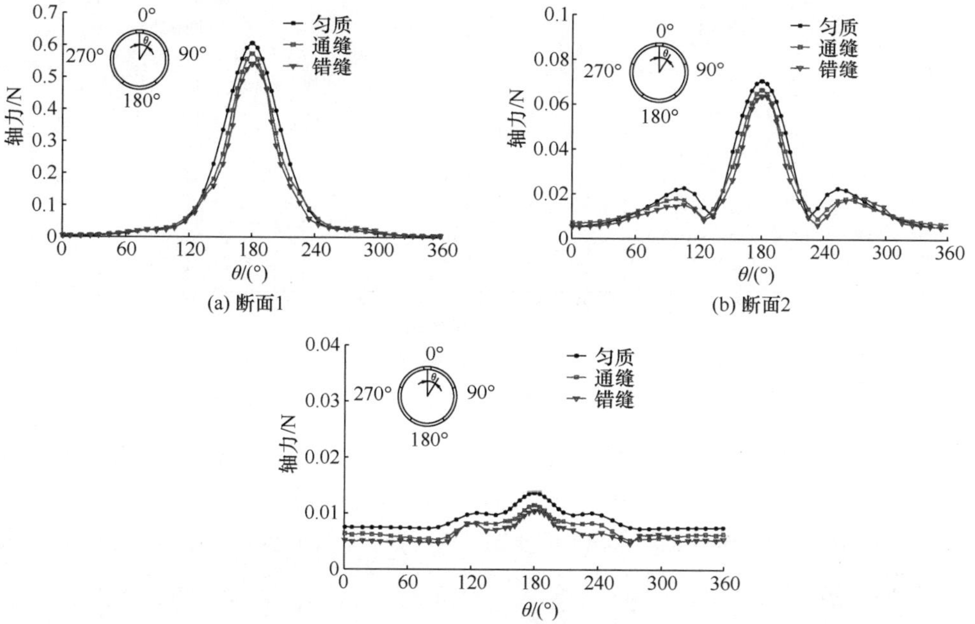

(a) 断面1　(b) 断面2　(c) 断面3

图 2-46　100Hz 频率振动荷载作用下管片不同断面处轴力响应

提取不同频率振动荷载作用下各断面轴力响应的峰值，绘制管片轴力响应峰值与频率的关系曲线，见图 2-47。由图 2-47 可知，随着频率的改变，轴力响应峰值有一定程度的改变，在不同监测断面上表现为：在断面 1 上，频率在 30Hz 以下时，轴力响应峰值随频率增大而略微增强，频率大于 30Hz 时，轴力响应峰值随频率增加而逐渐减弱；在断面 2 上，轴力响应峰值整体呈现出随频率增大而增强的趋势，尤其当频率在 100Hz 以上时，增幅显著；在断面 3 上，不同频率作用下轴力响应峰值整体上变化较小，变化幅度最高不超过 20%。

管片接头使隧道结构的轴力响应变小，其中采用错缝拼装模型时管片轴力最小。不同拼装方式对管片所受轴力幅值的影响相对较小，以断面 1 为例，三种管片衬砌模型下轴力响应峰值相差 15%(以匀质圆环模型为基准)，两种拼装方式下轴力峰值相差不超过 5%(以错缝拼装模型下轴力为基准)。然而，不同的

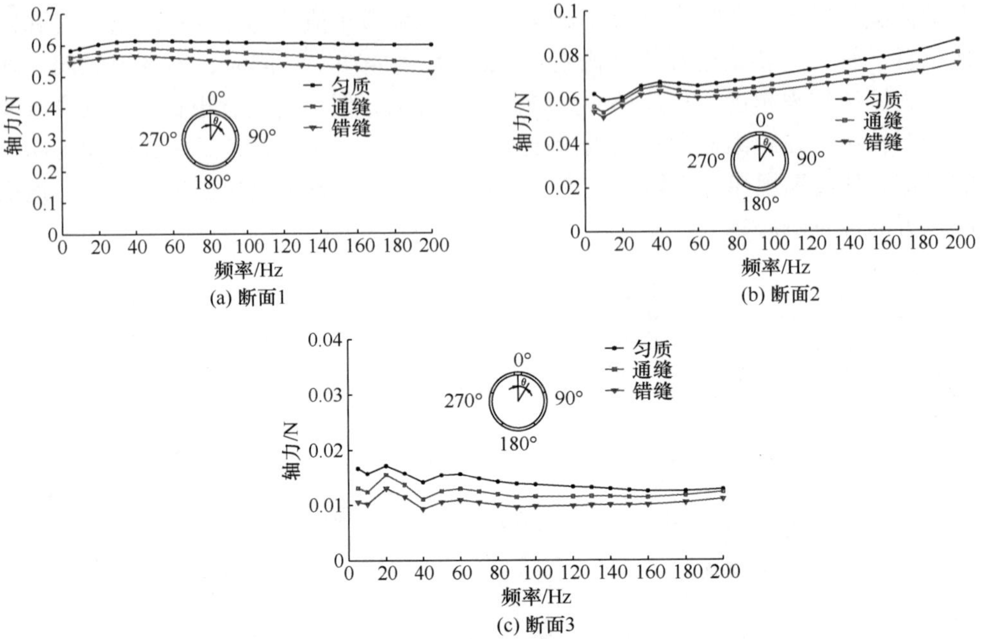

图 2-47　不同频率振动荷载作用下管片轴力响应峰值

管片拼装方式下，结构轴力分布规律有所不同：通缝拼装模型下轴力分布关于隧道拱底对称，而错缝拼装模型下的轴力响应对称性较弱，原因可能在于管片接头交错分布，使得衬砌结构刚度分布不对称，从而导致结构的动力响应分布不对称。

2.3　本 章 小 结

本章首先利用三种隧道模型进行室内相似模型实验，讨论了管片接头以及拼装方式对隧道结构和周围地层动力响应的影响；然后利用有限差分软件开展进一步数值模拟研究，与模型试验结果进行对比，验证了基于室内模型试验下隧道动力响应结果的可靠性，计算了列车振动荷载作用下衬砌结构的内力响应，得到以下结论。

(1) 通过施加三种不同频率下不同激振电压的固定频率的正弦荷载，验证了土体处于线弹性状态的假设，然后利用频率响应函数和相干系数对频域下的动力响应结果进行了处理，结果表明当振动荷载频率高于 40Hz 时，结果的相干系数接近于 1，试验结果具有较高的可靠性。

(2) 管片接缝对隧道结构的动力响应有着明显的影响。匀质圆环模型隧道结构的动力响应明显大于通缝拼装模型与错缝拼装模型。与匀质圆环模型相比，通缝拼装模型和错缝拼装模型分别减小了 11.9%与 18.6%。另外，管片拼装方式对隧道结构的动力响应有一定的影响，在较低频率范围内(小于 125Hz)，通缝拼装模型的动力响应大于错缝拼装模型的动力响应；在更高频率范围内，错缝拼装模型的响应较大，动力响应的最大差异为 7.5dB。

(3) 通缝拼装模型和错缝拼装模型下，周围地层动力响应均小于匀质圆环模型下的动力响应。两种管片拼装方式下，周围地层竖向加速度响应差值不超过 7%。与隧道结构动力响应相比，管片接缝对周围地层动力响应的影响较小，且不同管片拼装方式对周围地层动力响应的影响更小，错缝拼装模型与通缝拼装模型动力响应的平均差值在 2dB 以下。

(4) 采用有限差分软件建立了三维数值模型，得到了盾构隧道结构与周围地层的动力响应，通过与模型试验结果对比发现两者的吻合程度较高，表明数值模拟的结果较为可靠。此外，通过对隧道结构内力响应的分析发现振动荷载作用下隧道结构拱底所受弯矩与轴力最大，在拱顶处最小；沿隧道纵向，结构内力响应随距振源距离的增加而迅速降低，说明内力集中在荷载施加位置附近；不同拼装方式下隧道结构的内力响应相差较小，但拼装方式的改变引起隧道结构的内力分布产生变化，如错缝拼装方式下结构内力分布不具有明显的对称性。整体上，管片接头及拼装方式对隧道结构所受轴力的影响更大，对弯矩的影响较小。

第 3 章　上软下硬地层对盾构隧道动力响应影响

盾构法在目前城市地铁的施工中被广泛采用，随着技术的不断革新，适用的地质条件也更加多样，其中上软下硬地层在盾构法施工中较为常见。若盾构隧道处于上软下硬地层中，列车通过盾构隧道产生的振动波在软硬地层的交界面处发生反射、折射等现象，可能会放大隧道结构、周围地层以及地表建筑物的动力响应，进而影响到盾构隧道的结构安全。本章首先采用室内相似模型试验的方法，设计了盾构隧道位于均一软土地层、均一硬土地层和上软下硬地层三种工况，对盾构隧道模型进行动力加载测试。探究盾构隧道在各工况下的动力响应特性，旨在揭示上软下硬地层对盾构隧道结构及周围地层动力响应的影响。在此基础上利用 FLAC3D 有限差分软件建立数值模型，将数值模拟结果与相似模型试验的测试结果进行对比分析，验证模型试验规律的准确性，并进一步对盾构隧道在低频段的动力响应和全频域内的内力响应进行补充研究。

3.1　上软下硬地层对盾构隧道动力响应特性影响的模型试验研究

室内相似模型试验采用错缝拼装模型和周围地层共同作用的模型箱试验的方式。首先根据相似关系确定模型管片衬砌和土体的物理力学参数，完成模型土和隧道衬砌模型的制作，再通过模型试验系统对制作好的模型进行加载测试，采集隧道结构和周围地层动力响应数据用于分析。本次试验根据模拟地层条件共分为三种工况：均一软土地层、均一硬土地层、上软下硬地层。

3.1.1　模型试验设计

1. 试验相似比

结合既有的试验仪器及场地条件，试验原型与模型的几何相似比 C_l 取 20，密度相似比 C_ρ 取 1，弹性模量相似比 C_E 取 30。根据 2.1.1 小节推导的其他物理量的相似比与基础相似比的关系，可得其他物理力学参数的相似比，汇总如表 3-1

所示。

表 3-1　物理力学参数相似比

参数	C_l	C_ρ	C_E	C_a	C_t	C_ω	C_F	C_k
数值	20	1	30	1	3.651	0.274	8000	600

2. 模型土

本章主要研究内容为上软下硬地层对列车振动荷载作用下盾构隧道动力响应的影响，在进行模型试验时根据地层的性质分为三种工况，如何正确模拟软土与硬土是保证试验结果准确性的关键。对于土体材料而言，内摩擦角只影响土体材料的黏聚力强度，而泊松比只是反映材料横向变形的弹性常数，弹性模量为衡量材料产生弹性变形难易的指标，其值越大，抵抗变形能力越强，因此区分软、硬地层的关键物理力学参数在于弹性模量。根据资料调研结果[69, 134]，国内关于上软下硬地层中修建地铁盾构隧道的工程实例中，上层软土地层的弹性模量一般为 20～30MPa，下层硬土地层的弹性模量能达到 60～90MPa。选定目标原型地层的参数后，根据密度、弹性模量、泊松比等物理量原型和模型之间的相似比即可确定出模型试验中模型土各物理量的参数。模型试验中各地层土体的原型和模型各物理力学参数如表 3-2 所示。

表 3-2　地层物理力学参数

土体	相似比	密度/(kg/m³)		相似比	弹性模量/MPa		相似比	泊松比	
		原型	模型		原型	模型		原型	模型
软土	1∶1	1940	1940	30∶1	27	0.9	1∶1	0.3	0.3
硬土	1∶1	2100	2100	30∶1	90	3	1∶1	0.3	0.3

试验模型土采用粉煤灰、重晶石粉、河砂与机油按照一定比例配制形成。为了确定各成分间的合理配比，采用应变控制式三轴剪力仪对不同配比下的样本进行了测试。最后确定粉煤灰∶重晶石粉∶河砂∶机油按 30∶15∶22∶10(质量比)配比混合模拟软土地层，粉煤灰∶重晶石粉∶河砂∶机油按 27∶54∶28∶7(质量比)配比混合模拟硬土地层，制备完成的模型土见图 3-1。

3. 衬砌模型

本章试验中选取的盾构隧道的原型为国内常见的直径 6m 的盾构隧道，尺寸分别为外径 6m，内径 5.4m，厚度 0.3m。结合本次试验拟定的几何相似比，计算

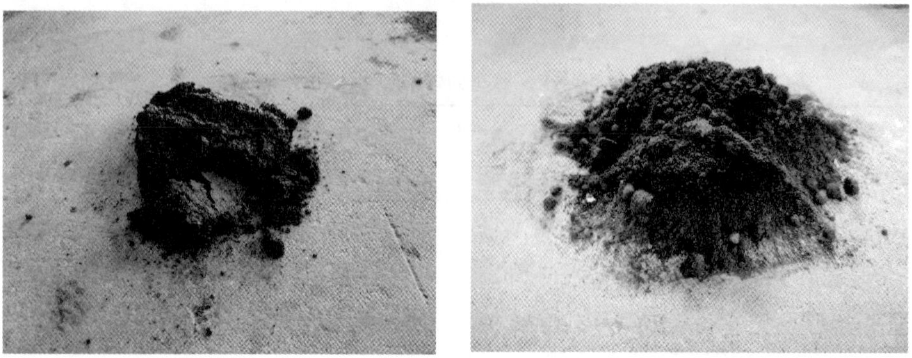

(a) 软土　　(b) 硬土

图 3-1　模型土

得出模型隧道的尺寸为外径 0.3m，内径 0.27m，厚度 0.015m。根据试验模型箱窄边尺寸，模型隧道纵向总长取为 0.9m。相似材料的选取和环、纵向接头的模拟是盾构隧道模型和原型实现动力相似的关键。

1) 相似材料选取

管片衬砌原型为国内常见的预制 C50 混凝土装配式管片，原型材料的各项力学参数依据《混凝土结构设计规范》[141]进行取值，按照相似关系换算可以得到管片衬砌模型所需要达到的物理力学性能。原型管片衬砌与模型管片衬砌物理力学参数如表 3-3 所示。模型试验中的盾构隧道管片衬砌模拟材料为按特定比例配置的石膏，调配时掺入一定量的硅藻土可以避免石膏浆在调制过程中存留过量空气而导致石膏成型后内部存留大量空泡，从而保证石膏管片衬砌模型的力学性能更加符合混凝土的力学特性。经过多组对比试验以及以往的试验研究成果[142]，最后确定隧道管片衬砌材料选用水：石膏：硅藻土按 1.8：1：0.4(质量比)配比混合模拟。

表 3-3　管片衬彻物理力学参数

类型	密度/(kg/m^3)	弹性模量/GPa	泊松比
原型	2400	34.5	0.3
模型	2400	1.15	0.3

2) 环向接头模拟

模型隧道管片由 9 幅管片环组成，每幅管片环按常用划分方式分为 6 块(3+2+1)，其中封顶块对应圆心角为 15°，连接块对应圆心角为 64.5°，标准块对应圆心角为 72°。为使管片衬砌结构的力学性能以及对振动波的传导性能接近实际工程中的盾构隧道管片衬砌结构，采用仅内部割槽的方式模拟环向接头，目的在于防止在试验过程中槽缝被模型土填充而影响到模拟的实际效果，割槽深度根据模型衬砌环向接头抗弯刚度与原型抗弯刚度等效的原则计算确定。原型管片接头抗弯刚度可近似取值为 5×10^4kN · m/rad。通过 ANSYS 软件建立直梁模型进行计算，最终计算结果显示当内部割槽深度为 5mm 时可满足抗弯刚度等效的要求。管片环向接缝的实际模拟如图 3-2 所示。

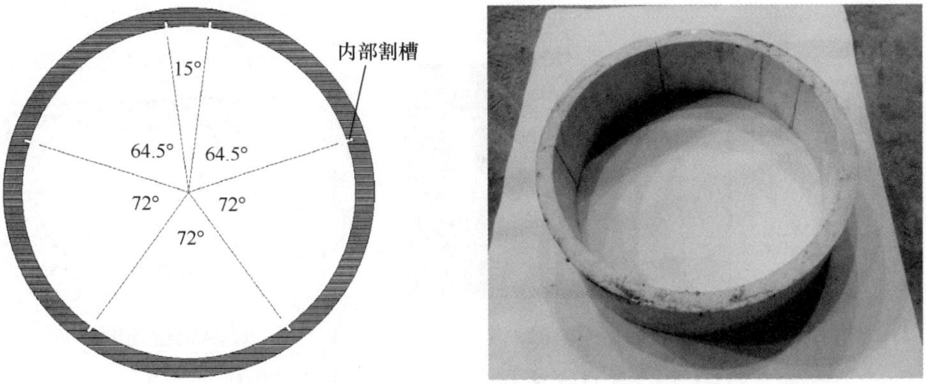

(a) 平面示意图　　(b) 模型管片环

图 3-2　模型试验管片环向接缝模拟

3) 纵向接头模拟

隧道模型由 9 幅管片环连接而成，采用接头片等效模拟盾构隧道管片衬砌纵向接头，接头片的连接位置根据原型隧道的拼装角度对每一环管片衬砌进行连接。当接头片的力学性能满足模型试验的相似关系时，这种等效模拟方式便可以将盾构隧道纵向接头对隧道力学性能及振动波传导性能较为准确地刻画出来。

根据已有研究，可由式(3-1)简化计算单个管片衬砌纵向接头螺栓的等效弹性刚度系数[134]：

$$k=\frac{EA}{l} \tag{3-1}$$

式中，k 为单个接头螺栓的等效弹性刚度系数；E 为接头螺栓的弹性模量；A 为接头螺栓的横截面面积；l 为接头螺栓的长度。

依照式(3-1)即可计算出原型隧道管片衬砌纵向接头螺栓的等效弹性刚度系数。依据表 3-1 中计算的弹性刚度系数的相似比，结合计算出的原型隧道管片衬砌纵向接头螺栓的弹性刚度系数便可换算得到模型试验中用以模拟纵向接头的接头片的弹性刚度系数，见表 3-4。接头片外形选为工字形，翼缘为与管片衬砌模型的连接部分，腹板为模拟受力部分，如图 3-3(a)所示。接头片采用低密度 PE 材料通过数控机床整体切割加工制成，如图 3-3(b)所示。接头片按照原型隧道螺栓布置对管片模型进行粘接，一对一模拟纵向接头螺栓，如图 3-3(c)所示。

表 3-4　盾构隧道管片衬砌纵向接头参数

类型	纵向接头数量	弹性模量/MPa	长度/mm	直径或宽度或厚度/mm
原型	16	2.06×10^5	400	直径：30
模型	16	160	8	宽度：10、厚度：2

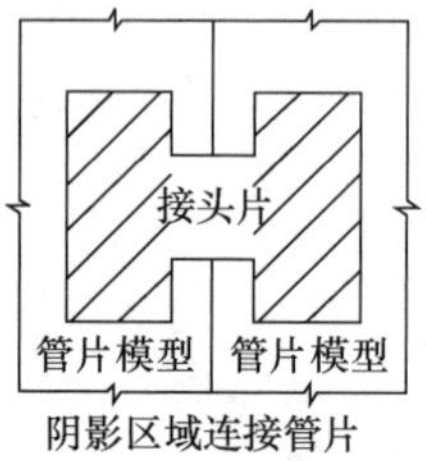

(a) CAD细部连接图

(b) 接头片照片

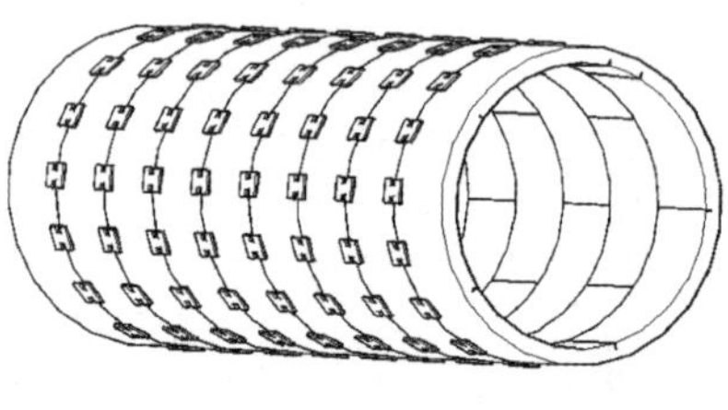

(c) CAD整体连接图

图 3-3　管片模型纵向接头片及连接示意图

根据选取的相似材料以及管片横、纵向接头模拟方法，采用目前地铁盾构隧道最常使用的错缝拼装方式制作衬砌模型，制作完成的管片衬砌模型如图 3-4 所示。

图 3-4　管片衬砌模型

4. 试验装置及设备

本次试验采用将制备好的模型土和隧道衬砌模型放入钢制模型箱中进行加载测试的方式进行，模型箱的内部有效尺寸为 1.5m(长)×0.9m(宽)×1.35m(高)，在模型箱的前后两侧开有与隧道模型直径相同的圆洞。为减小模型箱边界反射效应所带来的不良影响，在模型箱四周及底部内壁贴附约为 3cm 厚的吸振材料 Duxseal。隧道上部覆土厚度为 0.5m，下部土体厚度为 0.45m。实验中设置了三种工况，其中上软下硬地层工况为模型箱上部分模型土为试验配制的模型软土(厚 0.65m)，模型箱下部分模型土为试验配制的模型硬土(厚 0.6m)，软土与硬土的交界面为水平面，位于隧道轴线所在水平面附近，如图 3-5(a)所示。均一软土地层即模型箱内全部装填试验配制的模型软土，均一硬土地层即模型箱内全部装填试验配制的模型硬土。

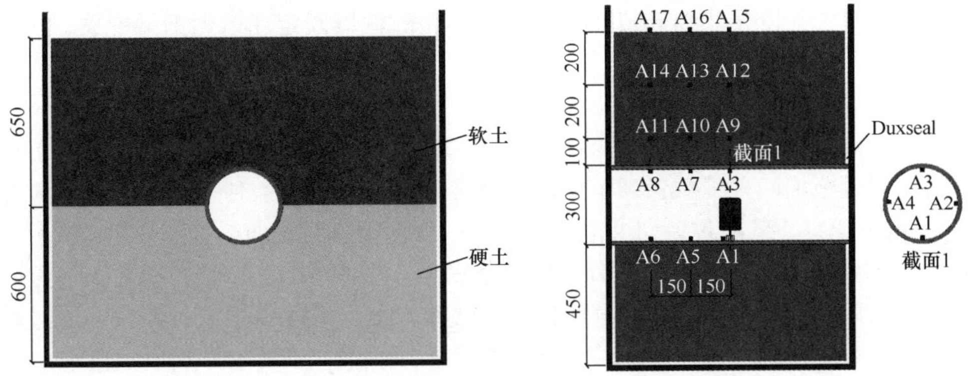

(a) 上软下硬地层工况试验模型　(b) 测点布置

图 3-5　试验模型及测点布置(单位：mm)

模型试验选用由扬州晶明科技有限公司生产的 JM1230 型数字信号发生器、JM5801 型功率放大器、JM-20 小型激振器组成的加载系统进行振动荷载的施加。选用的采集系统包括 JM0710 型动态力传感器、JM5938 型加速度传感器与 JM0213 型信号采集仪，用于隧道结构和周围地层竖向加速度和振动荷载的采集。

本次试验在模型隧道结构内侧及其周围地层中布置了总计 17 个加速度计，以获得充分的动力响应数据，可分析比较隧道底部、隧道顶部、隧道环向以及隧道上部土体沿隧道纵向和竖向的振动传播规律。在布置的加速度传感器中，隧道结构内侧分布 8 个(A1～A8)，周围地层分布 9 个(A9～A17)。在激振器下部安装了动态力传感器，用于采集施加在管片仰拱上的振动荷载。传感器布置如图 3-5(b)所示。

5. 模型试验方案

室内相似模型试验根据工作内容的不同可分为三个阶段：前期准备阶段、模型制作阶段以及加载测试阶段。三个阶段的主要工作如下。

1) 前期准备阶段

完成模型隧道的制作、土体的制备和试验所需仪器设备的前期测试等工作，并在模型箱的内侧粘贴一层 30mm 厚的吸振材料 Duxseal 以减小振动波的边界效应。

2) 模型制作阶段

将模型箱内模型土填至模型隧道底面标高后，将隧道模型放入模型箱内，再继续填土至模拟地表标高。填土采用分层逐填的方式，为避免分层填土引起的土层分界，每层土填完后对其表面进行拉毛处理。在填土过程中，为保证模型土的密实度，达到室内测试试验时的力学指标，每层土装填后使用实验室自制钢制夯锤对模型土进行夯实，如图 3-6(a)所示。当填土至指定标高时，需按照设计埋设加速度传感器，土体表面测点与管片衬砌测点在填土完成后布置。按照设计工况完成填土和加速度传感器布设工作后，将小型激振器固定在槽钢钢梁中央，放入模型管片，架设两端钢台架。

3) 加载测试阶段

完成仪器、设备连接(图 3-6(b))，开展加载及测试工作。本次试验采用单点激振的方式施加两种荷载：列车振动荷载和扫频振动荷载。列车振动荷载对应速度为 80km/h，荷载通过调研文献所得[10, 11, 136]，荷载时程曲线如图 3-7(a)所示。本模型试验采用的扫频荷载参数为扫频范围为 0～2000Hz，扫频周期为 5s，正向扫频，激振电压为 1000mV。虽然扫频荷载输入信号的幅值恒定，但实际通过动态力传感器测得的扫频振动荷载幅值随频率不断变化，如图 3-7(b)所示。

(a) 填土工作　　(b) 加载测试

图 3-6　模型试验工作内容

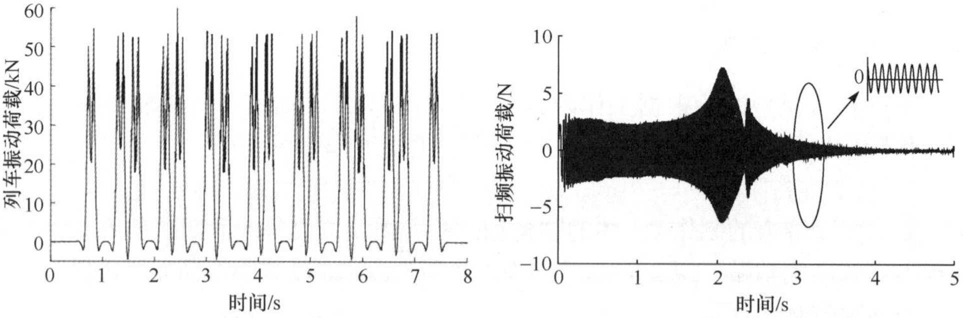

(a) 列车振动荷载　　(b) 0～2000Hz扫频荷载

图 3-7　激振荷载

3.1.2　上软下硬地层中列车振动传播规律研究

采用 2.1 节介绍的动力响应分析方法对上软下硬地层下隧道结构和周围地层的动力响应进行分析，对上软下硬地层中隧道结构及周围地层在列车振动荷载作用下的动力响应特性进行研究。

1. 试验结果可靠性分析

基于以往的研究结论[142]，不同幅值、周期和方向的扫频激振荷载作用下测得的动力响应信号计算得到的竖向加速度级基本一致，差值在 0.2dB 内。以上软下硬地层工况为例，扫频振动荷载作用下两处典型位置的竖向加速度级及其相干系数如图 3-8 所示。

由图 3-8 可知，当频率处于 40Hz 以下时，相干系数的数值较低，且波动较为剧烈。此频段内的测试数据均不可靠，这可能是受激振器荷载损失以及环境噪声的影响。当振动荷载处于 40～250Hz 内时，相干系数虽有所波动，但数值整体较高，其值接近于 1，且较为平稳。由此说明，当频率在 40Hz 以上时，加速度传感器测得的隧道结构动力响应与激振器施加的荷载相关性较好，受到测试环境中噪声等干扰的影响较小，测试结果较为可靠。因此，对于模型试验的测试结果，在频域分析过程中，只针对 40Hz 以上频域范围的测试结果进行研究。

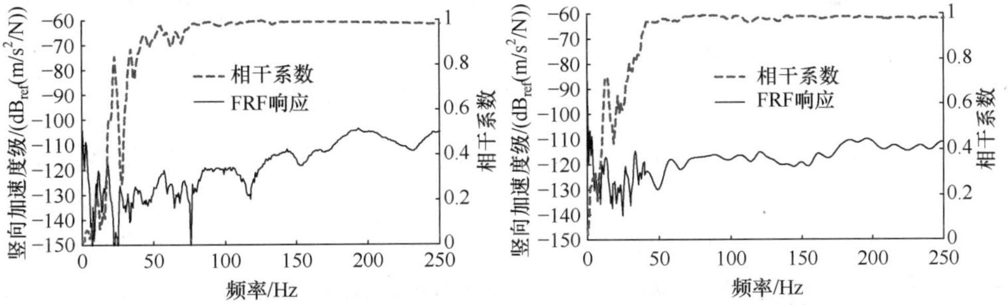

(a) A1测点　(b) A9测点

图 3-8　隧道结构与周围地层竖向加速度级及相干系数

2. 时域内动力响应特性

选取上软下硬地层工况中施加列车振动荷载所得隧道架构的竖向加速度响应进行分析，绘制了上软下硬地层工况中隧道结构典型测点在一个列车振动荷载周期内的竖向加速度时程曲线，如图 3-9 所示。

由图 3-9 可以看出，隧道各测点的竖向加速度时程曲线表现出明显的周期性，随激振力信号的变化而变化。在一个列车振动荷载周期内，竖向加速度响应的时程曲线随施加的列车振动荷载出现多个峰值，竖向加速度响应与振动荷载相干性良好。在隧道结构的不同位置处，竖向加速度响应的幅值有明显区别，与振源距离近的位置竖向加速度响应幅值较大，A1 最大，其值为 6.672m/s^2，沿着隧道轴线竖向加速度时程逐渐减小。对比 A1 测点与 A3 测点的竖向加速度响应可知，在隧道拱底处测点时程响应幅值要大于隧道拱顶测点的响应幅值。

图 3-10 为上软下硬地层工况中周围地层典型测点在一个列车振动荷载周期

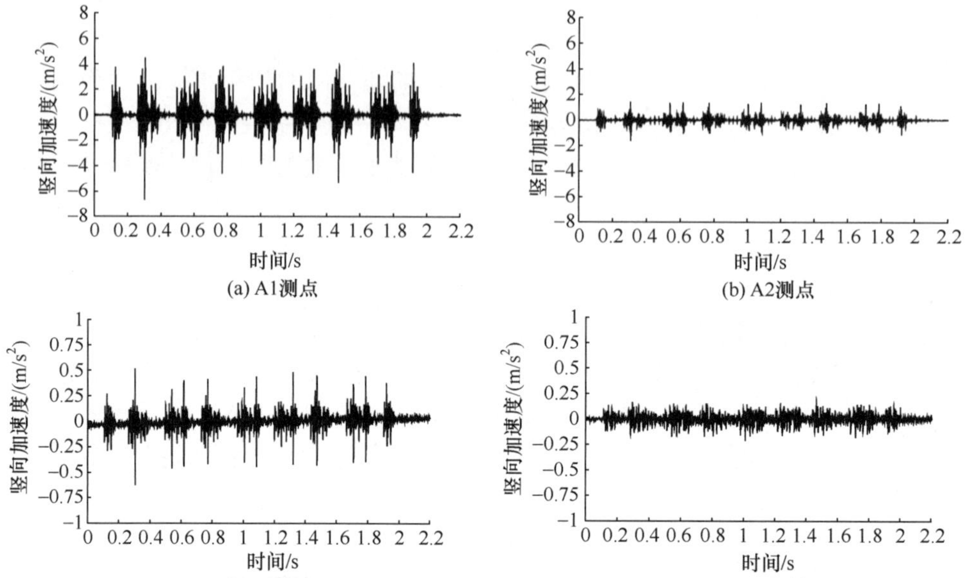

(a) A1测点　(b) A2测点

(c) A3测点　(d) A6测点

图 3-9　上软下硬地层工况隧道结构竖向加速度响应

内的竖向加速度时程曲线。由图可知，周围地层测点的竖向加速度响应整体较隧道结构内偏小，竖向加速度响应最大值出现在 A9 测点，其竖向加速度时程曲线的幅值为 $0.256m/s^2$。土体表面 A15 测点的竖向加速度响应最小，对应竖向加速度时程曲线幅值仅为 $0.072m/s^2$。由此可以看出距离振源越远的位置，其竖向加速度响应越弱。

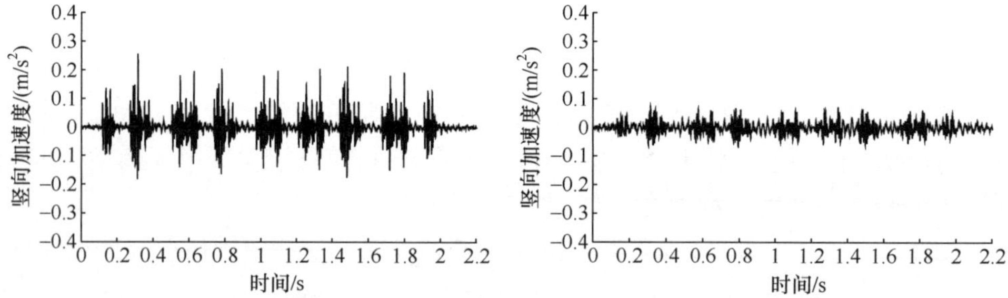

(a) A9测点　(b) A15测点

图 3-10　上软下硬地层工况周围地层竖向加速度响应

为了更加清晰直观地对比隧道结构及周围地层不同位置处的动力响应，提取上软下硬地层工况下各个测点的 PPA，并绘制上软下硬地层工况测点 PPA 对比图，如图 3-11 所示。可以看出，列车振动荷载引起的振动主要体现在隧道结构上，隧道结构的 PPA 整体大于周围地层的 PPA。

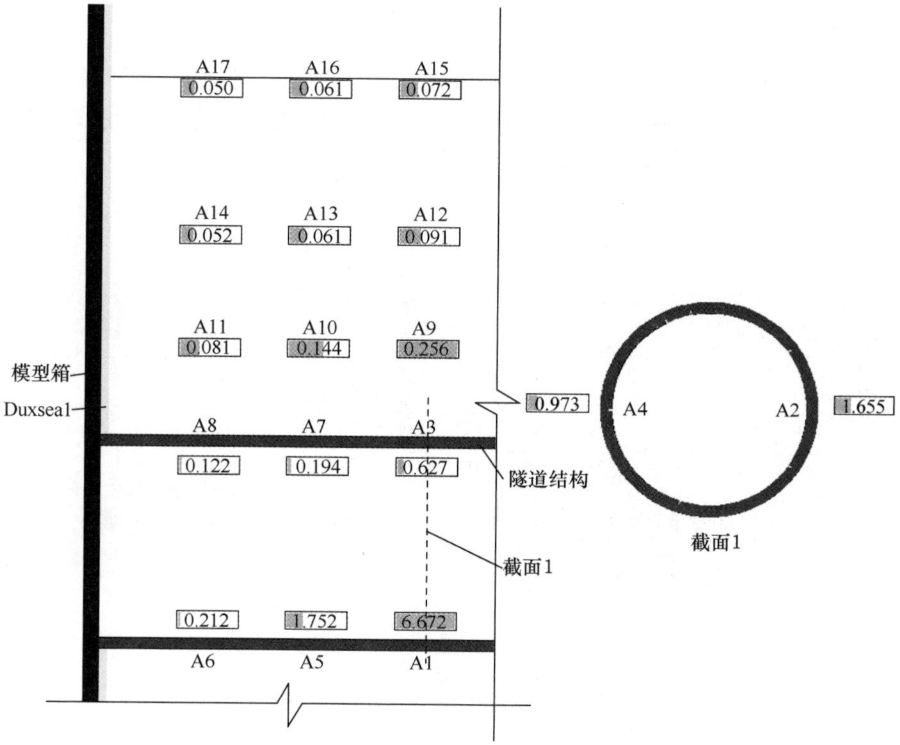

图 3-11　上软下硬地层工况测点 PPA 对比图(单位：m/s^2)

从图 3-11 可知，无论在隧道结构还是周围地层中，随着与振源距离的增大，测点的 PPA 逐渐减小。在隧道结构中，PPA 随着与振源距离的增大而表现出十分明显的衰减性质，以隧道底部纵向分布的 3 个测点为例：A1 测点的 PPA 为 6.672m/s^2，而 A5 测点的 PPA 只有 1.752m/s^2，衰减幅度达 73.74%；当振动波传播至 A6 测点时，引起的 PPA 仅为 0.212m/s^2，相比于 A5 测点，衰减幅度达到了 87.90%。相较于隧道结构上的测点，周围地层中测点的 PPA 随着与振源距离的增大表现出较弱的衰减性质，以振源正上方土体中的测点为例：A9 测点的 PPA 为 0.256m/s^2，位于 A9 测点上方土体中的 A12 测点的 PPA 为 0.091m/s^2，衰减幅度为 64.45%；地表处 A15 测点的 PPA 为 0.072m/s^2，相比于 A12 测点，衰减幅度仅为 20.88%。

在振源位置处的隧道横断面上，隧道结构的动力响应按照隧道底部、腰部、顶部的顺序依次减小。隧道腰部的 A2 测点与 A4 测点的 PPA 分别为 1.655m/s^2 和 0.973m/s^2，相比于隧道底部的 A1 测点衰减幅度分别达到 75.19%和 85.42%；隧道顶部的 A3 测点的 PPA 仅为 0.627m/s^2，相比于 A1 测点衰减幅度为 90.60%。同为隧道腰部的 A2 测点与 A4 测点的 PPA 也有显著差异，这极有可能是由 A4 测点旁的隧道环向接头导致的。

3. 频域内动力响应特性

为分析比较隧道结构及周围地层在上软下硬地层中的动力响应特性，通过FRF进行进一步分析,绘制隧道结构中各测点的竖向加速度级-频率曲线如图3-12所示。

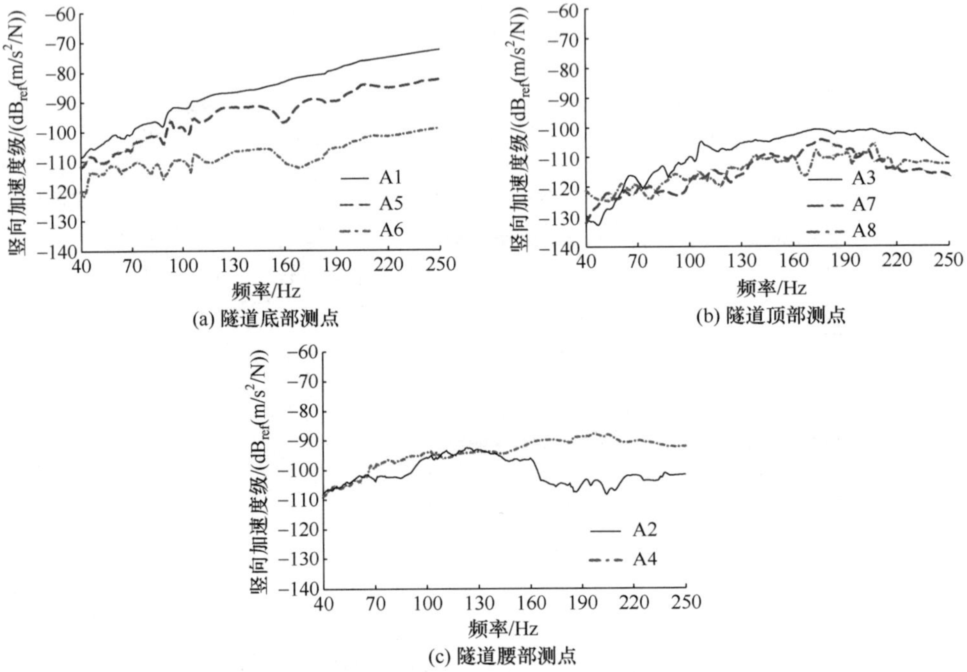

图 3-12　隧道结构(上软下硬试验)中各测点竖向加速度级-频率曲线

由图 3-12 可知，与时域分析下的动力响应测试结果相同，频域分析下隧道结构的动力响应随测点与振源沿隧道纵向距离的增大而减小，该减小趋势随着沿隧道纵向的距离增大而减小，并且隧道腰部两测点的动力响应因环向接头而有所差异，高频段内差异更为明显。

在频率坐标下，隧道底部各位置的动力响应均随频率的增大而逐渐增大，距离振源越远，这一增长趋势逐渐减弱。隧道顶部各位置的动力响应在 40～200Hz 内均随频率的增大而逐渐增大，在大于 200Hz 时随频率的增大而减小。隧道腰部两侧的测点随频率的变化有较大差异，A2 测点附近无环向接头，在 40～200Hz 内动力响应随频率的增大而增大，在大于 200Hz 时随频率的增大略有减小；A4 测点附近存在环向接头，在 40～130Hz 和大于 200Hz 频率内动力响应随频率的增大而增大，在 130～200Hz 频域内随频率的增大而减小。

在 40～250Hz 内，隧道底部 3 个测点的竖向加速度级均相差很大。A1 测点与 A5 测点竖向加速度级最大差值达到 14.87dB，平均差值达到 9.44dB；A5 测点与 A6 测点竖向加速度级最大差值达到 19.76dB，平均差值达到 12.53dB。对于隧道顶部的 3 个测点，A3 测点与 A7、A8 测点竖向加速度级相差很大，A7 测点与 A8 测点在 140～200Hz 内相差较大。具体来说，A3 测点与 A7 测点竖向加速度级最大差值达到 13.75dB，平均差值达到 7.61dB；A7 与 A8 测点竖向加速度级最大差值为 10.91dB，平均差值仅为 1.81dB。对于隧道腰部的测点，A2 与 A4 测点的动力响应在 40～140Hz 内基本相近；在大于 140Hz 的频率范围内二者的动力响应差距很大，竖向加速度级最大差值为 19.05dB，平均差值为 11.45dB。

周围地层中各测点的竖向加速度级-频率曲线如图 3-13 所示，由图可知，埋深 400mm 的测点处周围地层的动力响应随测点与振源沿隧道纵向距离的增大而减小，该减小趋势随着沿隧道纵向距离的增大有所变缓；各位置测点动力响应在 40～160Hz 内均随频率的增大而略有增大，在 160～210Hz 内基本不随频率变化，在 210Hz 以上的频率范围又随着频率的增大而增大。

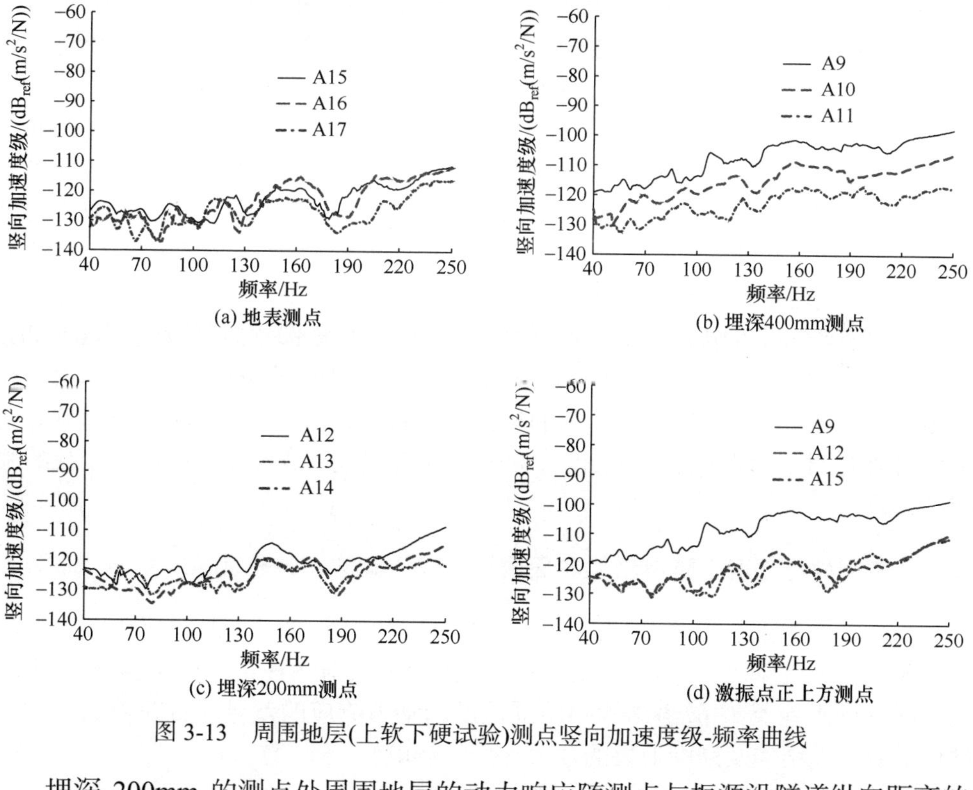

图 3-13 周围地层(上软下硬试验)测点竖向加速度级-频率曲线

埋深 200mm 的测点处周围地层的动力响应随测点与振源沿隧道纵向距离的增大而有一定程度的减小；各测点的动力响应随频率变化不明显，略有起伏，仅在高频段(大于 190Hz)有较明显的随频率的增大而增大的变化趋势。

地表处，各测点周围地层动力响应随频率变化起伏交错，整体差异不大，原因可能是振动波传播距离较远，沿隧道纵向的距离差距相对传播距离已经是一个较小的数值，测点与振源沿隧道纵向距离的差异对测点动力响应的影响也随之减小；各测点动力响应随频率的变化情况与埋深 200mm 处的周围地层的动力响应类似，在一定范围内起伏不定，但在高频段(大于 190Hz)有较明显的随频率增大而增大的变化趋势。

振源正上方的测点中，与隧道距离最近测点 A9 的周围地层动力响应明显大于较远处两测点 A12、A15 的周围地层动力响应；较远处的两测点中距离隧道更近一些的 A12 测点处周围地层的动力响应略大于较远处 A15 测点处的周围地层的动力响应。在与隧道竖向距离较近的位置，周围地层动力响应整体上随频率的增大而逐渐增大；与隧道竖向距离较远的测点处的周围地层的动力响应随频率的变化逐渐减弱，仅在高频段(大于 190Hz)具有较为明显的随频率的增大而增大的变化趋势。

从数值上来看，埋深 400mm 处的周围地层中，A9 测点与 A10 测点竖向加速度级最大差值为 9.32dB，平均差值为 5.54dB；而 A10 测点与 A11 测点竖向加速度级最大差值为 13.82dB，平均差值为 7.77dB。说明在距离隧道较近的范围内，周围地层的竖向加速度响应随振动波传播距离的增大而产生的衰减的幅度也有一定程度的增大。当频率从 40Hz 增加至 250Hz 时，A9 测点的竖向加速度级增加了 19.40dB，A10 测点的竖向加速度级增加了 17.34dB，A11 测点的竖向加速度级增加了 13.94dB，可见随着与振源距离的增大，周围地层竖向加速度响应随频率增大而增大的幅度逐渐减小。

而埋深 400mm 的周围地层中相邻测点竖向加速度级平均差值的均值为 6.66dB，埋深 200mm 的周围地层中相邻测点竖向加速度级平均差值的均值为 3.27dB，地表相邻测点竖向加速度级平均差值的均值为 3.17dB。由此可见，随着与隧道竖向距离的增大，同一埋深周围地层的竖向加速度级随振动波传播而产生的衰减的幅度逐渐减小。

3.1.3　不同地层工况下隧道结构和周围地层动力响应比较研究

本小节在对上软下硬地层工况下隧道结构和周围地层在振动荷载作用下的动力响应研究的基础上，进一步对比上软下硬地层与两种均一地层(均一软土地层与均一硬土地层)中隧道结构及周围地层的动力响应的差异，旨在揭示上软下硬地层对隧道结构及周围地层的动力响应的影响。

1. 时域结果对比

选取三种工况，施加列车振动荷载的情况测试所得的动力响应结果进行分析。图 3-9 已列出上软下硬地层工况下隧道结构典型测点在一个列车振动荷载周期内的竖向加速度时程曲线，均一软土地层工况与均一硬土地层工况下隧道结构典型测点在一个列车振动荷载周期内的竖向加速度时程曲线分别如图 3-14 和图 3-15 所示。

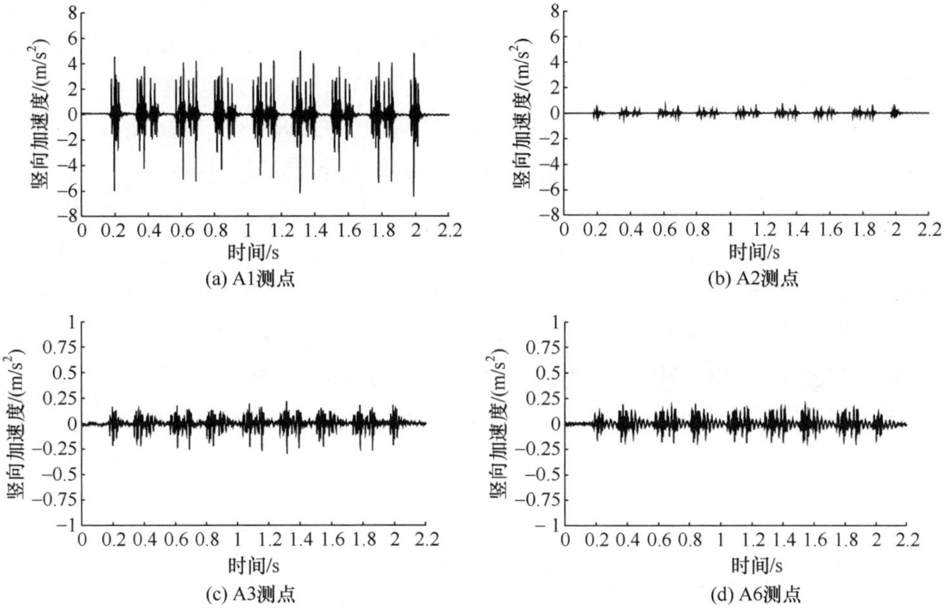

图 3-14　均一软土地层工况隧道结构竖向加速度响应

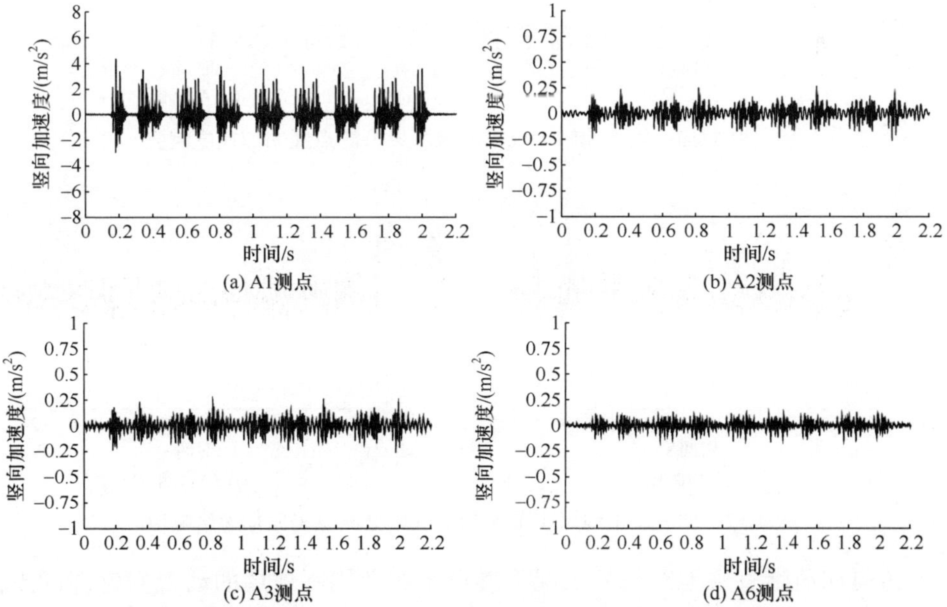

图 3-15　均一硬土地层工况隧道结构竖向加速度响应

从整体来看，三种工况下隧道底部的竖向加速度响应均大于隧道顶部的竖向加速度响应，且均沿隧道纵向有很大幅度的衰减。比较三种工况各测点的竖向加速度时程曲线，上软下硬地层中隧道结构竖向加速度响应最大。在隧道底部测点A1处，三种工况(上软下硬地层、均一软土地层、均一硬土地层)下，PPA依次为$6.672\mathrm{m/s^2}$、$6.442\mathrm{m/s^2}$、$4.376\mathrm{m/s^2}$，均一硬土地层中隧道底部测点的竖向加速度响应明显较上软下硬地层和均一软土地层中隧道底部的竖向加速度响应小；而在隧道拱顶A3处，三种工况下PPA分别为$0.627\mathrm{m/s^2}$、$0.298\mathrm{m/s^2}$、$0.265\mathrm{m/s^2}$，两种均一地层中隧道顶部的竖向加速度响应明显要比上软下硬地层中小。

图3-16、图3-17分别为均一软土地层工况与均一硬土地层工况下周围地层典型测点在一个列车振动荷载周期内的竖向加速度时程曲线。结合图3-10可以发现，上软下硬地层中周围地层的动力响应与均一地层中周围地层的动力响应相比有较明显的增大；在埋深较浅的位置，均一硬土地层中周围地层的动力响应明显比均一软土地层和上软下硬地层中周围地层的动力响应大；从数值角度，均一软土地层在周围地层的各个位置的动力响应都是三种工况中最小的。

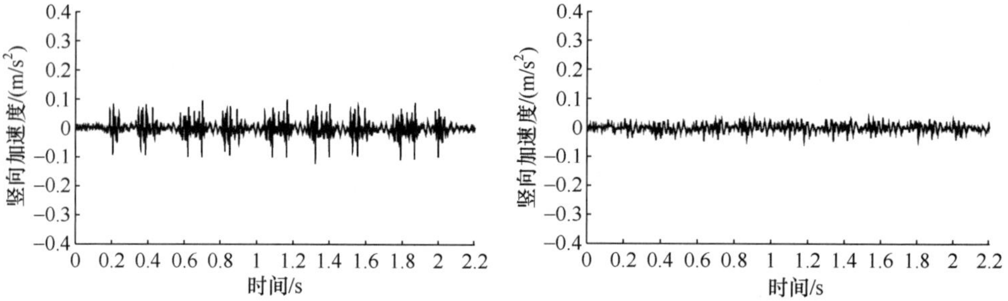

(a) A9测点　　(b) A15测点

图3-16　均一软土地层工况周围地层典型测点竖向加速度响应

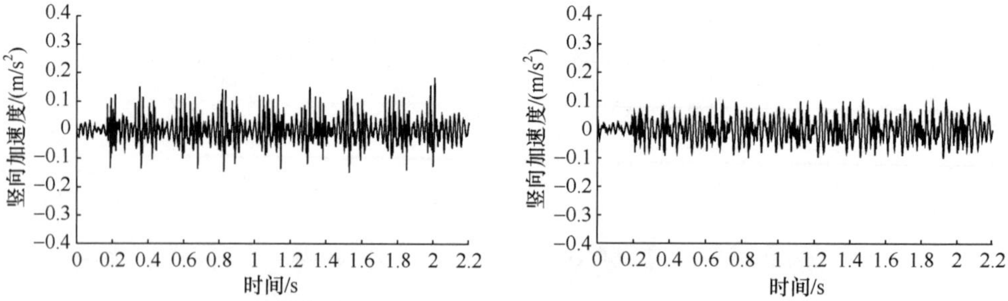

(a) A9测点　　(b) A15测点

图3-17　均一硬土地层工况周围地层典型测点竖向加速度响应

为更加清晰直观地对三种工况下隧道结构及周围地层的动力响应进行比较分析，提取两种均一地层工况下各个测点的PPA，绘制三种工况的测点PPA对比图，如图 3-18 所示。从图中可以看出，三种工况的试验结果都表明随着与振源距离的增大，隧道结构及周围地层的竖向加速度响应减小。虽然三种工况下列车振动引起的动力响应衰减规律相同，但各个测点在不同工况下测得的 PPA 大小有所差异。

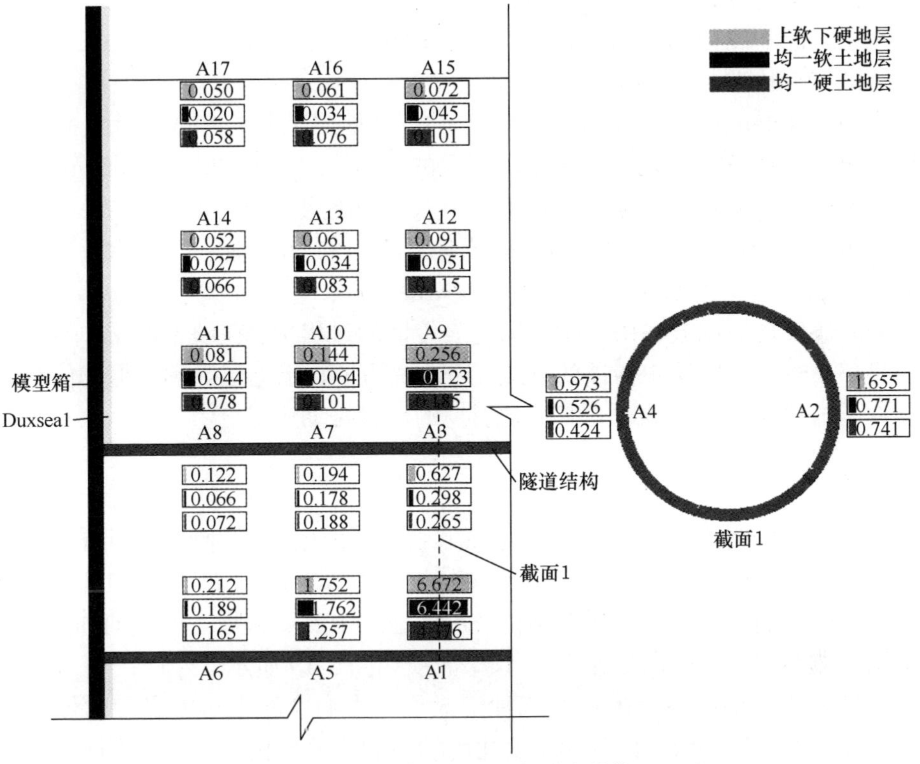

图 3-18　三种工况测点 PPA 对比图(单位：m/s^2)

在隧道底部，上软下硬地层工况与均一软土地层工况的 PPA 相近，均一硬土地层工况的 PPA 小于前两者，这可能是因为均一硬土地层更利于振动波从隧道结构向周围地层传播；在距离振源最近的 A1 测点，均一硬土地层工况下测得的 PPA 为 4.376m/s^2，为均一软土地层工程测得的 PPA(6.442m/s^2)的 67.93%，为上软下硬地层工况测得的 PPA(6.672m/s^2)的 65.59%。

在隧道顶部，上软下硬地层工况的 PPA 明显大于两种均一地层工况的 PPA，这一放大效应产生的原因可能是振动波在位于隧道腰部附近的软硬地层交界面发生了反射叠加；位于振源正上方的 A3 测点，上软下硬地层工况下测得的 PPA 为 0.627m/s^2，是均一软土地层工况下测得的 PPA(0.298m/s^2)的 210.40%，是均一硬土地层工况下测得的 PPA(0.265m/s^2)的 236.60%。

隧道腰部，上软下硬地层工况的 PPA 明显大于两种均一地层工况的 PPA。上软下硬地层中的软硬地层交界面正处于隧道腰部附近，因此隧道腰部的动力响应受软硬地层交界面的影响很大。在受管片环向接头影响较弱的 A2 测点，上软下硬地层工况下测得的 PPA 为 1.655m/s^2,是均一软土地层工况下测得的 PPA(0.771m/s^2)的 214.66%，是均一硬土地层工况下测得的 PPA(0.741m/s^2)的 223.35%。在邻近管片环向接头的 A4 测点，上软下硬地层工况下测得的 PPA 为 0.973m/s^2，是均一软土地层工况下测得的 PPA(0.526m/s^2)的 184.98%，是均一硬土地层工况下测得的 PPA(0.424m/s^2)的 229.48%。

在埋深 400mm 处各工况测点中，上软下硬地层工况的 PPA 最大，均一硬土地层工况的 PPA 次之，均一软土地层工况的 PPA 最小。而在埋深 200mm 处的土体中，均一硬土地层工况的 PPA 略大于上软下硬地层工况的 PPA，均一软土地层工况的 PPA 最小。在地表处，均一硬土地层工况的 PPA 最大，上软下硬地层工况的 PPA 次之，均一软土地层工况的 PPA 最小。

同时还发现振动波在由下至上向地表传播的过程中，在硬土地层中传播的衰减明显小于在软土地层中传播的衰减。这也说明了硬土地层更利于振动能量的传导，软土地层能更好地减缓列车振动引发的环境振动。

2. 频域结果对比

为分析比较隧道结构及周围地层在上软下硬地层与两种均一地层(均一软土地层和均一硬土地层)工况下的动力响应特性的差异，通过 FRF 和扫频振动荷载作用下的时域响应信号计算隧道结构及周围地层中测点频域下的竖向加速度级。隧道结构典型测点的竖向加速度级-频率曲线如图 3-19 所示。

频域分析结果中各个测点在三种工况下动力响应的大小差异与时域分析结果从整体来看比较一致，但随频率变化的动力响应差异仍然存在，不同工况下同一测点的动力响应随频率变化的规律并不尽相同。

在隧道底部(A1、A5、A6)，三种工况下其竖向加速度级均有随频率的增大而整体上增大的趋势，且三种地层工况下底部测点的动力响应差异在不同频域范围也有所不同。以距振源最近的 A1 测点为例，在低频(40～100Hz)范围内均一软土地层工况的竖向加速度级略微大于其他两种工况的竖向加速度级，在中频(100～200Hz)范围内均一硬土地层工况的竖向加速度级略微小于其他两种工况的竖向加速度级，在大于 200Hz 时上软下硬地层工况的竖向加速度级略微大于其他两种工况的竖向加速度级。对于位于隧道底部的 A5 和 A6 测点，三种工况下的竖向加速度级在不同频域范围内的差异与 A1 测点基本一致。在 A1 测点，三种地层工况下在 40～250Hz 内的竖向加速度级的差值平均值为 2.47dB，在 A5 测点和 A6 测点该值则分别为 2.87dB 和 2.96dB，由此可以认为，在频率坐标下隧道底部的动力响应受地层条件的影响并不明显。

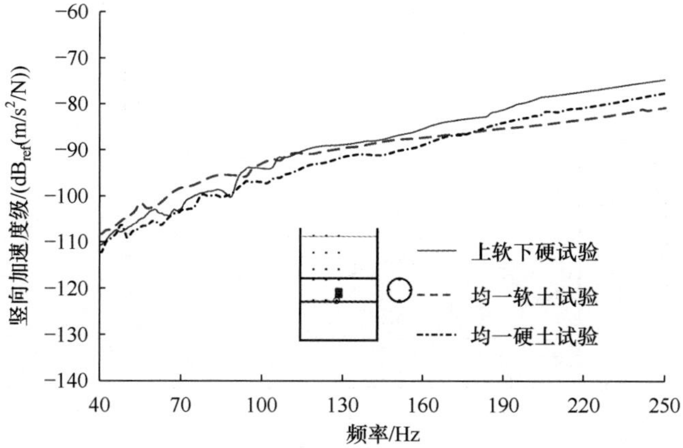

(a) A1测点

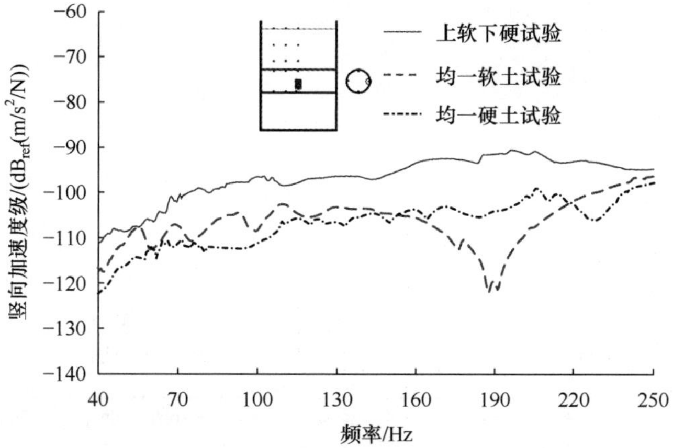

(b) A2测点

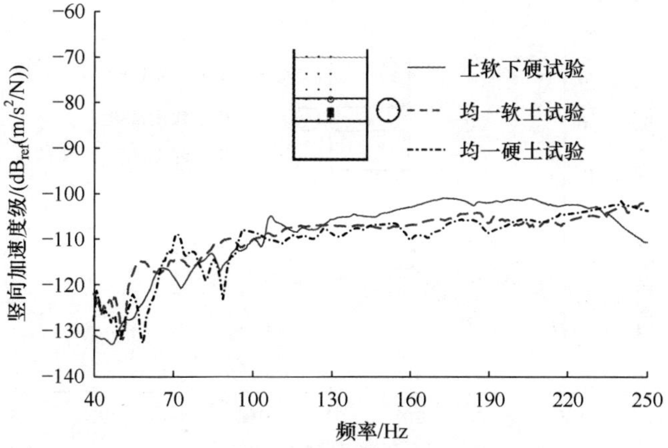

(c) A3测点

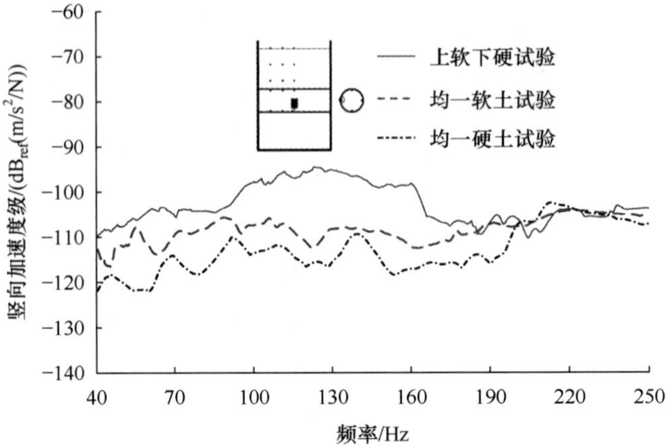

(d) A4测点

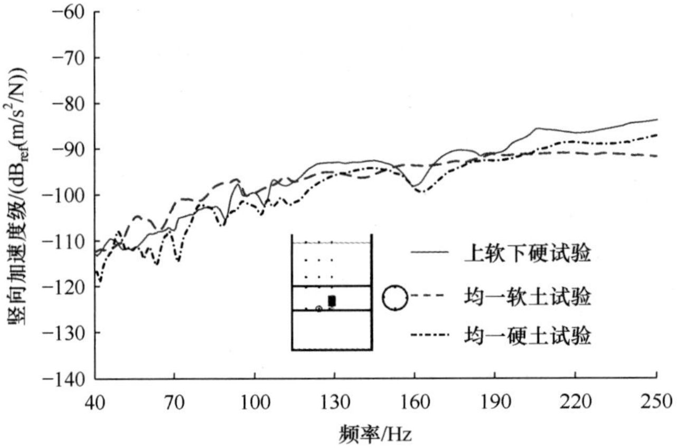

(e) A5测点

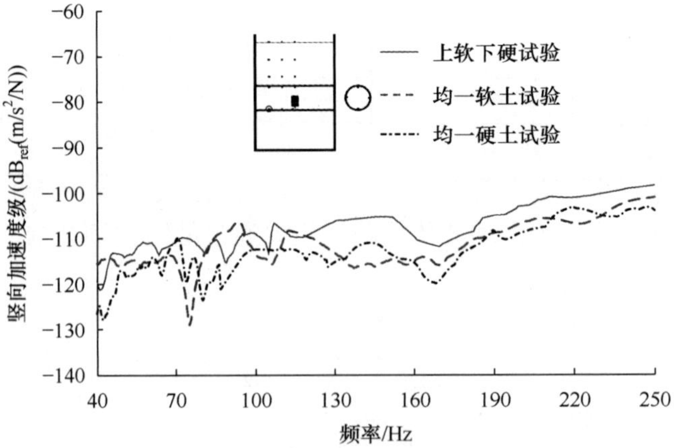

(f) A6测点

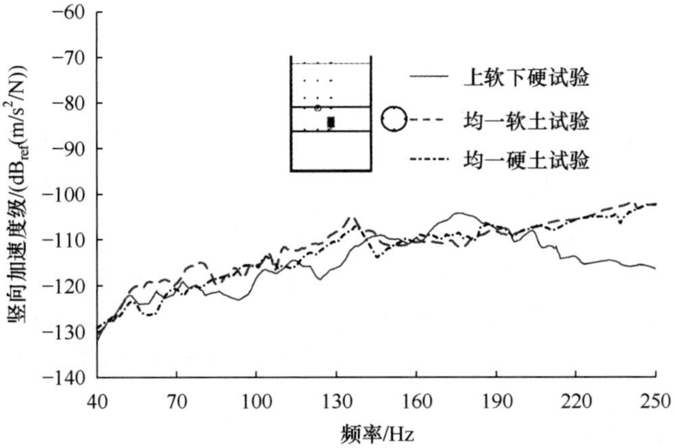

(g) A7测点

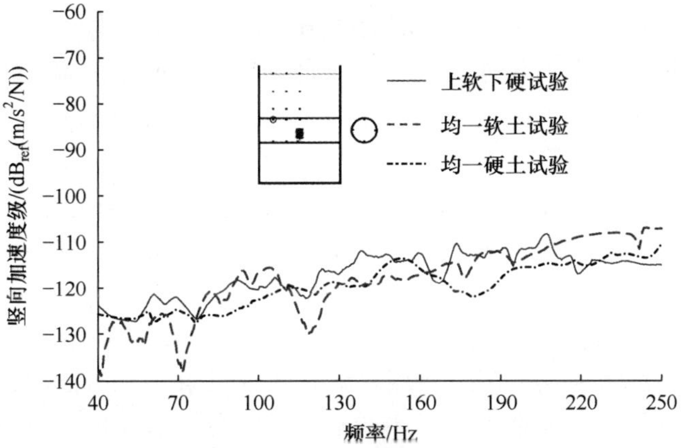

(h) A8测点

图 3-19　隧道结构中各测点竖向加速度级-频率曲线对比

在隧道顶部(A3、A7、A8)，上软下硬地层工况的动力响应受软硬地层交界面影响较大，三种地层工况下的竖向加速度级均呈现出随频率增大而整体上增大的趋势，但在高频段(大于 190Hz)范围内，上软下硬地层工况下的竖向加速度级随频率的增大而减小，均一软土地层工况和均一硬土地层工况下的动力响应则比较相近。到达隧道顶部的振动波传播路径主要通过隧道衬砌结构，但传播路径经过软硬地层交界面，因此在一定程度上受到软硬地层交界面振动反射叠加的影响，上软下硬地层工况下隧道顶部高频段的竖向加速度级随频率增大而减小的现象也可能是软硬地层交界面对振动波的反射叠加作用由在中低频的叠加增强在高频转变为叠加抵消而产生的。在隧道顶部距振源更远的测点，上软下硬地层工况的竖向加速度级在中频范围的增大和在高频范围随频率增大而减小的现象都有所减弱，随着振动波传播距离的增大，产生的动力响应整体减小，且到达隧道顶部的振动波的传播主要是通过隧道衬砌本身，因此周围地层带来的影响随传播距离的增大而逐渐减小。

隧道腰部两测点受地层条件的影响也有所差异。在受管片环向接头影响较弱的 A2 测点，三种地层工况下的动力响应整体上均随着频率的增大而增大。除190Hz 附近频率均一软土地层工况下可能是由试验误差导致的相干性骤降以及动力响应暴跌外，三种工况下的动力响应在 40～250Hz 内呈现上软下硬地层工况明显大于两种均一地层工况，均一软土地层工况的动力响应略大于均一硬土地层的动力响应。在管片环向接头附近的 A4 测点，上软下硬地层工况的动力响应随频率增大先增大后减小；两种均一地层工况下的动力响应在 40～180Hz 内随频率波动但整体保持不变，在大于 180Hz 频域内随频率的增大而整体增大。在 40～210Hz 频域内三种工况的动力响应呈现上软下硬地层工况最大，均一软土地层工况次之，均一硬土地层工况最小；在 210～250Hz 内三种工况下的动力响应基本接近。

由上述分析可知，上软下硬地层对隧道结构动力响应的影响主要在于软硬地层交界面附近以及振动波传播路径经过软硬地层交界面的位置，即隧道腰部和隧道顶部。隧道管片的纵向接头与环向接头对隧道结构的动力响应的影响同样显著，且影响范围涉及隧道结构各处。隧道管片纵向接头使得振动波沿隧道纵向传播过程中衰减迅速，隧道管片环向接头使得振动波沿隧道环向传播过程中衰减迅速。

周围地层典型测点的竖向加速度级-频率曲线如图 3-20 所示。分析比较图 3-20 所示的周围地层各测点在不同地层工况下的频域试验结果可知，在埋深 400mm 处(A9、A10、A11)，土体的动力响应受地层条件影响较为明显，沿着隧道纵向方向，测点竖向加速度级呈现衰减趋势。在 40～140Hz 内，三种地层工况下各测点土体处的动力响应差异并不明显，但在大于 140Hz 的频率范围内，受到软硬地层交界面的影响，上软下硬地层工况下土体的动力响应大于两种均一地层中的动力响应。两种均一地层工况的动力响应也有所差异，表现为均一硬土地层工况中的动力响应略大于均一软土地层中的动力响应。此外，在 140～250Hz 频域内，A9 测点处上软下硬地层工况与均一硬土地层工况的竖向加速度级的最大差值达到 7.73dB，平均差值为 3.98dB，均一硬土地层工况与均一软土地层工况的竖向加速度级的最大差值达到 6.42dB，平均差值为 2.67dB；A10 测点处上软下硬地层工况与均一硬土地层工况的竖向加速度级的最大差值达到 10.03dB，平均差值为 3.64dB，均一硬土地层工况与均一软土地层工况的竖向加速度级的最大差值达到 6.33dB，平均差值为 2.08dB；A11 测点处上软下硬地层工况与均一硬土地层工况的竖向加速度级的最大差值达到 6.62dB，平均差值为 2.26dB，均一硬土地层工况与均一软土地层工况的竖向加速度级的最大差值达到 8.70dB，平均差值为 2.63dB。综合看来，在埋深 400mm 的土体中，地层条件对周围地层动力响应的影响随着与振源距离的增大而减小。

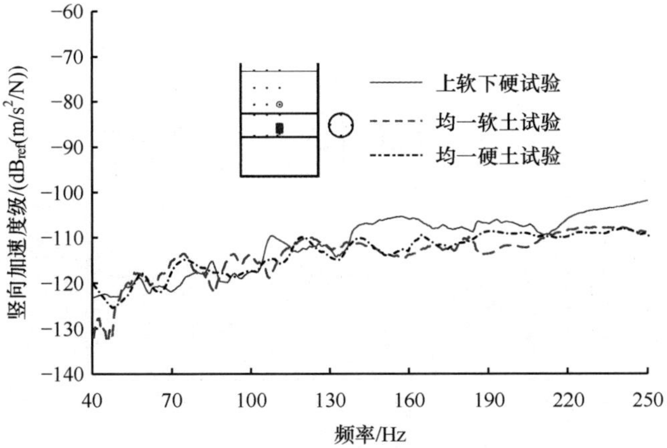

(a) A9测点

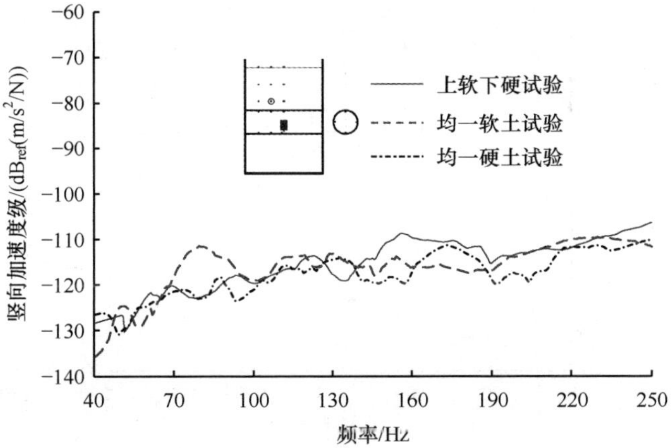

(b) A10测点

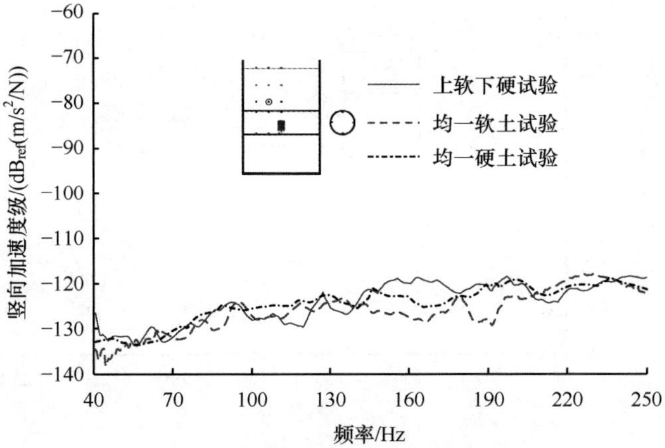

(c) A11测点

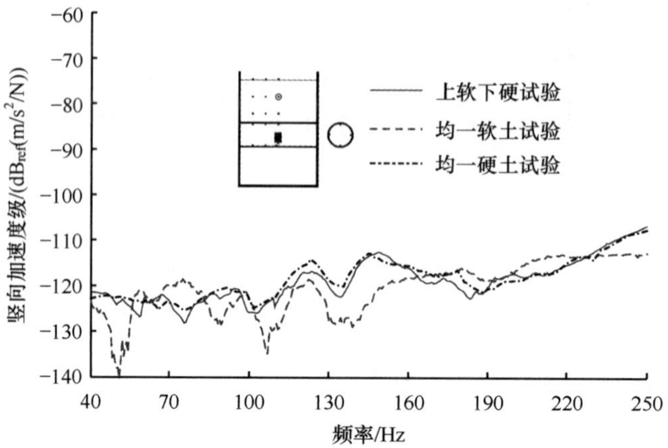

(d) A12测点

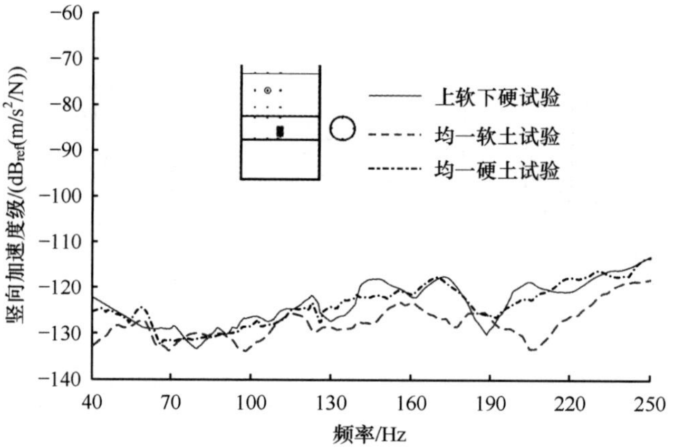

(e) A13测点

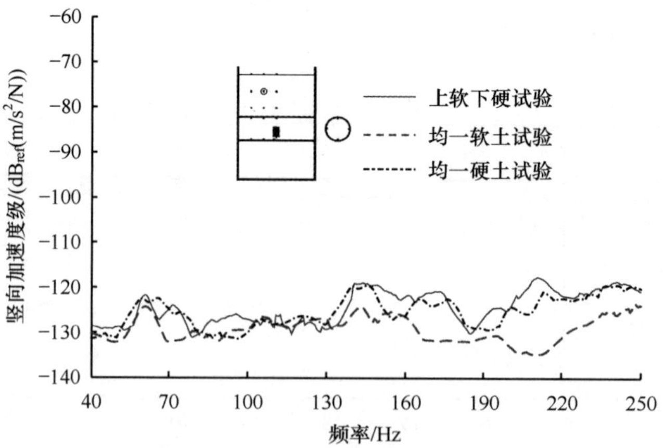

(f) A14测点

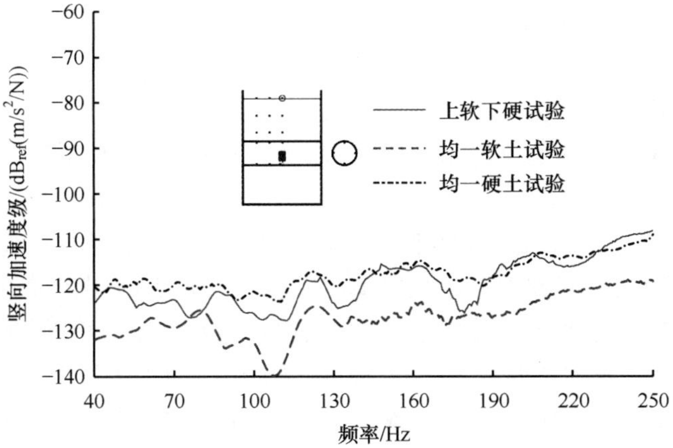

(g) A15测点

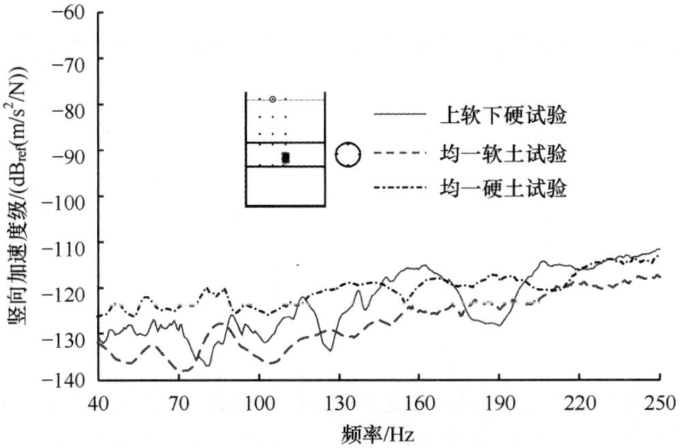

(h) A16测点

图 3-20　周围地层中各测点竖向加速度级-频率曲线对比

在埋深 200mm 处(A12、A13、A14)，周围地层的动力响应呈现上软下硬地层工况与均一硬土地层工况大小相近、均一软土地层工况最小的情形，且这一现象几乎在 40～250Hz 频率内均有体现。这一现象显然是由于振动波在向上方周围地层传播过程中，在软土地层传播时振动的衰减较在硬土地层传播时的衰减大。在 40～250Hz 频率内，A12 测点处上软下硬地层工况与均一硬土地层工况的竖向加速度级的最大差值达到 4.47dB，平均差值为 1.71dB，均一硬土地层工况与均一软土地层工况的竖向加速度级的最大差值达到 20.38dB，平均差值为 6.23dB；A13 测点处上软下硬地层工况与均一硬土地层工况的竖向加速度级的最大差值达到 5.21dB，平均差值为 1.60dB，均一硬土地层工况与均一软土地层工况的竖向加速度级的最大差值达到 11.93dB，平均差值为 5.17dB；A14 测点处上软下硬地层工况与均一硬土地层工况的竖向加速度级的最大差值达到 5.80dB，平均差值为 1.90dB，均一硬土地层工况与均一软土地层工况的竖向加速度级的最大差值达到 13.02dB，平均差值为 4.26dB。可以认为，随着振动波在周围地层中传播距离的增大以及与软硬地层交界面距离的增大，地层条件对周围地层动力响应的影响逐渐由以软硬地层交界面的影响为主转变为以周围地层本身对振动波的衰减作用为主。

在地表处(A15、A16)，周围地层的动力响应受到地层条件的影响明显，该影响主要是由振动波在周围地层中长距离的传播，在软土地层传播过程中振动的衰减明显大于其在硬土地层中传播过程中的衰减导致的。同时软硬地层交界面的存在导致其周围地层的动力响应有一定程度的放大。因此地表处周围地层的动力响应呈现为 40～250Hz 全频域内均一硬土地层工况最大，上软下硬地层工况其次，均一软土地层工况最小的情形。

3.2 上软下硬地层对盾构隧道动力响应影响的数值研究

本节利用有限差分软件建立数值模型，开展上软下硬地层对盾构隧道动力响应影响的数值模拟研究，通过数值计算结果与模型试验测试结果对比分析，进一步对模型试验结果的可靠性进行验证，并对模型试验中测试数据相干系数较低的低频段(0～40Hz)的动力响应特性和隧道结构的内力响应进行补充研究。

3.2.1 计算模型建立

根据本章相似模型试验所处工况，利用有限差分软件 FLAC3D 建立数值模型。盾构隧道模型的上覆土厚度为 10m，下部垫土厚度为 9m。隧道结构模型外径为 6m，内径为 5.4m，管片厚度为 0.3m，采用 3+2+1 分块方式，所对应的圆心角分别为 72°、64.5°和 15°，管片拼装方式选用与模型试验相同的错缝拼装方式。模型考虑了环、纵向接头对盾构隧道结构动力响应的影响，采用近似刚度等效的方法模拟管片接头，选取环向接头的刚度折减系数为 0.08769。管片纵向接头的刚度由式(2-36)计算得出，并用刚度修正系数 1.3 加以修正。地层结构模型尺寸为 30m(长) × 18m(宽) × 25m(高)，最大网格尺寸取为 0.05m，模型除上边界为自由边界外，其余边界均为静态边界。模型中材料的物理力学参数见表 3-5。

表 3-5 数值模型各项材料物理力学参数

类型	密度/(kg/m^3)	弹性模量/MPa	剪切模量/MPa	体积模量/MPa	泊松比
衬砌	2400	34.5×10^3	13.3×10^3	28.8×10^3	0.3
软土	1940	27	10.38	22.5	0.3
硬土	2100	90	34.62	75	0.3

数值模拟与相似模型试验一样，最后需要获得隧道结构和周围地层在不同频率荷载作用下的动力响应。因此在数值模拟中采用单点激振的方式施加了一系列固定频率正弦振动荷载，荷载施加位置在隧道结构底部中央。正弦振动荷载的频率范围为 0～250Hz，频率间距为 10Hz。同时为了与模型试验中单位振动荷载作用下的动力响应值进行对比，正弦振动荷载幅值定为 1N。

3.2.2　模拟工况及测点布置

本次数值模拟中模拟的工况与模型试验中的相同，即模拟错缝拼装盾构隧道分别在上软下硬地层、均一软土地层和均一硬土地层中隧道结构及周围地层的动力响应。在建模过程中，数值模型中的上层土体与下层土体设置成了不同的组别，因此在上软下硬地层工况时将软土参数与硬土参数分别赋予上层土体网格与下层土体网格，在均一软土地层工况或均一硬土地层工况时只需将软土参数或硬土参数赋予所有土体网格即可。以上软下硬地层工况为例，建立的数值计算模型如图 3-21 所示。

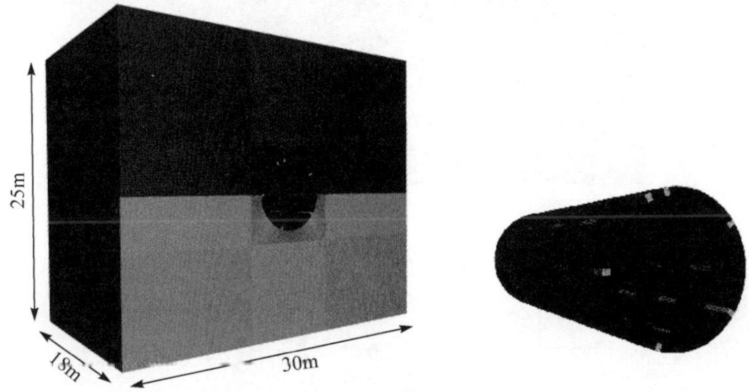

图 3-21　数值计算模型

在进行数值模拟时，加速度测点的布置参照模型试验中的布置，按长度相似关系进行放大，如图 3-22 所示。

3.2.3　隧道结构动力响应特性

待各测点处动力响应幅值稳定后，提取各测点简谐振动响应的最大值，即得到了该频率荷载下的动力响应。隧道结构中各个测点数值模拟与模型试验结果的对比如图 3-23 所示。

分析图 3-23 所展现的隧道结构的动力响应结果可知：

(1) 数值模拟计算所得与模型试验测试所得的隧道结构的动力响应结果整体上较为吻合。在隧道底部振源附近的 A1 测点，在模型试验中受外部因素干扰较小，数值模拟与模型试验中的动力响应差值不超过 2dB。随着与振源距离的增大，模型试验的结果受试验外部因素干扰更为明显，数值模拟与模型试验中的动力响应差值略有增大。但不考虑模型试验中相干系数极低的数据，两种方法得到的结果整体上一致。

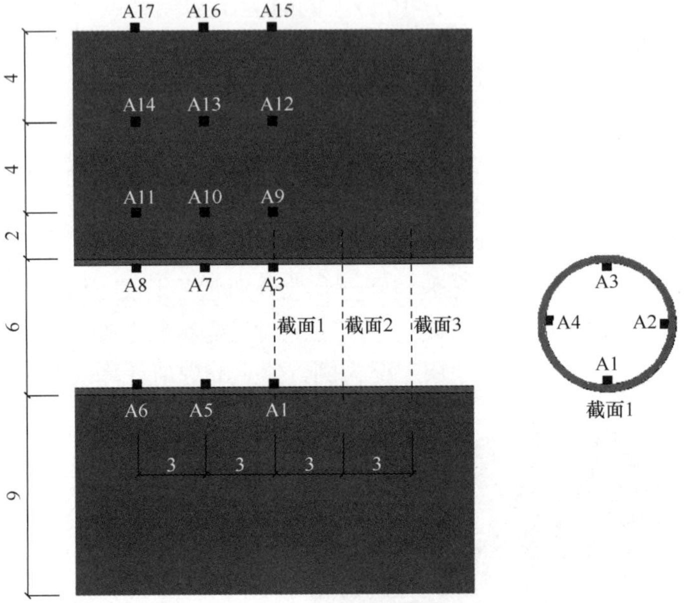

图 3-22　加速度测点及应力测点截面布置图(单位：m)

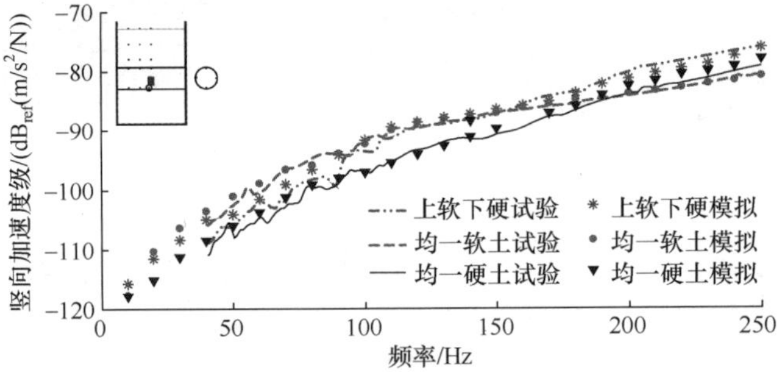

(a) A1测点

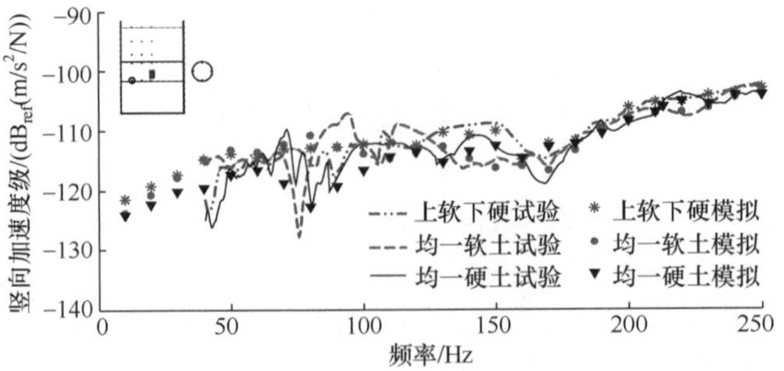

(b) A6测点

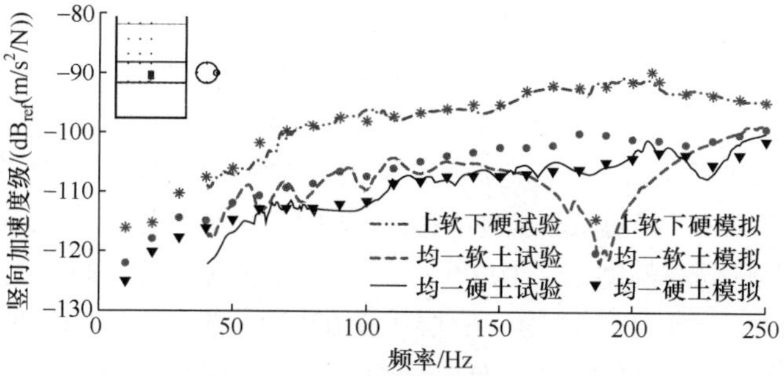

(c) A2测点

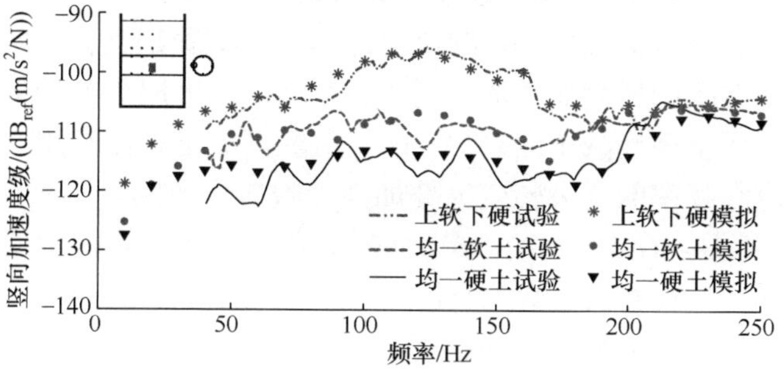

(d) A4测点

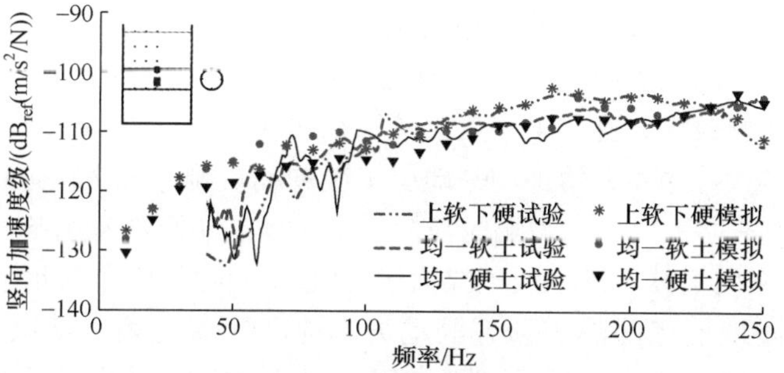

(e) A3测点

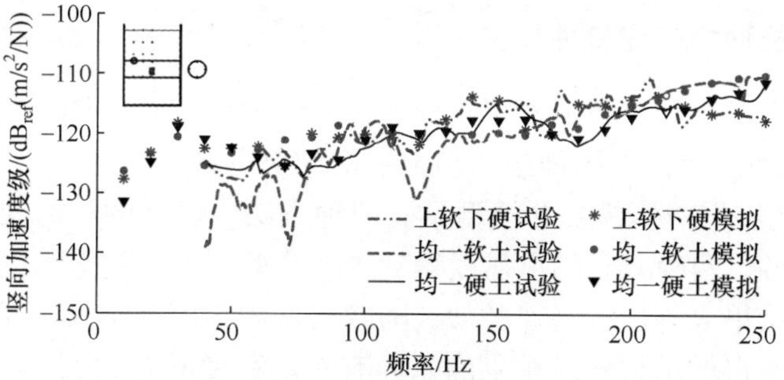

(f) A8测点

图 3-23　隧道结构中数值模拟与模型试验动力响应结果对比

(2) 从数值模拟中的隧道结构 0～40Hz 频率内的动力响应结果可以看出，隧道结构的动力响应在 0～40Hz 内随频率的增大而迅速增大。在隧道顶部和隧道底部，三种工况下在 0～40Hz 频率内的动力响应都较为接近，但在隧道腰部位置则表现出上软下硬地层工况的动力响应明显大于两种均一地层工况的动力响应，可见软硬地层交界面对其附近的隧道结构的动力响应具有显著的影响。

(3) 从数值模拟中的隧道结构 40～250Hz 频率内的动力响应结果可以看出，隧道腰部测点(A2、A4)在两种均一地层工况的动力响应随频率的增大而整体上增大，上软下硬地层工况的动力响应随频率的增大先增大后减小，且动力响应在高频范围减小的现象在隧道腰部附近存在管片环向接头的一侧明显比附近无管片环向接头的一侧表现得更突出。在隧道顶部与在隧道腰部类似，两种均一地层工况的动力响应随频率的增大而整体上增大，上软下硬地层工况的动力响应随频率的增大先增大而后呈现出减小的趋势，这一情况可能是软硬地层交界面对振动波的叠加放大效应随频率的增大转变为叠加消减效应导致的。

(4) 隧道底部测点(A1、A6)在 0～160Hz 频率内上软下硬地层工况与均一软土地层工况的动力响应相近，略大于均一硬土地层工况；在 160～250Hz 频率内，两种均一地层工况的动力响应较为接近，略小于上软下硬地层工况的动力响应。在隧道腰部，从数值模拟的结果可以十分清楚地看出三种地层工况下的动力响应差别，上软下硬地层工况的动力响应最大，均一软土地层工况的动力响应次之，均一硬土地层工况的动力响应最小，但这一差异在 200～250Hz 频率内受隧道腰部的环向接头影响较大，在 A4 测点，该频域内上述动力响应差异存在但并不明显。在隧道顶部(A3、A8)，两种均一地层工况的动力响应较为接近，在 0～150Hz 频率内上软下硬地层工况的动力响应与两种均一地层工况的动力响应差别不大，在 150～200Hz 频率内上软下硬地层工况大于两种均一地层工况的动力响应，由于在高频域上软下硬地层工况隧道顶部的动力响应随频率的增大而减小，在 200～250Hz 频率内上软下硬地层工况的动力响应小于两种均一地层工况的动力响应。

3.2.4　周围地层动力响应特性

周围地层中各个测点数值模拟与模型试验结果的对比如图 3-24 所示。

分析图 3-24 所示的周围地层的动力响应结果可知：

(1) 周围地层在数值模拟和模型试验两种方法中所得的动力响应结果整体上有较好的一致性，两种方法的可靠度得到进一步验证。与隧道结构中两种方法所得的动力响应结果表现出的规律类似，随着与振源距离的增大，周围地层数值模拟与模型试验所得的动力响应结果的差异有一定程度的增大。

(2) 从数值模拟中周围地层 0～40Hz 频域内的动力响应结果可以看出，周围地层内部的动力响应与隧道结构中的动力响应规律类似，在该低频段随频率的增

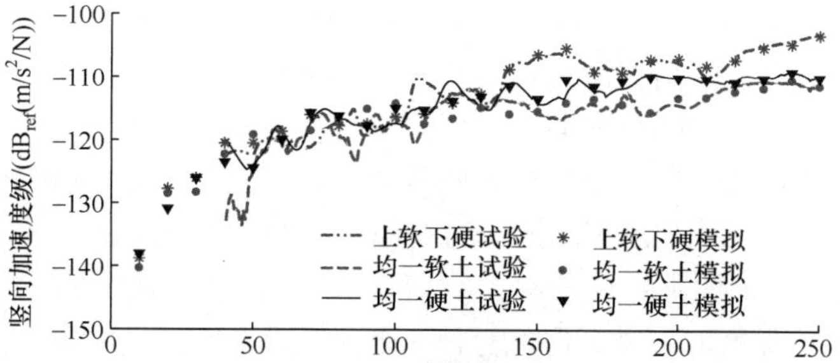

(a) A9测点

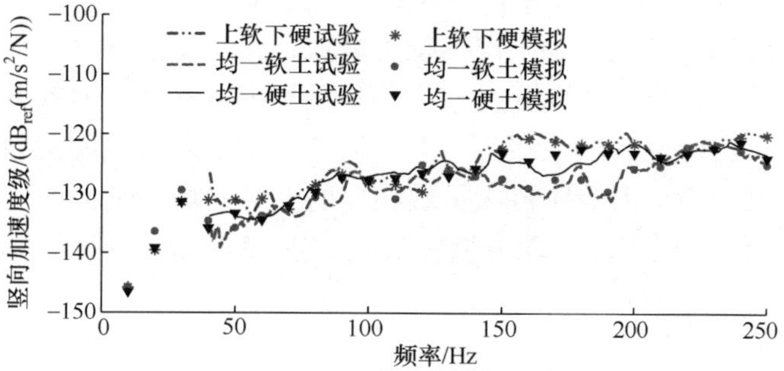

(b) A11测点

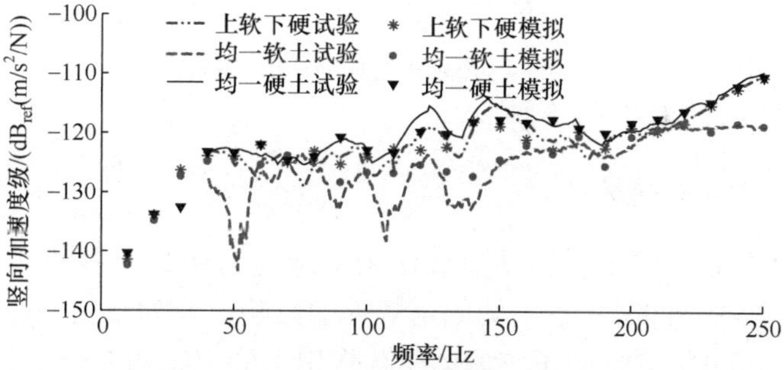

(c) A12测点

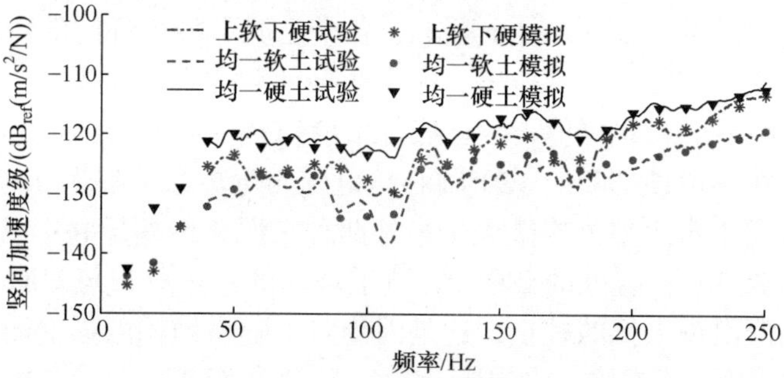

(d) A15测点

图 3-24　周围地层中数值模拟与模型试验动力响应结果对比

大而迅速增大。但在地表处 A15 测点的动力响应在 0～20Hz 频域内并未随频率增大而明显增大，且距离振源更远位置的动力响应在该频域内随频率的增大有一定程度的减小。在 0～40Hz 频域内，周围地层内部各位置在三种不同地层工况下的动力响应基本一致；但地表处在三种不同地层工况下的动力响应存在一定差异，在一些频率下均一硬土地层工况的动力响应较另两种地层工况下的动力响应大。

(3) 数值模拟中周围地层的动力响应结果表明，周围地层的动力响应随频率的变化具有一定程度的波动，但从整体来看随频率的增大而逐渐增大。在周围地层埋深 8m 处，也是距离隧道最近的测点 A9，三种地层工况下周围地层的动力响应存在明显的差异：上软下硬地层工况的动力响应最大，均一硬土地层工况的动力响应次之，而均一软土地层工况的动力响应最小，并且在 150～250Hz 较高频域与高频域内这一差异更为明显。在周围地层埋深 4m 处，上软下硬地层工况与均一硬土地层工况的动力响应接近，大于均一软土地层工况的动力响应。在地表处，三种地层工况的动力响应再次呈现明显的差异：均一硬土地层工况的动力响应最大，上软下硬地层工况的动力响应次之，均一软土地层工况的动力响应最小。

3.2.5 隧道结构内力分析

数值模拟与模型试验结果的对比分析已经表明数值计算结果的可信度较高，能较为准确地反映隧道结构与周围地层的动力响应特性。除对不同位置处竖向加速度响应进行计算外，数值模拟对隧道衬砌不同断面位置处的应力进行了监测，获得了隧道结构的弯矩与轴力响应。

1. 隧道结构弯矩分析

为了分析固定频率正弦振动荷载作用下隧道结构纵向各截面弯矩响应在隧道环向的分布情况，同时考虑不同固定频率的影响以及列车振动荷载的振动频率区间，提取了 200Hz 频率的正弦振动荷载作用下隧道结构 3 个截面的弯矩响应，如图 3-25 所示。

在振源位置处的截面 1，各个频率、各个工况下隧道环向的弯矩分布均较为相似。在 180°处，即隧道底部位置，因受激振荷载的直接作用，产生弯矩集中分布，出现十分明显的弯矩峰值；隧道底部沿隧道环向两侧方向上，隧道结构的弯矩急剧减小，在隧道顶部对应 120°圆心角范围内弯矩几乎都为 0。均一软土地层工况的隧道截面 1 弯矩整体略微大于另外两种工况，但差异并不明显。

在距离振源 3m 位置处的截面 2，隧道环向的弯矩分布与截面 1 差异很大。首先，整体幅值出现大幅的减小，这是因为对于隧道结构的强度而言，列车振动荷载并非主要荷载，作用效果有限。其次，隧道截面 2 环向的弯矩分布无明显的集中峰值，在 100°、165°、230°和 310°附近均出现弯矩峰值，这主要是因为在截

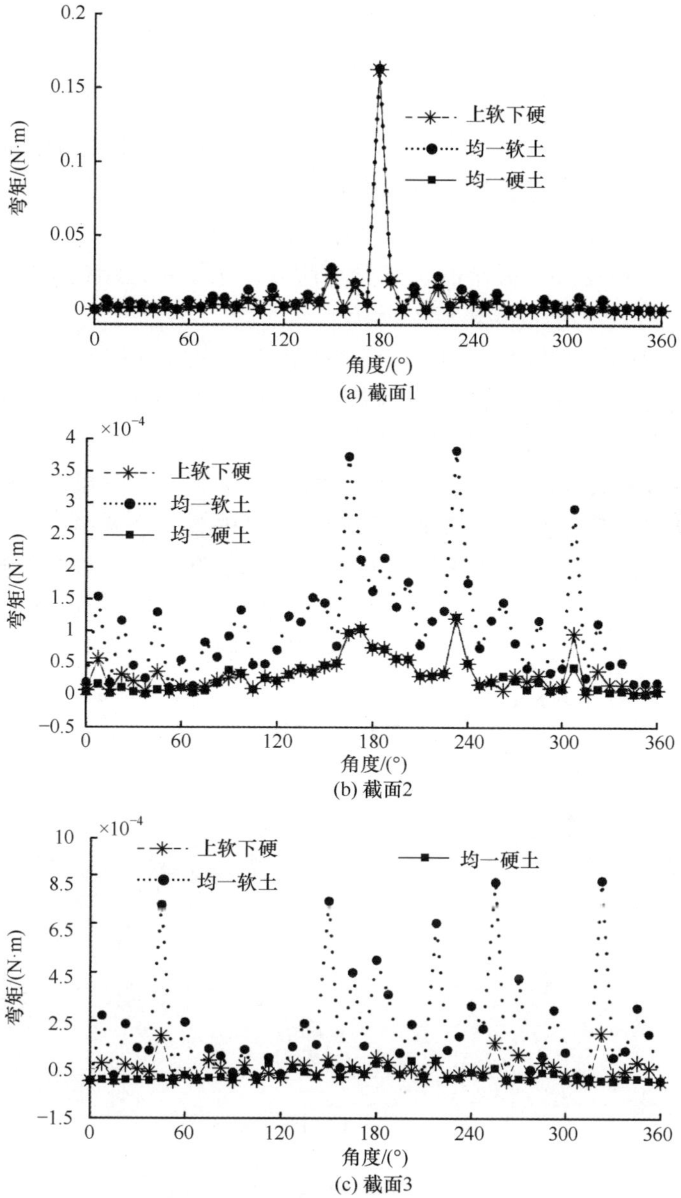

图 3-25　典型频率正弦荷载下隧道各截面弯矩响应(200Hz)

面 2 无激振荷载直接作用和内力重分布的影响。上软下硬地层工况与均一硬土地层工况的隧道截面 2 的弯矩基本相同，均一软土地层工况的隧道截面 2 的弯矩整体略微大于另外两种工况。

在距离振源 6m 位置处的截面 3，上软下硬地层工况与均一硬土地层工况的隧道环向弯矩分布仍较为接近，但已经能够在与截面 2 相同测量标尺下观察到二者存在一定程度的差异；均一软土地层工况隧道在截面 3 的弯矩分布与另两种工况相比已呈现出较大差异。产生上述现象的原因主要有两点：一是随着激振荷载产生的内力在隧道纵向传递距离的增大，在距离较远的位置内力本身较小，与激振荷载的相干性也发生了变化，已不再是截面 1 处的类线性相干；二是内力传递的距离较远，周围土体对隧道内力传递的影响逐渐显现。

为进一步分析上软下硬地层对不同振动荷载频率下隧道结构弯矩的影响规律，提取 10～250Hz 固定频率的正弦振动荷载作用下隧道结构截面 1、截面 2 和截面 3 的弯矩响应峰值，如图 3-26 所示。

从图 3-26 中可以看出，三种工况下隧道 3 个截面处弯矩响应峰值随频率变化的规律略有差异。均一软土地层中隧道结构截面 2 与截面 3 的弯矩响应峰值随频率的增大先减小后增大，且在距离振源最远的截面 3 随频率变化出现较大波动；均一软土地层中隧道截面 1 的弯矩响应峰值与上软下硬地层和均一硬土地层中隧道在 3 个截面的弯矩响应峰值类似，均随着频率的增大而减小。

三种地层中隧道结构各频率下的弯矩响应峰值在截面 1 处基本相同，随频率的变化比较均匀。在距离振源稍远些的截面 2 处，上软下硬地层和均一硬土地层中隧道结构各频率下的弯矩响应峰值基本相同；均一软土地层中隧道结构各频率

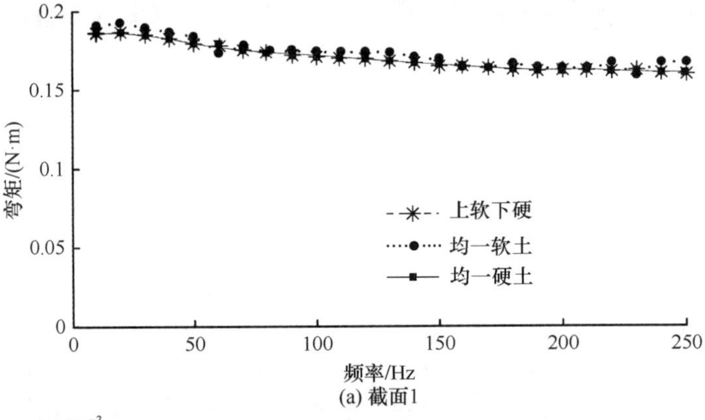

(a) 截面1

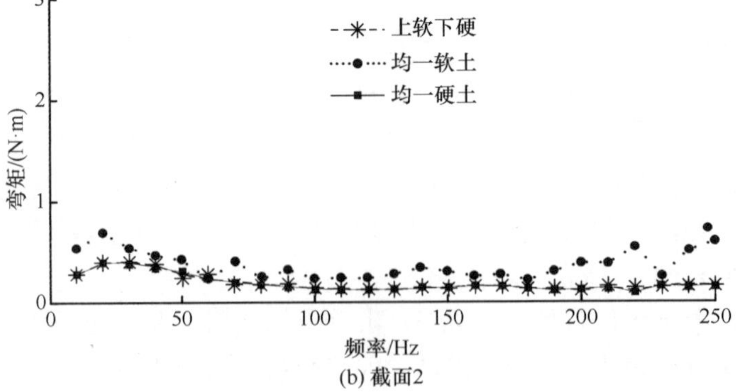

(b) 截面2

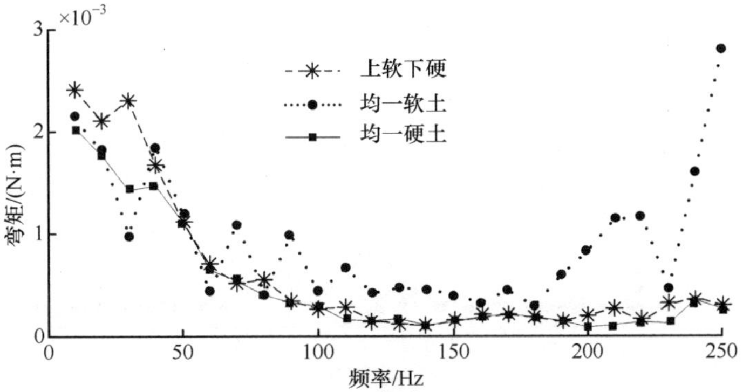

(c) 截面3

图 3-26　不同频率正弦振动荷载下隧道各截面弯矩响应峰值

下的弯矩响应峰值均大于前两者。在距离振源较远的截面 3 处，上软下硬地层和均一硬土地层中隧道结构各频率下的弯矩响应峰值出现差异，主要体现在小于 40Hz 的低频范围，上软下硬地层中隧道结构的弯矩响应峰值大于均一硬土地层中隧道结构的弯矩响应峰值；均一软土地层中隧道结构的弯矩响应峰值随频率波动明显，但整体上大于其他两种地层中隧道结构的弯矩响应峰值。

综合隧道结构弯矩在隧道各截面环向的分布及随频率的变化规律，可以认为上软下硬地层与均一硬土地层中隧道结构的弯矩响应基本一致，仅在距离振源较远的位置有较小的差异；地层条件对隧道结构的弯矩响应有一定影响，隧道结构的弯矩响应随周围地层弹性模量的增大而减小，但主要受隧道下部土体性质的影响，隧道上覆土性质对隧道结构的弯矩响应影响主要体现在距离振源较远、弯矩响应较小的位置。

2. 隧道结构轴力分析

为了分析固定频率正弦振动荷载作用下隧道结构纵向各截面轴力响应在隧道环向的分布情况，与隧道结构弯矩响应处理方式相同，提取了 200Hz 频率的正弦振动荷载作用下隧道结构 3 个截面的轴力响应如图 3-27 所示。

从图 3-27 可以看出，与隧道结构的弯矩响应相似，在振源位置处的截面 1，隧道底部 180°位置轴力集中分布，出现明显峰值；隧道底部沿隧道环向两侧方向上，隧道结构的轴力迅速减小，在隧道顶部 120°范围内轴力几乎都为 0。均一软土地层工况的隧道结构截面 1 轴力整体上略微大于另外两种工况。

隧道结构截面 2 的轴力在隧道结构环向出现多个峰值，在 100°、165°和 230°附近三种地层中的隧道结构出现明显峰值。在截面 2 均一软土地层中，隧道结构的轴力要明显大于上软下硬地层和均一硬土地层中隧道结构的轴力。

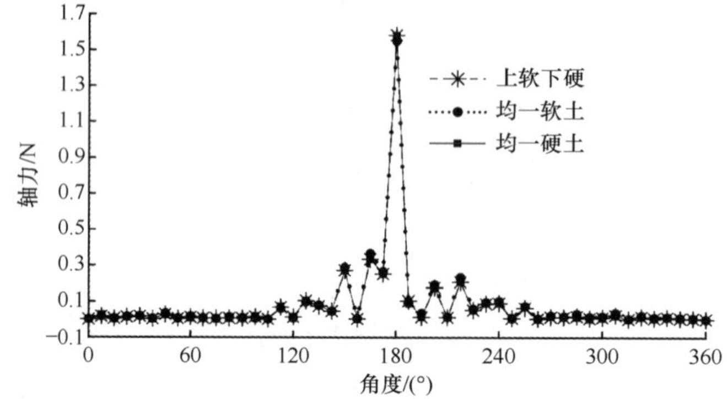

(a) 截面1

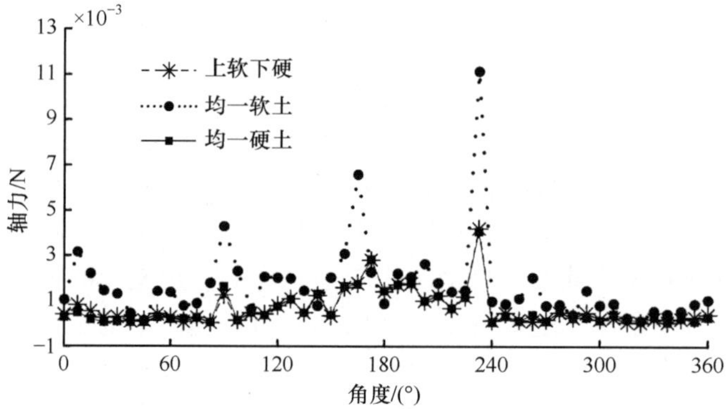

(b) 截面2

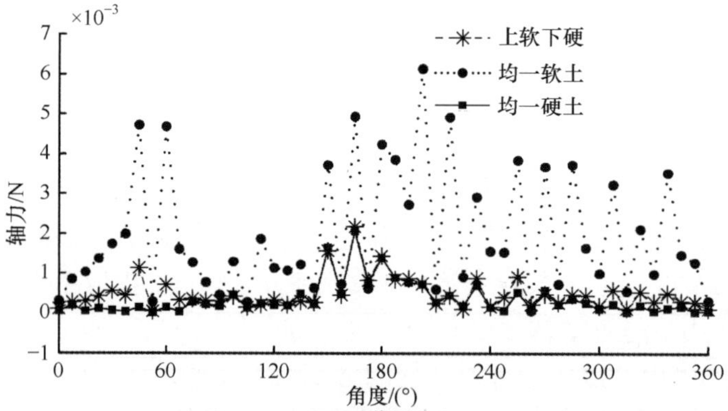

(c) 截面3

图 3-27　典型频率正弦荷载下隧道结构各截面轴力分布(200Hz)

隧道结构截面 3 的轴力在隧道结构环向分布波动强烈，上软下硬地层和均一硬土地层中隧道结构的轴力基本一致，均一软土地层中的隧道结构轴力明显大于前两者。

为了进一步分析上软下硬地层对不同振动荷载频率下隧道结构轴力的影响

规律，提取 10～250Hz 固定频率的正弦振动荷载作用下隧道结构截面 1、截面 2 和截面 3 的轴力响应峰值，如图 3-28 所示。

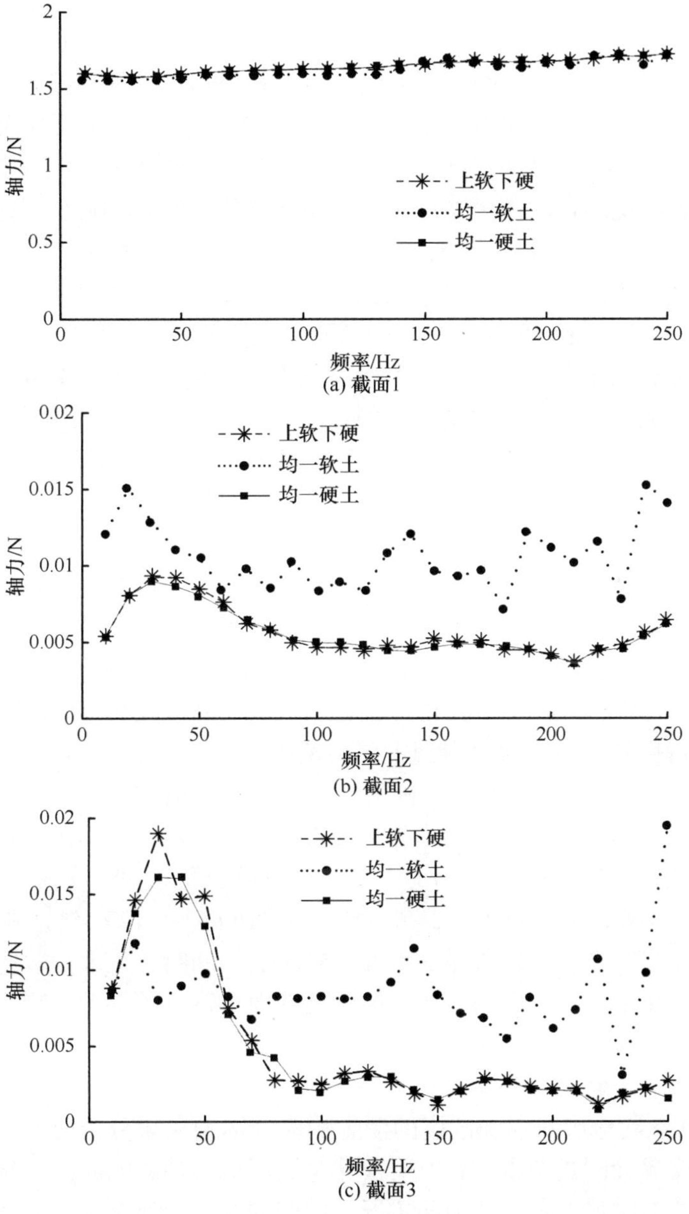

图 3-28　不同频率正弦振动荷载下隧道各截面轴力响应峰值

从图 3-28 中可以看出，三种地层中隧道结构各频率下的轴力响应峰值在截面 1 处基本相同，仅在部分频率下均一软土地层中隧道结构截面 1 的轴力响应峰值略微小于上软下硬地层工况和均一硬土地层工况。上软下硬地层和均一硬土地层中隧道结构截面 2 各频率下的轴力响应峰值基本相同；均一软土地层中隧道结构各频率下截面 2 的轴力响应峰值均大于前两者。上软下硬地层和均一硬土地层中隧道结构截面 3 各频率下的轴力响应峰值出现略微差异，但仍十分接近；均一软土地层中隧道结构截面 3 的轴力响应峰值在 0～60Hz 较低频域内小于其他两种地层中隧道结构的轴力响应峰值，而在大于 60Hz 频域内大于另外两种工况。

综合比较隧道结构弯矩与轴力在隧道各截面环向的分布及随频率的变化规律，可以认为隧道结构的内力响应主要集中在激振荷载作用截面。地层条件对隧道结构的内力响应有一定的影响，但主要受隧道下部土体性质的影响，即上软下硬地层与均一硬土地层中隧道结构的内力响应基本一致。隧道下部土体越软，隧道结构弯矩响应峰值越大，轴力响应峰值越小；但从隧道内力响应环向分布来看，隧道下部土体较软工况的隧道内力响应整体大；三种地层条件下隧道结构内力响应随激振荷载频率变化的规律基本相同。

3.3　本章小结

本章首先设计并开展了室内模型箱试验，研究了盾构隧道分别处于均一软土地层、均一硬土地层和上软下硬地层三种工况下的动力响应特性，探究了上软下硬地层对盾构隧道在列车振动荷载作用下的动力响应的影响。再利用有限差分软件建立模型，对模型试验结果的可靠性进行验证，并补充研究了盾构隧道低频段的动力响应特性与内力响应。得到主要结论如下：

(1) 上软下硬地层中存在的软硬地层交界面对隧道结构的动力响应具有明显的放大效应，并且主要影响到隧道顶部和隧道腰部区域。在荷载作用断面，隧道顶部测点在上软下硬地层中的 PPA 相比均一软土地层和均一硬土地层放大了 110.40%、136.60%，隧道腰部 A2 测点放大了 114.66%、123.35%。隧道底部测点的放大效应明显减弱，仅放大了 3.57%、52.47%。同时，该放大效应还受到频率范围的影响，在中频段范围内，软硬地层交界面对隧道顶部动力响应的放大效果明显，但在高频段(大于 190Hz)范围内，软硬地层交界面对隧道结构动力响应的放大作用减弱甚至转变为削弱作用。

(2) 上软下硬地层对周围地层的动力响应的影响主要分为两方面，在隧道以及软硬地层交界面附近范围内，地层条件对周围地层动力响应的影响以软硬地层交界面的影响为主。上软下硬地层工况下的竖向加速度级最大，均一软土地层工况最小，两者最大差值达到 14.15dB，平均差值为 6.65dB。由于周围地层阻尼的存在，随着振动波在周围地层中传播距离的增大及与软硬地层交界面距离的增大，逐渐转变为以周围地层本身对振动波的衰减作用为主。

(3) 隧道结构内力响应沿隧道纵向传递衰减剧烈，隧道结构内力响应主要集中在激振荷载作用截面。地层条件对隧道结构的内力响应主要受隧道下部土体性质影响，下部土体越软，隧道结构弯矩响应峰值越大，轴力响应峰值越小，上软下硬与均一硬土地层中隧道内力响应无明显差别；但从隧道内力响应环向分布来看，下部土体较软工况的隧道内力响应整体较大；三种地层条件下隧道结构内力响应随荷载频率变化的规律基本相同。

第 4 章　衬砌管片背后空洞对盾构隧道动力响应影响

根据盾构隧道长期运营的经验发现大量的衬砌管片背后存在空洞病害。已有研究表明，空洞会改变管片结构的内力分布状态，诱发隧道结构出现初始损伤，尤其在长期列车振动荷载作用下，损伤可能会进一步演化，从而危及隧道结构的安全运营。本章通过开展室内相似模型试验，采用时域分析和频域分析相结合的方法，研究衬砌管片背后空洞尺寸和位置对隧道结构及周围地层动力响应特性的影响规律；之后通过引入仿真数值分析，进一步对模型试验结果的可靠性进行验证，深入分析衬砌管片背后空洞尺寸及位置对列车振动荷载作用隧道结构内力响应的影响。

4.1　基于模型试验的衬砌管片背后空洞对盾构隧道动力响应的影响研究

4.1.1　室内模型试验设计

本节设计并开展几何相似比为 20 的室内相似模型试验，通过激振器在匀质圆环隧道模型底部中央施加单点振动荷载，并将三种不同尺寸的空洞模型放置在衬砌管片背后不同位置处，从而得到衬砌管片背后空洞的位置及尺寸对列车振动荷载作用下隧道结构及周围地层动力响应特性的影响规律。

1. 模型试验相似比

模型试验的基础相似关系为几何相似、密度相似和弹性模量相似，综合考虑本次模型试验的试验条件，三者相似比(原型：模型)的取值分别为 C_l=20，C_ρ=1，C_E=30。依据 2.1.1 小节推导的相似关系，可推导得到其他物理量的相似比，如表 4-1 所示。

表 4-1　物理力学参数相似比

参数	C_l	C_ρ	C_E	C_a	C_v	C_t	C_ω	C_F
数值	20	1	30	1	3.651	3.651	0.274	8000

2. 模型土体

模型土的选择是室内相似模型试验能否再现原型隧道结构及周围地层动力特性的关键。盾构法多用于软土地层施工，因此原型土体定为软土地层，同时考虑到模型试验操作的简便性，土体按均匀软土地层处理。由于在列车振动荷载作用下隧道周围土体处于小应变状态，因此可假定土体处于线弹性阶段。根据原型和模型之间的密度、弹性模量、泊松比等物理量的相似比以及原型地层各物理量参数可确定出试验土体各物理量的参数。原型和模型土体各物理力学参数如表 4-2 所示。

表 4-2　原型和模型土体物理力学参数

类型	密度/(kg/m^3)	弹性模量/MPa	泊松比
原型	2000	60	0.3
模型	2000	2	0.3

模型土采用粉煤灰、重晶石粉、河砂与机油按照一定比例配制形成。为获得满足试验要求的土体，设计了多组不同配比的土体样本通过全自动三轴仪进行反复试验，最终确定在模型试验中粉煤灰：重晶石粉：河砂：机油按 27：54：12：7(质量比)配比混合模拟地层土体。

3. 管片衬砌模型

原型管片确定为国内常见的预制 C50 混凝土装配式管片，原型和模型管片的物理力学参数如表 4 3 所示。原型管片尺寸同 2.1.1 小节，根据几何相似比及模型箱的尺寸确定模型管片外径为 0.3m，内径为 0.27m，管片厚度为 15mm，管片纵向长度为 0.9m。本章的重点为研究衬砌管片背后空洞对隧道结构及周围地层动力响应的影响，故模型试验采用忽略管片接缝的匀质圆环模型。

表 4-3　原型和模型管片的物理力学参数

类型	密度/(kg/m^3)	弹性模量/GPa	泊松比
相似比(原型：模型)	1：1	30：1	1：1
原型	2400	34.5	0.3
模型	2400	1.15	0.3

基于以往试验，确定按照水：石膏：硅藻土为 9：5：2(质量比)制作模型管片。为真实反映原型管片的配筋状况，采用直径为 1.2mm 的铁丝进行模拟。考

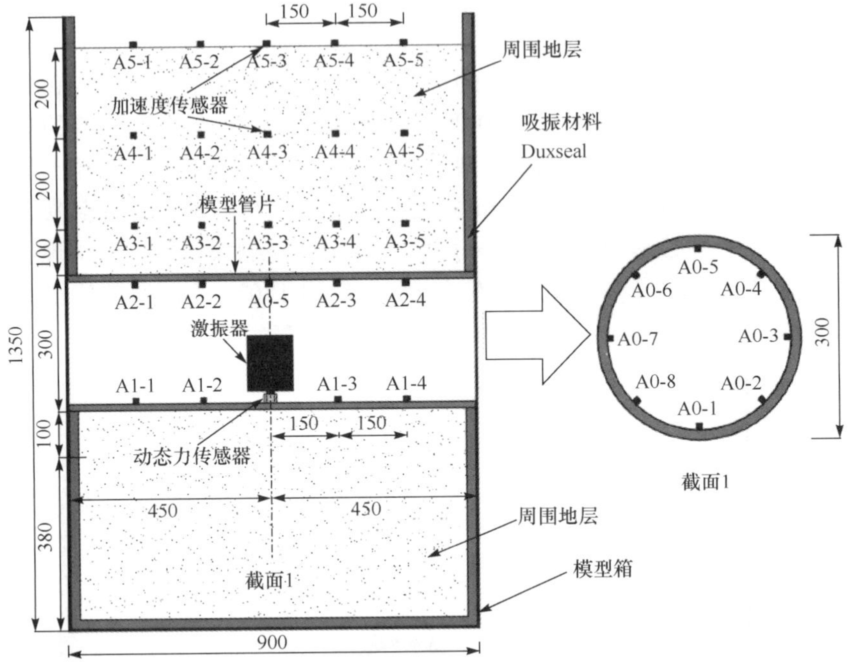

图 4-4　测点布置图(单位：mm)

6. 模型试验方案

(1) 准备试验所需的模型箱、模型隧道、地层土体、空洞模型、荷载加载装置及响应测试装置等。在模型箱内部四周及底部粘贴一层 3cm 厚的吸振材料 Duxseal，以吸收传至边界处的压缩波和剪切波。

(2) 在模型箱底部填土，当填至隧道底部深度时，埋设空洞模型，然后放置隧道模型。采用精确称量、分层压实的方法继续填土至模拟地表标高。当填土到预定高度后，需按测点布置图在土层中埋设加速度传感器。填土工作主要流程如图 4-5 所示。

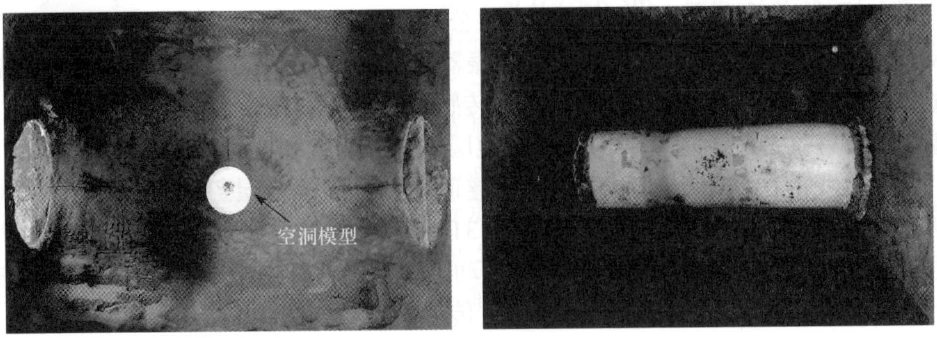

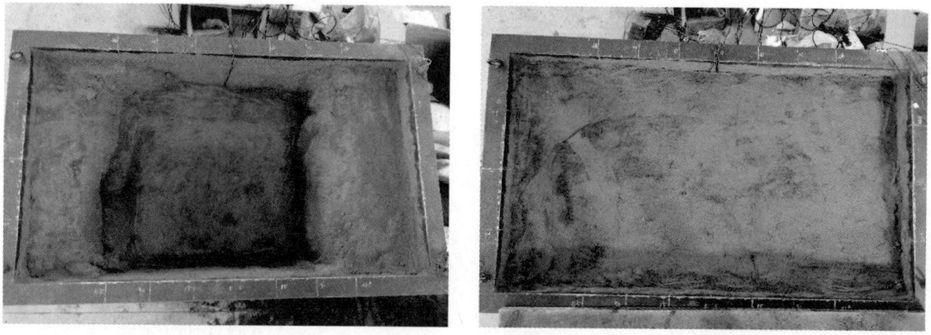

图 4-5　填土工作

(3) 连接好仪器设备的线，打开仪器设备，开展荷载加载及响应测试工作。试验施加的荷载有两种类型：扫频振动荷载和列车振动荷载。扫频振动荷载激振电压为 1000mV，扫频周期为 5s，扫频方向为 0～2000Hz。施加的列车振动荷载为速度 80km/h 的 6 级轨道谱列车振动荷载，测试的时间至少包含三个周期。图 4-6 为施加的两种振动荷载的时程曲线。为了减小环境噪声的干扰，选择晚上的时间段进行加载和测试的工作。

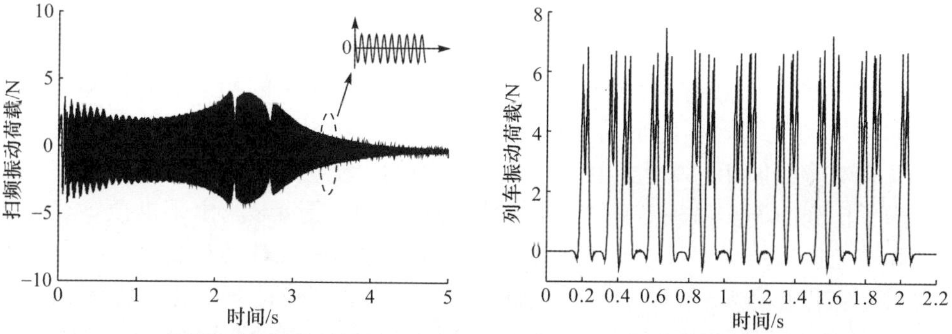

(a) 扫频振动荷载(模型值)　　(b) 列车振动荷载(模型值)

图 4-6　振动荷载

4.1.2　空洞对盾构隧道动力响应影响研究

基于模型试验采集到的隧道结构和周围地层的竖向加速度响应，研究了衬砌管片背后存在空洞时，隧道结构和周围地层的动力响应特性以及竖向加速度响应的衰减规律，重点讨论了衬砌管片背后空洞的尺寸和位置对隧道结构及周围地层动力响应的影响。

1. 试验结果相干性分析

试验结果的相干性表征了动力响应测试结果与施加的振动荷载的相关程度，一般用相干系数进行表示。以衬砌管片背后无空洞工况为例，扫频振动荷载作用下隧道结构及周围地层的竖向加速度级及相应的相干系数如图 4-7 所示。

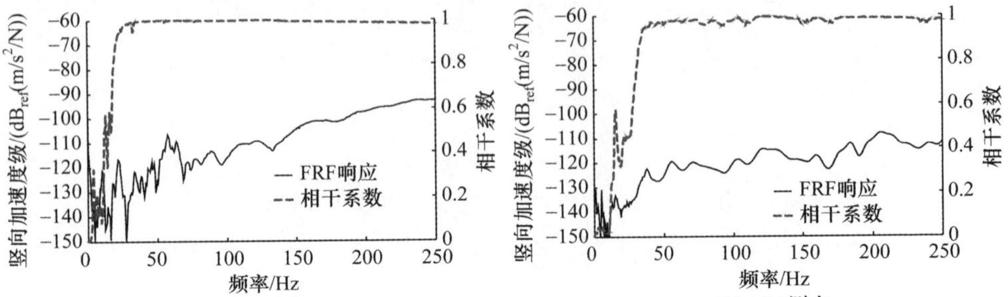

(a) A1-2测点　　(b) A3-3测点

图 4-7　隧道结构及周围地层竖向加速度级及相应的相干系数、FRF 响应

由图 4-7 可知，当频率为 0～40Hz 时，相干系数小于 0.9，并且相干系数和 FRF 响应存在较大的波动性，说明测得的竖向加速度响应与所施加的振动荷载相关程度较小，可能由环境噪声所致。当频率为 40～250Hz 时，相干系数大于 0.9，基本接近 1，说明测试的数据受环境影响很小，测得的竖向加速度响应与所施加的振动荷载相关程度很高，验证了试验结果的可靠性。因此模型试验主要研究频率为 40～250Hz 时的动力响应，对于低频段(0～40Hz)，将在后面采用数值模拟的方法进行补充研究。对比分析隧道结构和周围地层的相干系数可知，当频率为 40～250Hz 时，隧道结构的相干系数明显大于周围地层中的相干系数，说明隧道结构的动力响应结果相比于周围地层更为可靠，这是因为隧道结构距离振源更近，动力响应幅值相对更大，因此受环境噪声的干扰更小。

为了探究空洞实体模型是否对试验结果有影响，图 4-8 给出了拱顶空洞模型试验和数值模拟结果对比图。从图中可以看出，数值模拟和模型试验下隧道结构动力响应结果比较吻合，动力响应差值在 2dB 以内，两种方法获得的结果差异较小，可认为空洞模型对结果影响小，采用空洞模型来进行模型试验获得的结果较为可靠。

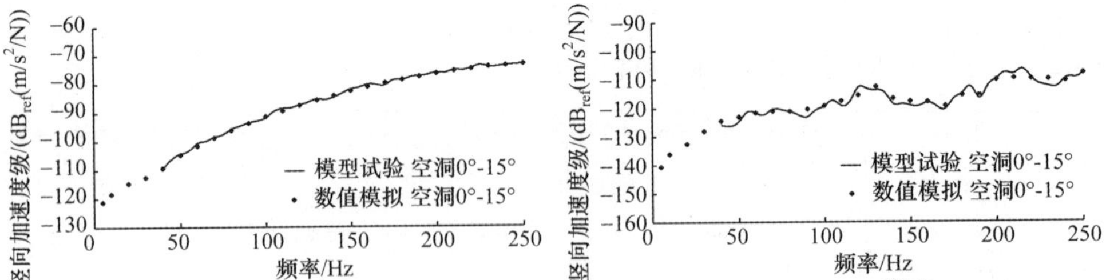

(a) A0-1测点　　(b) A3-3测点

图 4-8　模型试验与数值模拟中空洞模型结果对比

2. 隧道结构动力响应测试结果分析

本小节将从时域和频域两个方面对盾构隧道结构的动力响应特性展开分析，

重点研究衬砌管片背后空洞尺寸和位置对管片结构动力响应特性的影响。

1) 时域内动力响应特性分析

时域分析针对列车振动荷载作用下的动力响应进行。针对无空洞、基底 4cm 空洞、基底 8cm 空洞、基底 12cm 空洞、拱腰 12cm 空洞、拱顶 12cm 空洞等六种工况，绘制列车振动荷载作用下隧道结构不同测点处的竖向加速度时程曲线。由于各工况隧道结构的测点数据较多，此处仅列出距振源最近位置处 A0-1 测点的竖向加速度时程曲线图，如图 4-9 所示。

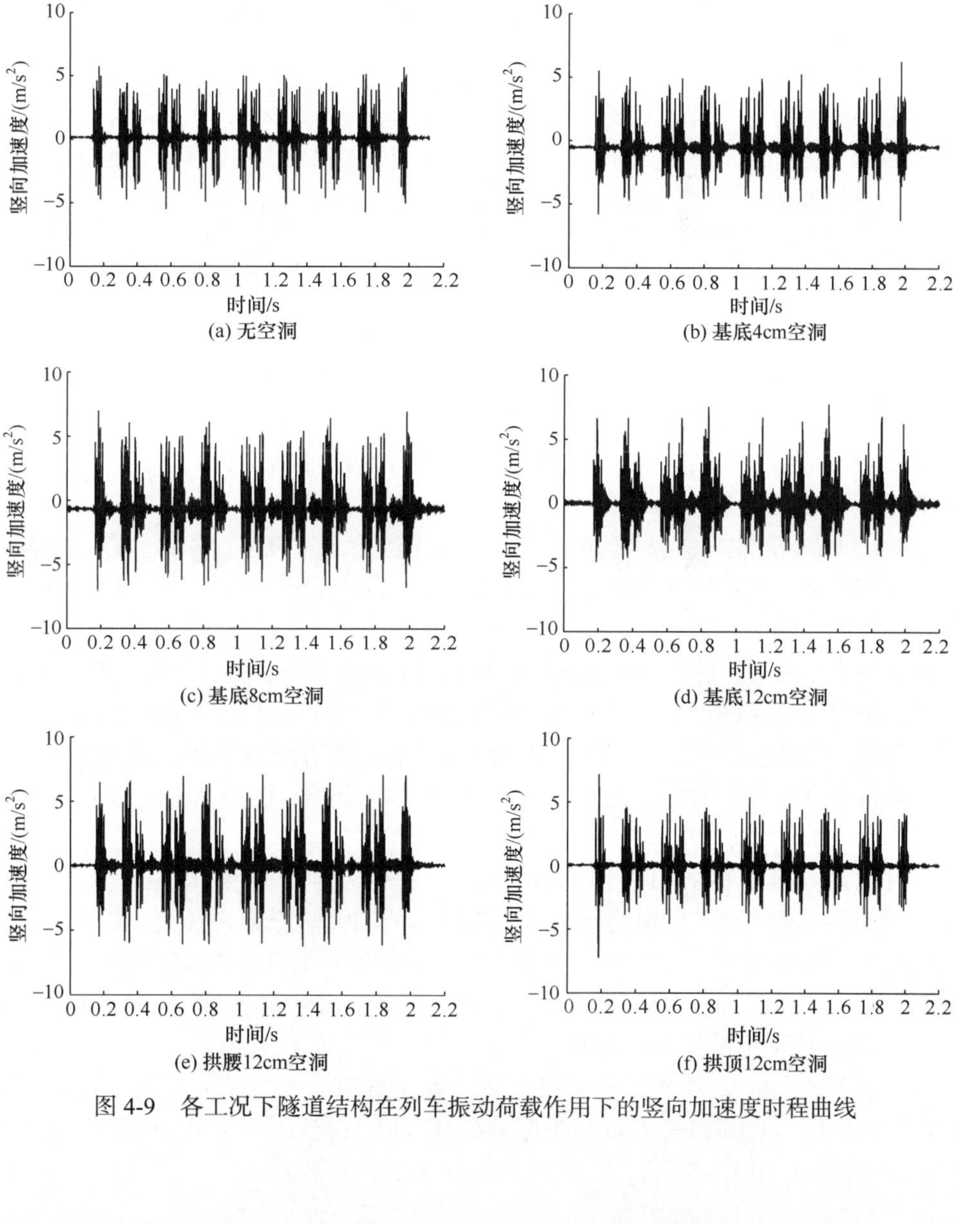

图 4-9　各工况下隧道结构在列车振动荷载作用下的竖向加速度时程曲线

从列车振动荷载作用下隧道结构的竖向加速度时程曲线可以看出清晰的车轮经过的周期效应，当列车振动荷载出现峰值时，隧道结构的响应也相应出现了峰值。同时，可以看出不同测点位置的动力响应幅值差异很大，离振源越远，动力响应越小。为了更清晰地分析衬砌管片背后空洞尺寸及位置对隧道结构动力响应的影响，提取列车振动荷载作用下隧道结构的 PPA 如表 4-5 所示。

表 4-5　列车振动荷载作用下隧道结构的 PPA　(单位：m/s^2)

工况	A0-1	A0-3	A0-5	A2-4
无空洞	5.720	1.206	0.373	0.155
基底 4cm 空洞	6.265	1.297	0.378	0.161
基底 8cm 空洞	6.985	1.323	0.425	0.163
基底 12cm 空洞	7.760	1.540	0.473	0.176
拱腰 12cm 空洞	7.235	2.939	0.631	0.183
拱顶 12cm 空洞	7.1465	2.154	0.952	0.253

从表 4-5 可以看出，在各种工况下，随着测点距振源距离的增加，隧道结构的 PPA 迅速减小。这是由隧道结构的阻尼特性导致的动力响应衰减，并且随着距离的增加，衰减速率也逐渐减小。例如，在无空洞工况下，从 A0-1 至 A0-3，PPA 从 $5.720m/s^2$ 降低至 $1.206m/s^2$，衰减幅度达 78.92%，而从 A0-5 至 A2-4，PPA 从 $0.373m/s^2$ 减小至 $0.155m/s^2$，衰减幅度为 58.45%。

对比无空洞和基底三种不同宽度的空洞工况可知，衬砌管片背后存在空洞时隧道结构的动力响应明显增加，这可能是由振动波传播至空洞边界出现的反射效应导致的动力响应增大，并且衬砌管片背后空洞尺寸越大，结构的动力响应增大幅度也越大。例如，对于基底 4cm、8cm 和 12cm 的空洞，隧道结构 A0-1 测点处的动力响应的增大幅度分别为 9.53%、22.11%和 35.66%(以无空洞时的动力响应为基准)。对比隧道结构不同测点动力响应可知，随着距空洞距离的增加，空洞的影响也逐渐减弱。例如，在基底 12cm 空洞的工况下，测点 A0-1、A0-3、A0-5 和 A2-4 处的动力响应增大的幅度分别为 35.66%、27.69%、26.81%和 13.55%。

对比无空洞和三种不同位置空洞(基底 12cm 空洞、拱腰 12cm 空洞和拱顶 12cm 空洞)工况可知，拱顶的空洞对隧道结构的动力响应影响最大，拱腰次之，基底最小。例如，拱顶、拱腰和基底空洞对其最近测点的动力响应增加幅度分别为 155.23%、143.70%和 35.66%，可发现拱顶空洞对隧道结构动力响应的影响最大。

2) 频域内动力响应特性分析

为了分析衬砌管片背后空洞尺寸及位置对隧道结构在不同频率下的动力响应特性的影响，采用 FRF 处理扫频振动荷载数据，得到不同宽度和不同位置的空洞工况下隧道结构 FRF 响应曲线如图 4-10 和图 4-11 所示。其中空洞 0°-15°、空洞 0°-30°和空洞 0°-45°分别代表宽度为 4cm、8cm 和 12cm(模型值)的拱顶空洞。空洞 0°-45°、空洞 90°-45°和空洞 180°-45°分别代表宽度为 12cm 的拱顶空洞、右侧拱腰空洞和基底空洞。

从图 4-10 和图 4-11 可以看出，隧道结构的动力响应随频率的变化会出现一定的波动性，且距离振源越远，波动性越大，这可能是因为距振源越远，动力响应幅值越小，受环境噪声的影响也就越大。此外，隧道结构的动力响应随频率的增大而增大，且距离振源越远，动力响应增大的幅度越小，如在无空洞工况下，测点 A0-1 和 A2-4 从频率 40Hz 增大到 250Hz 时动力响应增大幅值分别为 35dB 和 16dB，这是因为隧道结构的动力响应随距离的增加在高频区段内衰减得更加明显。

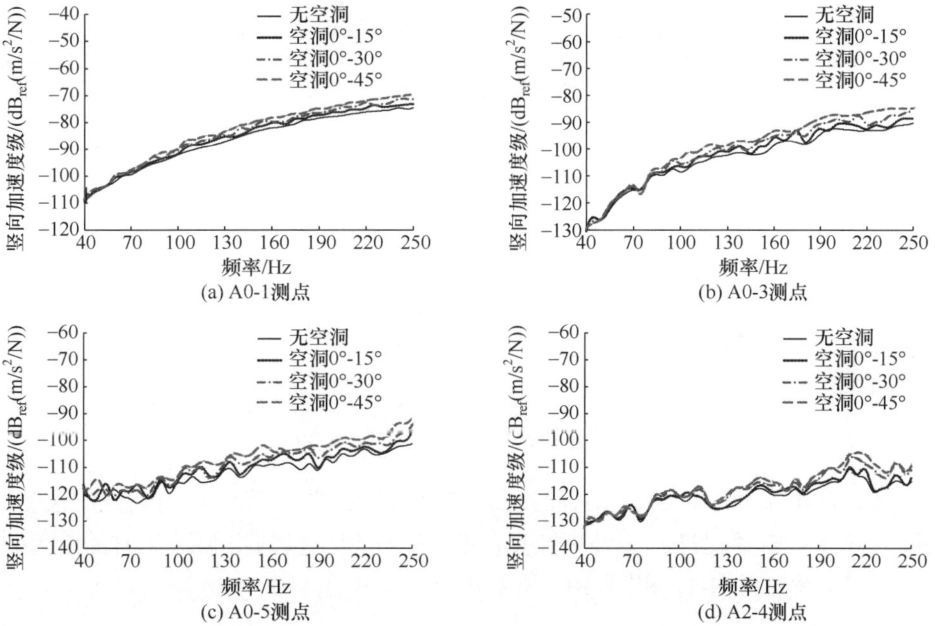

图 4-10　不同宽度的空洞工况下隧道结构 FRF 响应曲线

在 40～90Hz 频率内，空洞的存在对隧道结构动力响应的影响很小，当频率大于 90Hz 时，空洞对隧道结构动力响应的放大效应也逐渐增强。对比无空洞和不同宽度拱顶空洞的工况可知(图 4-10)，随着空洞宽度的增大，隧道结构动力响应的增大幅值也增大。例如，在 90～250Hz，拱顶 4cm 空洞、拱顶 8cm 空洞和拱顶 12cm 空洞工况下测点 A0-5 动力响应的平均增大幅值分别为 1.94dB、3.77dB 和 5.96dB。

对比分析无空洞和不同位置空洞的隧道结构动力响应(图 4-11)可知，拱顶

(A0-5)动力响应受拱顶空洞的影响最大，拱腰次之，基底最小，拱顶 12cm 空洞、拱腰 12cm 空洞和基底 12cm 空洞工况下拱顶(A0-5)动力响应在 90～250Hz 内的平均增大幅值分别为 5.96dB、4.44dB 和 2.60dB，并且拱腰(A0-3)和基底(A0-1)处的动力响应分别受拱腰空洞和基底空洞的影响最大。因此，衬砌管片背后空洞对距其较近测点的动力响应放大效应最为明显，且随着距离的增加，空洞的影响逐渐减小。

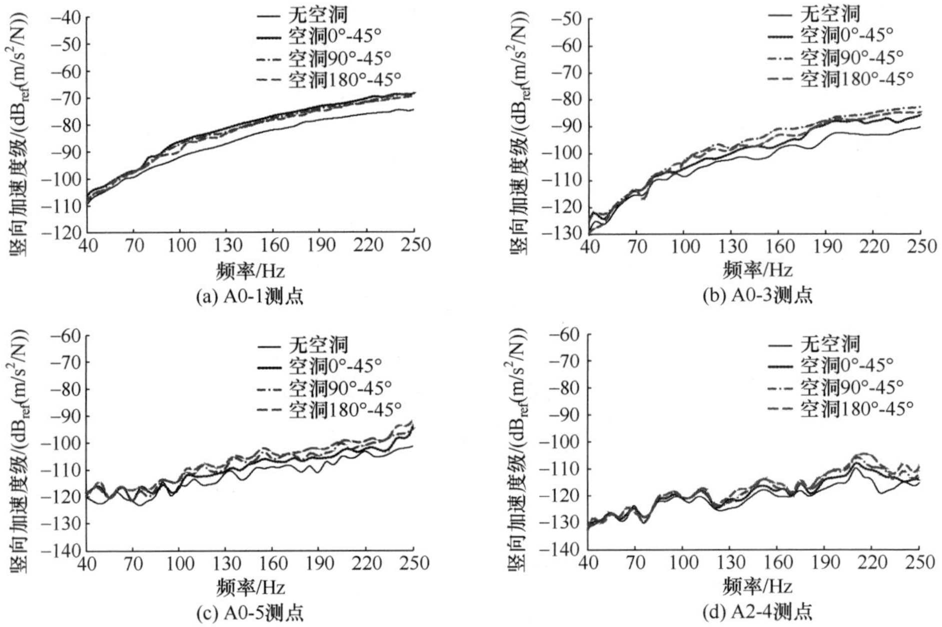

图 4-11　不同位置的空洞工况下隧道结构 FRF 响应曲线

当测点距振源较远时，FRF 曲线的波动性较大，为了降低动力响应的波动性，采用三分之一倍频程进一步处理数据。不同宽度和位置的空洞工况下隧道结构三分之一倍频程如图 4-12 和图 4-13 所示。

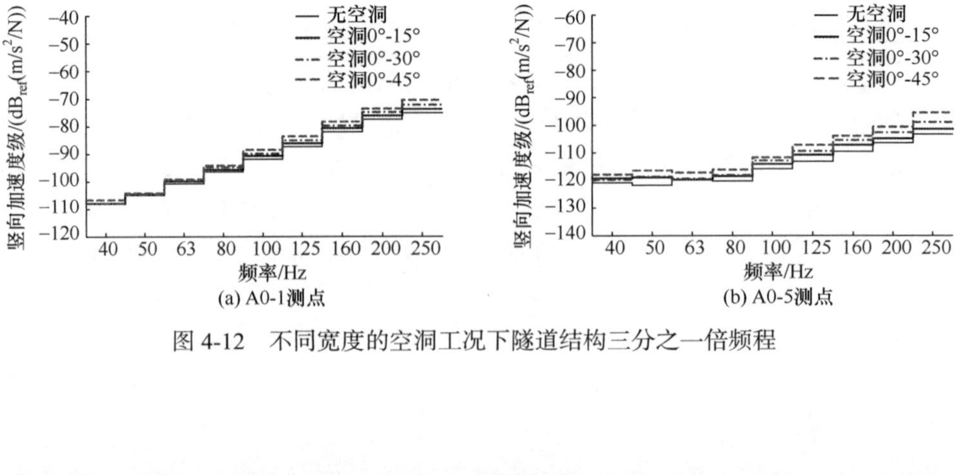

图 4-12　不同宽度的空洞工况下隧道结构三分之一倍频程

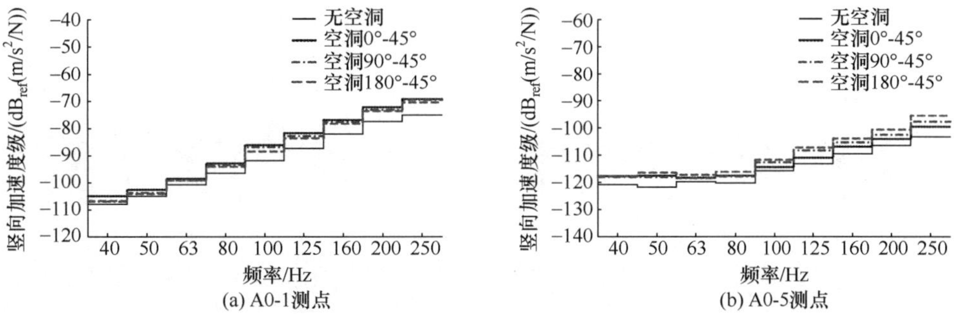

图 4-13　不同位置的空洞工况下隧道结构三分之一倍频程

从三分之一倍频程图可以看出，隧道结构动力响应的波动性大幅降低，响应随频率的增大而增强的规律更加清晰，且更容易看出随着与振源距离的增加，隧道结构动力响应从 40Hz 到 250Hz 增大的幅度逐渐减小。

整体上，在低频段(40～90Hz)，空洞的存在对隧道结构的动力响应无明显影响，而在中高频段(90～250Hz)，空洞对隧道结构动力响应的影响随频率的升高而逐渐增强。随着空洞宽度的增大，隧道结构的动力响应增大幅值也增大，在拱顶处最大增幅可达 7.79dB，说明衬砌管片背后空洞对隧道结构的动力响应有明显的放大效应。

不同位置的空洞对基底动力响应影响很小，而对拱顶动力响应影响较大，拱顶 12cm 空洞、拱腰 12cm 空洞和基底 12cm 空洞使得拱顶(A0-5)动力响应最大增大幅值分别为 7.79dB、5.64dB 和 3.72dB。因此总体而言，拱顶空洞对隧道结构动力响应的影响最大，拱腰空洞次之，基底空洞最小。

4.1.3　空洞对周围地层动力响应影响研究

采用时域分析和频域分析相结合的方法对周围地层动力响应特性进行研究，主要研究内容为衬砌管片背后空洞尺寸和位置对周围地层动力响应特性的影响。

1. 时域内动力响应特性分析

为探究衬砌管片背后空洞尺寸及位置对周围地层动力响应的影响，针对无空洞、基底 4cm 空洞、基底 8cm 空洞、基底 12cm 空洞、拱腰 12cm 空洞、拱顶 12cm 空洞等六种工况，绘制列车振动荷载作用下周围地层典型测点的竖向加速度时程曲线如图 4-14 所示。

从图 4-14 可以看出周围地层在列车振动荷载作用下也出现周期性的峰值，并且周围地层的动力响应明显小于隧道结构的动力响应。为了更清晰地分析衬砌管片背后空洞尺寸及位置对周围地层动力响应的影响，提取列车振动荷载作用下周围地层的 PPA 如表 4-6 所示。

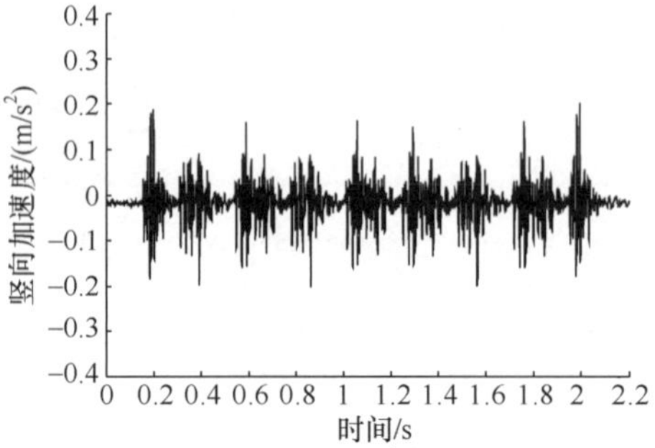

(a) 无空洞

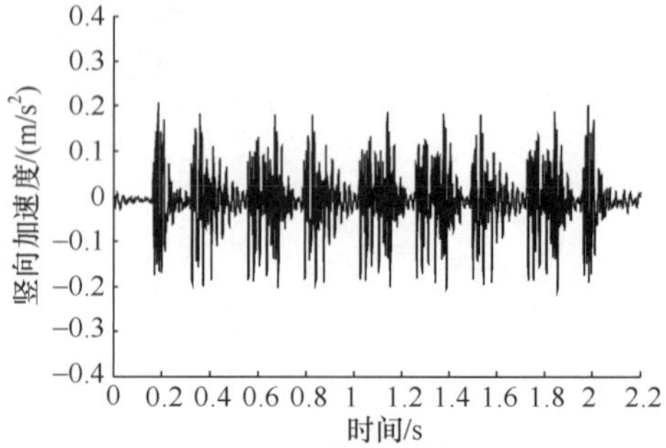

(b) 基底4cm空洞

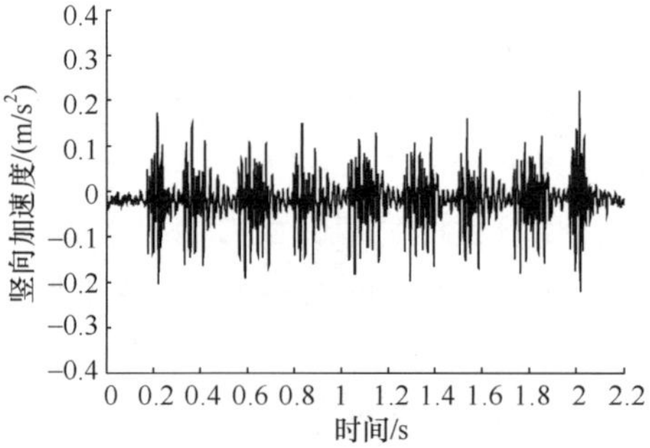

(c) 基底8cm空洞

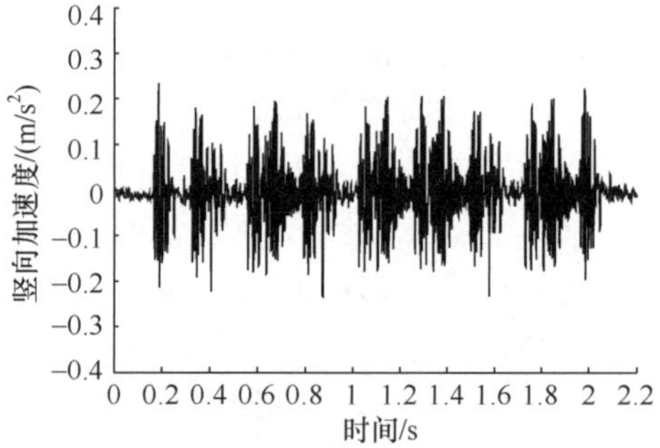

(d) 基底12cm空洞

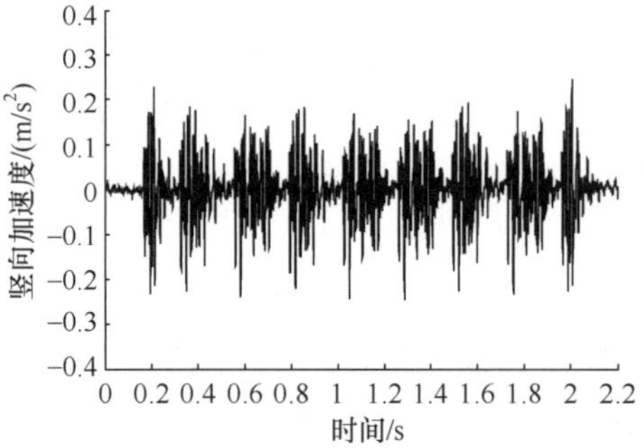

(e) 拱腰12cm空洞

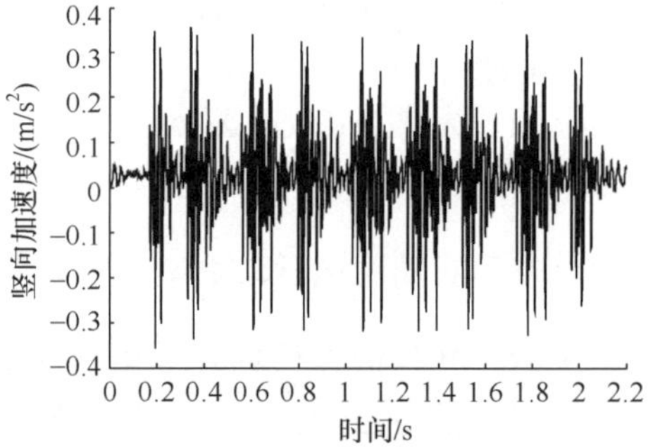

(f) 拱顶12cm空洞

图 4-14　各工况下周围地层在列车振动荷载作用下的动力响应

表 4-6　列车振动荷载作用下周围地层的 PPA　　(单位：m/s^2)

工况	A3-1	A3-3	A4-3	A5-3
无空洞	0.143	0.202	0.165	0.146
基底 4cm 空洞	0.149	0.208	0.168	0.147
基底 8cm 空洞	0.156	0.221	0.169	0.153
基底 12cm 空洞	0.162	0.234	0.178	0.158
拱腰 12cm 空洞	0.175	0.246	0.183	0.168
拱顶 12cm 空洞	0.215	0.357	0.216	0.162

由表 4-6 可知，周围地层的 PPA 随着测点距振源距离的增加而缓慢减小。周围地层中不同测点处的动力响应差异很小，PPA 差值在 0.3m/s^2 以内。

对比无空洞和基底三种宽度的空洞工况可知，衬砌管片背后空洞对周围地层的动力响应影响较小。随着衬砌管片背后空洞宽度的增大，地层动力响应增加幅度也略有增大。例如，对于基底 4cm、8cm 和 12cm 的空洞，地层中 A3-3 测点处的动力响应的增大幅度分别为 2.97%、9.41%和 15.84%(以无空洞时的动力响应为基准)。对比周围地层不同测点动力响应可知，随着距振源距离的增加，空洞的影响也呈减小趋势，例如，在基底 12cm 空洞的工况下，测点 A3-1、A3-3、A4-3 和 A5-3 处的动力响应增大的幅度分别为 13.29%、15.84%、7.88%和 8.22%。

对比无空洞和三种不同位置空洞工况可知，拱顶空洞、拱腰空洞和基底空洞对周围地层动力响应的影响依次减小。例如，拱顶 12cm 空洞、拱腰 12cm 空洞和基底 12cm 空洞对测点 A3-3 的动力响应增大幅度分别为 15.84%、21.78%和 76.73%。由于拱顶空洞对周围地层动力响应的影响最大，因此在接下来的频域分析中针对拱顶空洞工况研究空洞宽度对地层动力响应的影响。

2. 频域内动力响应特性分析

为分析衬砌管片背后空洞尺寸及位置对周围地层在不同频率下的动力响应特性的影响，绘制不同宽度和不同位置的空洞工况下周围地层 FRF 响应曲线如图 4-15 和图 4-16 所示。

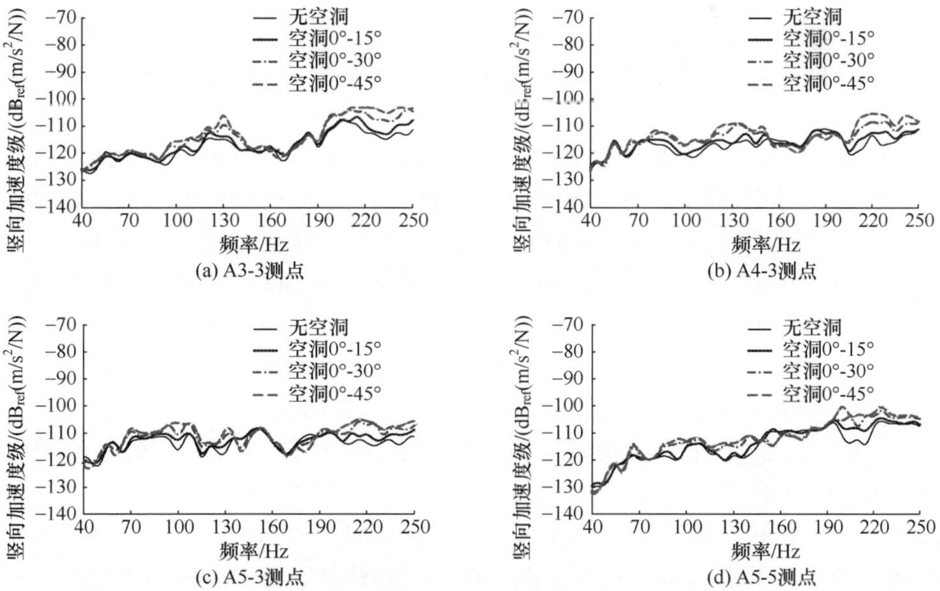

图 4-15　不同宽度的空洞工况下周围地层 FRF 响应曲线

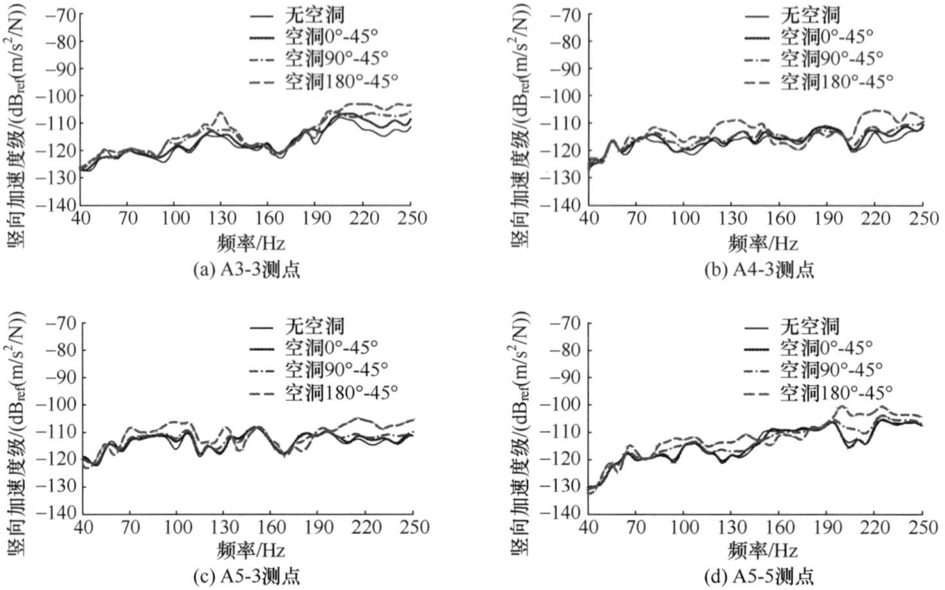

(a) A3-3测点　(b) A4-3测点　(c) A5-3测点　(d) A5-5测点

图 4-16　不同位置的空洞工况下周围地层 FRF 响应曲线

由图 4-15 和图 4-16 可知，周围地层的动力响应随频率的变化会出现较大的波动性，其波动性明显大于隧道结构。这是由于周围地层相比于隧道结构距振源更远，动力响应幅值更小，受环境噪声的影响也就更大。整体而言，隧道周围地层的动力响应随频率的增加而波动性地增大，且距振源距离增加，周围地层动力响应增大幅度略有上升的趋势。例如，在无空洞工况下，测点 A3-3、A4-3、A5-3 和 A5-5 从频率 40Hz 增大到 250Hz 时动力响应增大幅值分别为 14dB、16dB、13dB 和 23dB。

在 40～90Hz 和 150～190Hz 频率内，衬砌管片背后空洞对周围地层动力响应的放大效应并不明显，而当频率为 90～150Hz 以及 190～250Hz 时，空洞的存在能明显增强周围地层的动力响应，并且在高频段的增大幅度大于低频段，如在拱顶 12cm 工况下，A3-3 测点在 90～150Hz 和 190～250Hz 频率内的平均增大幅值分别为 4.51dB 和 6.94dB。随着空洞宽度的增大，周围地层动力响应的增大幅值也增大。例如，拱顶 4cm 空洞、拱顶 8cm 空洞和拱顶 12cm 空洞对周围地层动力响应的平均增大幅值分别为 1.13dB、3.02dB 和 3.89dB。

对比分析无空洞和不同位置空洞的周围地层动力响应可知，拱顶空洞对周围地层动力响应的影响最大，拱腰次之，基底最小。例如，拱顶 12cm 空洞、拱腰 12cm 空洞和基底 12cm 空洞工况下 A3-3 动力响应的平均增大幅值分别为 3.89dB、2.61dB 和 1.32dB。因此，拱顶空洞、拱腰空洞和基底空洞对周围地层动力响应的影响依次减小。

周围地层的 FRF 动力响应曲线波动性很大，因此采用三分之一倍频程进一步处理数据，得到的不同宽度和位置的空洞工况下周围地层三分之一倍频程如图 4-17 和图 4-18 所示。

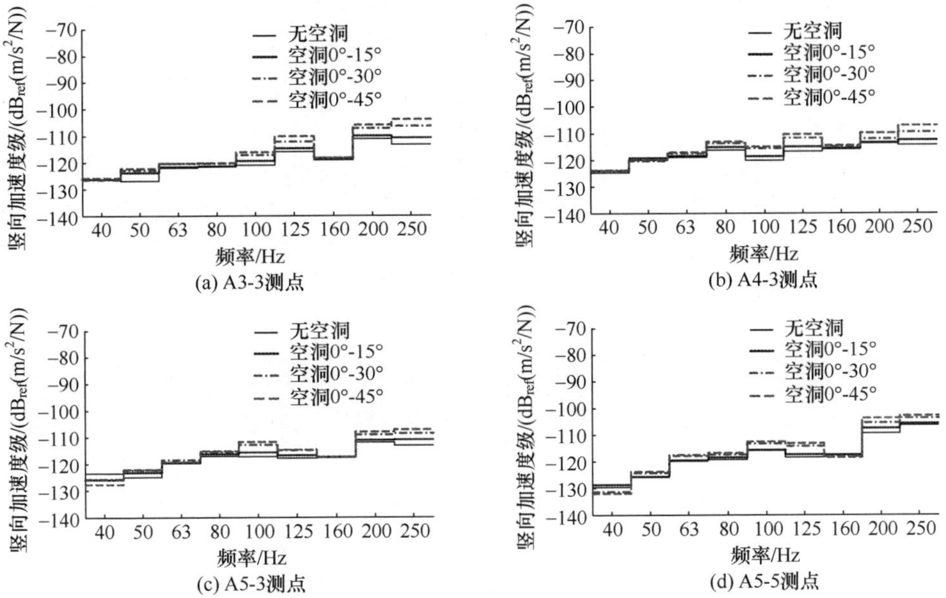

(a) A3-3测点　(b) A4-3测点

(c) A5-3测点　(d) A5-5测点

图 4-17　不同宽度的空洞工况下周围地层三分之一倍频程

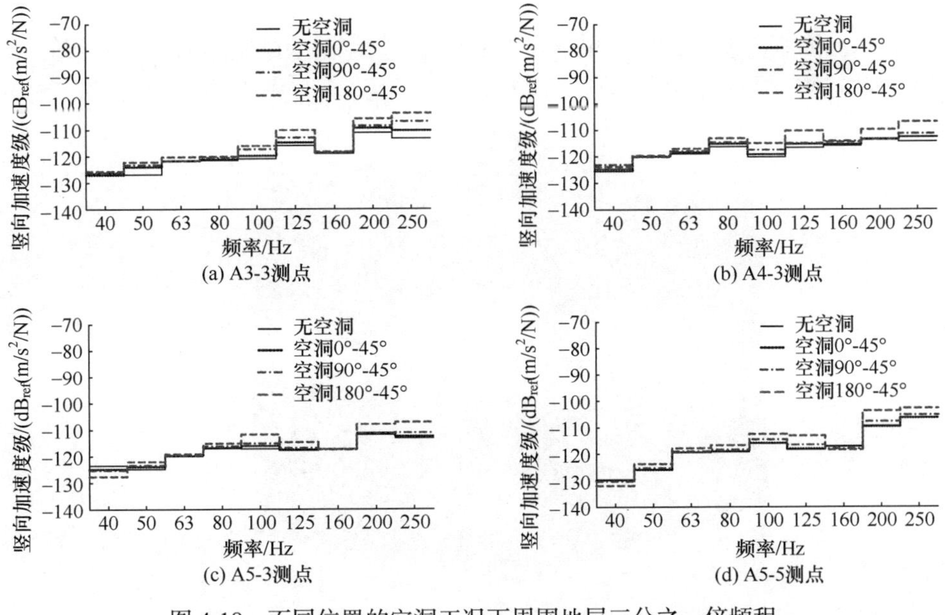

(a) A3-3测点　(b) A4-3测点

(c) A5-3测点　(d) A5-5测点

图 4-18　不同位置的空洞工况下周围地层三分之一倍频程

采用三分之一倍频程方法处理后，周围地层动力响应的波动性大幅降低。整体上，周围地层的动力响应随频率的增大而呈现出增强的趋势，且周围地层中不同测点的增大幅值差异较小。从三分之一倍频程图还可清晰地看出，周围地层中的测点随着距振源距离的增大，空洞对其影响越来越小，如在拱顶 12cm 空洞工况下，与无空洞情况相比，测点 A3-3、A4-3、A5-3 和 A5-5 最大增幅分别为 9.43dB、7.25dB、5.94dB 和 5.71dB。衬砌管片背后空洞宽度越大，周围地层的动力响应放大效应也越明显。

对比分析无空洞和不同位置空洞的周围地层动力响应可知，拱顶空洞、拱腰空洞和基底空洞对周围地层动力响应的影响逐渐减小，如拱顶 12cm 空洞、拱腰 12cm 空洞和基底 12cm 空洞工况下 A3-3 动力响应的最大增幅分别为 9.43dB、6.35dB 和 3.02dB。

4.2 基于数值模拟的衬砌管片背后空洞对盾构隧道动力响应的影响研究

本节在模型试验的基础上，利用有限差分软件进一步对模型试验结果的可靠性进行验证，并主要针对低频段(0～40Hz)的动力响应特性进行研究。同时，采用数值模拟的方法研究衬砌管片背后空洞尺寸及位置对隧道结构内力的影响规律。

4.2.1 数值模型

为了验证室内模型试验结果的可靠性，需建立与模型试验原型尺寸一致的几何尺寸。建立的三维计算模型如图 4-19 所示，长、宽、高分别为 30m、18m 和 25.6m，

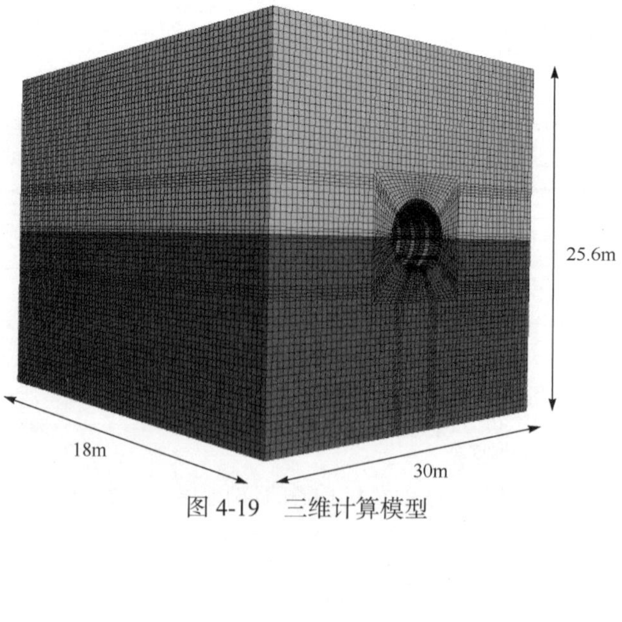

图 4-19 三维计算模型

对应室内模型试验土层长、宽、高分别为 1.5m、0.9m 和 1.28m。根据 2.2 节的内容，数值模型的最大网格尺寸选定为 0.05m。隧道结构外径和内径分别为 6m 和 5.4m，管片厚度为 0.3m。隧道埋深为 10m，下部地层厚度为 9.6m。模型除上边界为自由边界外，其余边界均为静态边界。

数值模型中周围地层和隧道结构的物理力学参数与室内模型试验原型材料参数保持一致，数值模型材料的物理力学参数如表 4-7 所示。

表 4-7　数值模型材料的物理力学参数

类型	密度/(kg/m^3)	弹性模量/MPa	剪切模量/MPa	泊松比
周围地层	2000	60	23.08	0.3
隧道结构	2400	3.45×10^4	1.33×10^4	0.3

在数值模型中施加单点正弦振动荷载，通过提取不同测点的竖向加速度时程，即可获得该点在正弦振动荷载作用下的动力响应。施加的频率范围为 0～250Hz，间隔为 10Hz。振动荷载施加的位置与室内模型试验一致，为隧道结构底部中央。同时为了与模型试验中单位振动荷载作用下的动力响应值进行对比，正弦振动荷载幅值定为 1N。

4.2.2　空洞与测点布置

本节重点针对衬砌管片背后空洞尺寸及位置对盾构隧道结构及周围地层的动力响应进行研究，因此对空洞的模拟很关键。空洞位置为隧道纵向中央截面衬砌管片背后，空洞工况与模型试验原型一致，模拟了三种宽度(0.8m、1.6m 和 2.4m)的半椭球形空洞，分别对应圆心角 15°、30°和 45°，空洞深度均为 1m。数值计算中模拟了三种位置(拱顶、拱腰和基底)的空洞工况，分别对应位置 0°、90°和 180°。图 4-20 为无空洞及不同位置的衬砌管片背后空洞工况。

(a) 无空洞

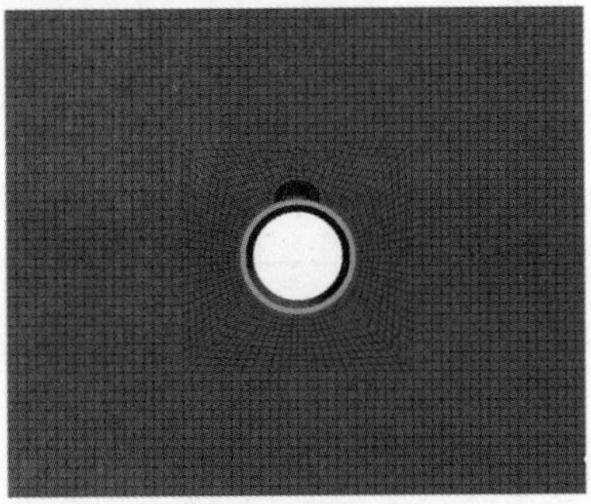

(b) 拱顶2.4m空洞

(c) 拱腰2.4m空洞

(d) 基底2.4m空洞

图 4-20　数值计算中不同位置的衬砌管片背后空洞

在数值模拟中加速度测点布置与室内模型试验一致，如图 4-21 所示。同时为了研究衬砌管片背后空洞对隧道结构内力的影响规律，监测了截面 1、截面 2 和截面 3 三个截面内外侧的应力，以计算截面弯矩和轴力。

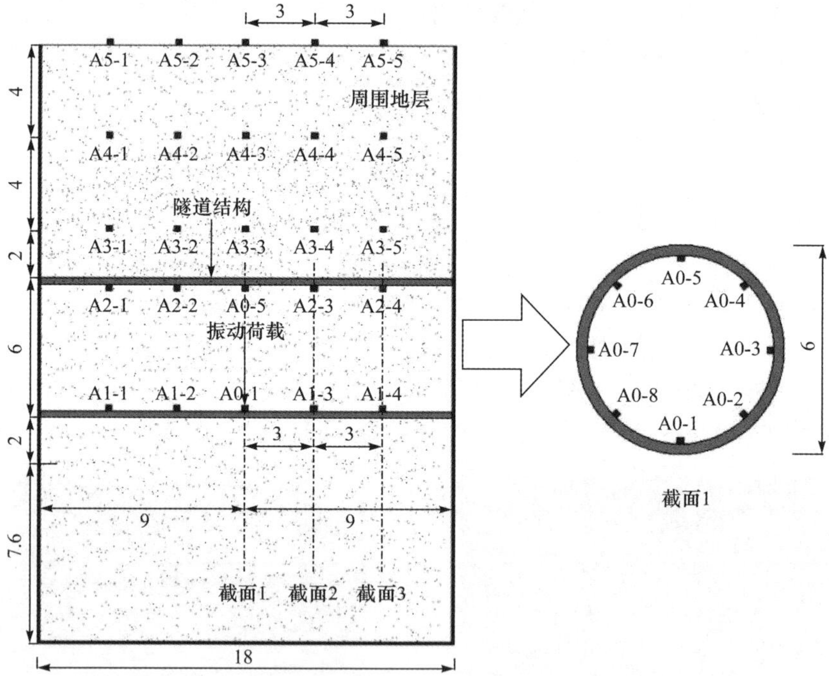

图 4-21　加速度测点及应力监测断面布置图(原型值，单位 m)

4.2.3　隧道结构动力响应对比

为了分析不同频率振动荷载作用下衬砌管片背后空洞尺寸和位置对隧道结

构动力响应的影响，将数值模拟获得的隧道结构动力响应与模型试验结果进行对比，如图 4-22 和图 4-23 所示。其中空洞 0°-15°、空洞 0°-30°和空洞 0°-45°分别代表宽度为 4cm、8cm 和 12cm(模型值)的拱顶空洞。空洞 0°-45°、空洞 90°-45°和空洞 180°-45°分别代表宽度为 12cm(模型值)的拱顶空洞、右侧拱腰空洞和基底空洞。

分析图 4-22 和图 4-23 可知，数值模拟和模型试验下隧道结构动力响应差值

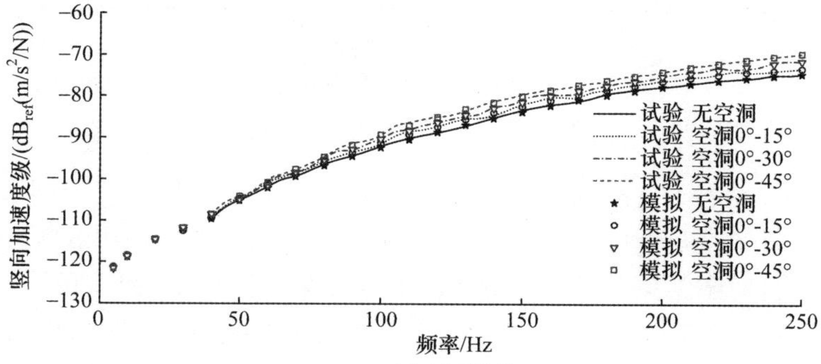

(a) A0-1测点

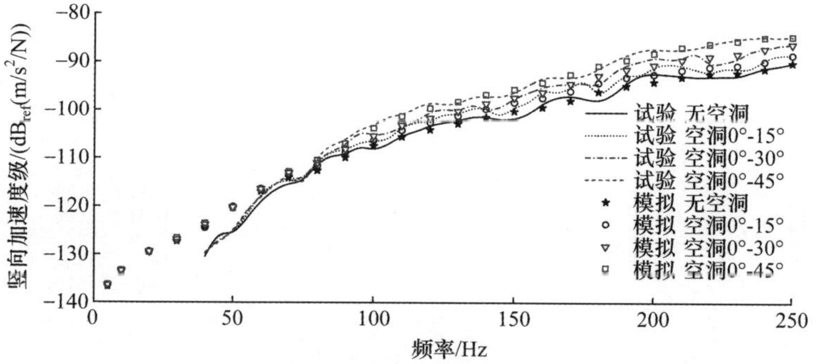

(b) A0-3测点

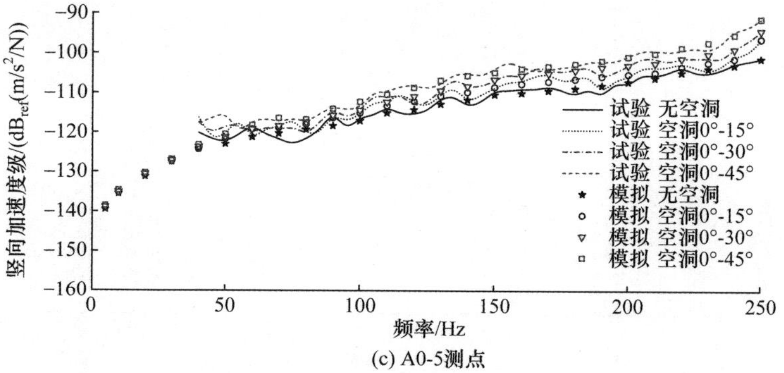

(c) A0-5测点

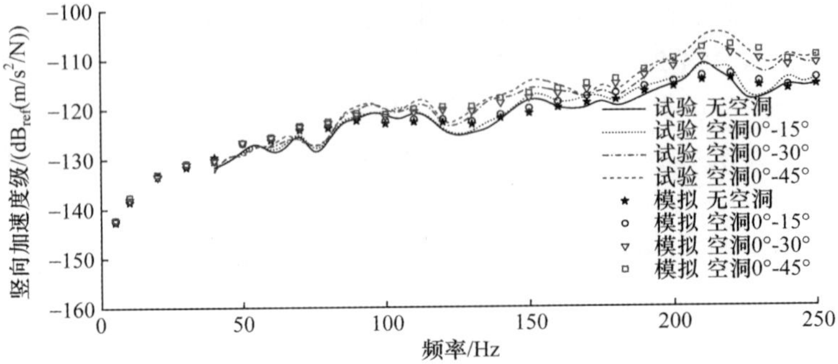

(d) A2-4测点

图 4-22　不同宽度的空洞工况下隧道结构动力响应结果对比

在 4dB 以内，两种方法获得的结果差异较小，因此可认为两种方法均较为可靠。进一步分析可知，高频(100～250Hz)时两种方法的结果差值相比低频(40～100Hz)时更小，并且对于距振源较近的测点(A0-1)，两种方法的结果差值明显小于较远的测点(A0-3、A0-5 和 A2-4)。这可能是由于对于低频荷载和距振源较远的测点，模型试验结果更易受到环境噪声的干扰。

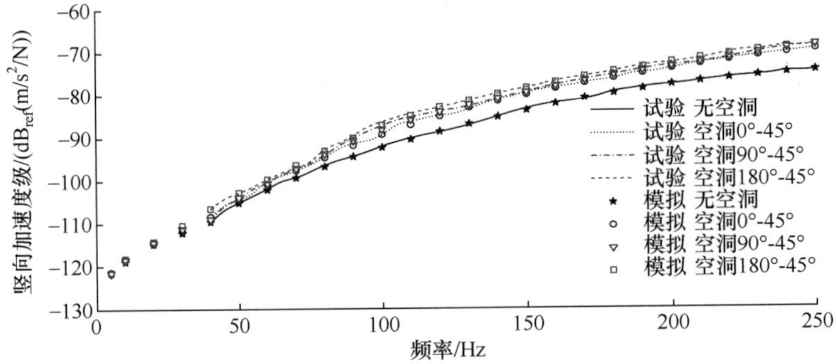

(a) A0-1测点

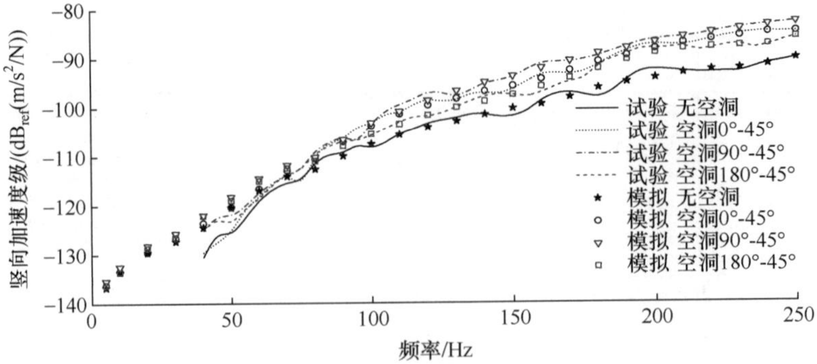

(b) A0-3测点

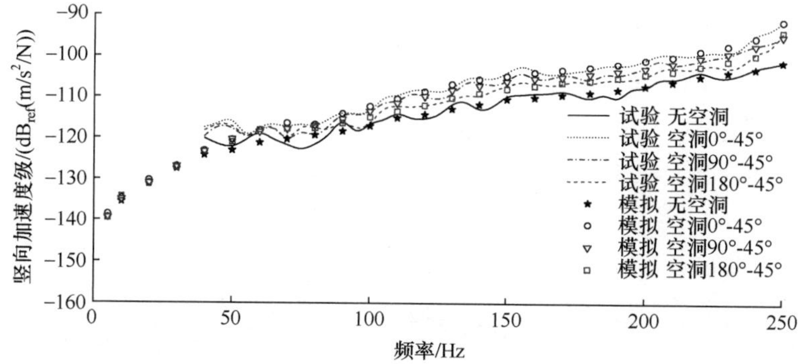

(c) A0-5测点

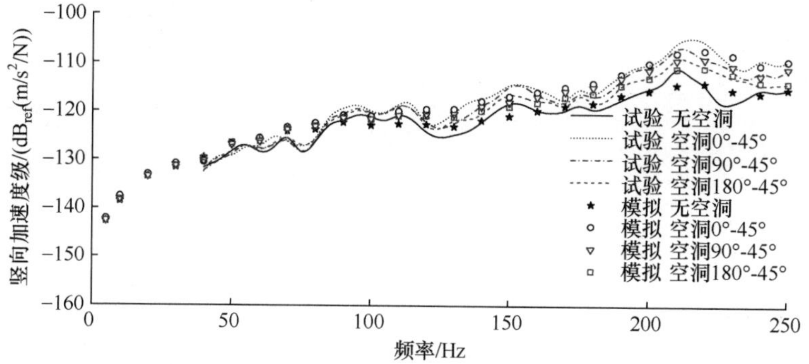

(d) A2-4测点

图 4-23　不同位置的空洞工况下隧道结构动力响应结果对比

分析数值模拟结果可知，在 0～250Hz 范围内，隧道结构的动力响应整体随频率的增大而增加，其中在 0～60Hz 内动力响应增长迅速，在 60～250Hz 内增速逐渐放缓。随着距振源距离的增加，隧道结构的动力响应逐渐衰减，并且在高频段衰减现象更加明显。

在 0～90Hz 内，衬砌管片背后空洞对隧道结构的动力响应几乎无影响，差值不超过 2dB。当频率大于 90Hz 时，随着频率的升高，空洞对隧道结构动力响应的放大效应也逐渐增强，最大可达 10dB。对于隧道拱顶背后不同尺寸的空洞，随着空洞宽度的增大，隧道结构动力响应增大幅值增大，空洞的放大效应更明显。例如，在 90～250Hz 内，对于宽度分别为 15°、30°和 45°(空洞对应的圆心角)的拱顶空洞，测点 A0-1 动力响应的平均增大幅值分别为 1.29dB、2.43dB 和 3.82dB。

对比不同位置空洞工况下隧道结构动力响应增大幅值可知，拱顶(A0-5)、拱腰(A0-3)及基底(A0-1)分别受拱顶空洞、拱腰空洞及基底空洞的影响最大，最大增幅分别为 5.97dB、8.11dB 和 10.01dB。因此，衬砌管片背后空洞对距其较近测点的动力响应增幅最大，并且随着距离的增加，空洞的放大效应逐渐衰减。

4.2.4 周围地层动力响应对比

为了分析不同频率振动荷载作用下衬砌管片背后空洞尺寸和位置对周围地层动力响应的影响，将数值模拟获得的周围地层动力响应与模型试验结果进行对比，如图 4-24 和图 4-25 所示。

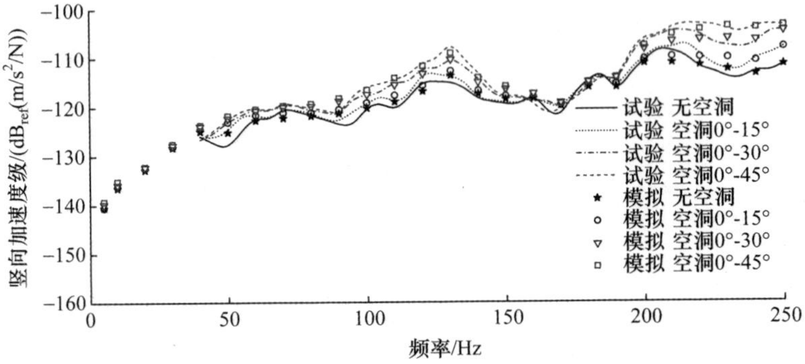

(a) A3-3测点

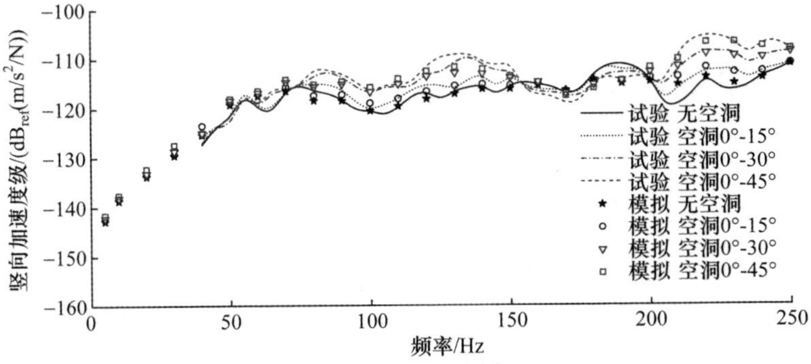

(b) A4-3测点

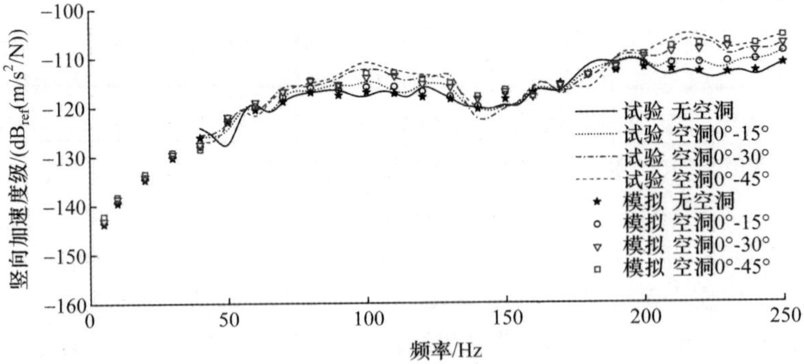

(c) A5-3测点

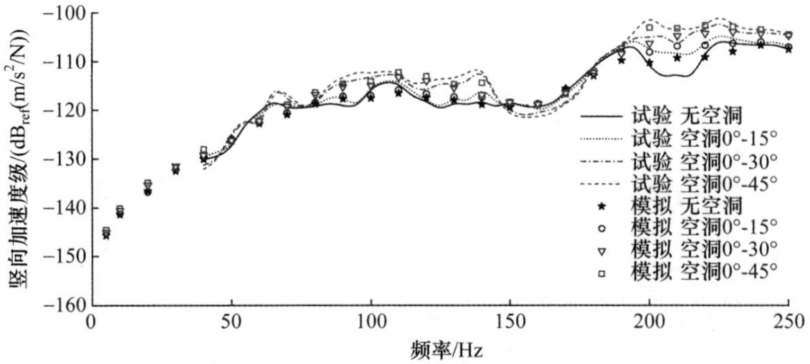

(d) A5-5测点

图 4-24　不同宽度的空洞工况下周围地层动力响应结果对比

分析图 4-24 和图 4-25，数值模拟和模型试验两种方法下周围地层的动力响应差值在 4dB 以内，这进一步验证了两种方法的可靠性，并且随着与振源距离的增加，两种方法下地层动力响应的差值明显增大。

周围地层的动力响应随频率的升高而波动性地增大，其波动性明显大于隧道结构。这是由于周围地层相比隧道结构距振源更远，更易受环境噪声的影响。在

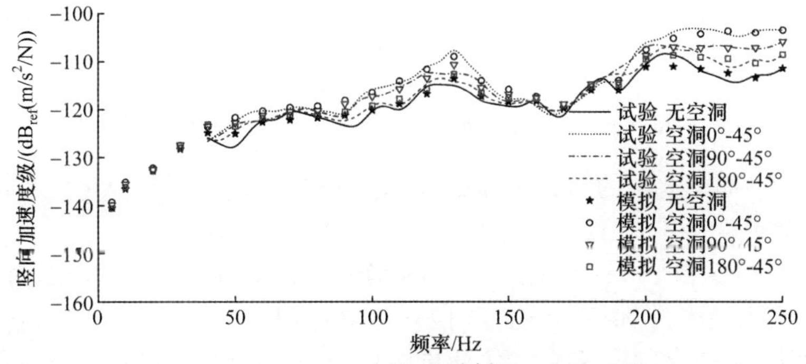

(a) A3-3测点

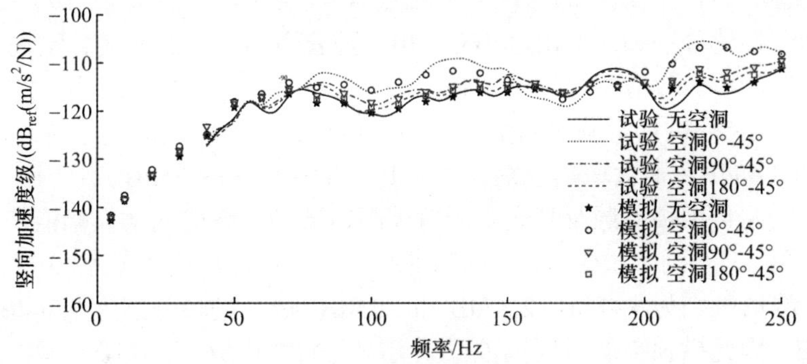

(b) A4-3测点

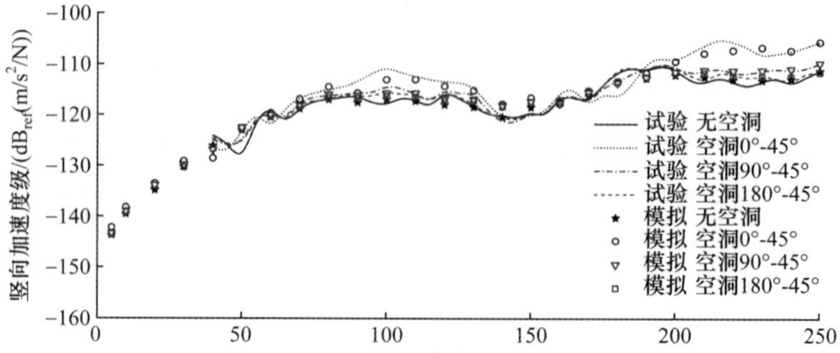

(c) A5-3测点

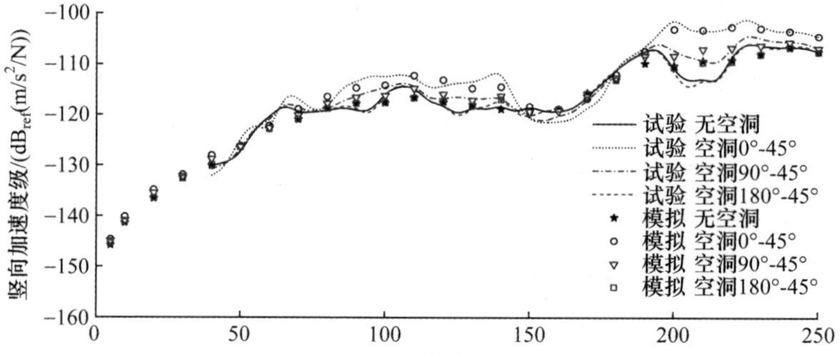

(d) A5-5测点

图 4-25　不同位置的空洞工况下周围地层动力响应结果对比

0～60Hz 内，周围地层的动力响应随频率的升高而迅速增大，在 60～250Hz 内增速明显放缓。

在 0～90Hz 和 150～190Hz 内，衬砌管片背后空洞对周围地层动力响应的影响较小，而当频率为 90～150Hz 和 190～250Hz 时，空洞的存在能明显增大周围地层的动力响应。在高频段的增大幅度明显大于低频段，例如，在宽度为 45°(空洞对应的圆心角)的拱顶空洞工况下，测点 A3-3 在 90～150Hz 和 190～250Hz 内的平均增大幅值分别为 3.91dB 和 6.41dB。随着空洞宽度的增大，空洞对周围地层动力响应的放大效应明显逐渐增强。例如，在频率 0～250Hz 内，宽度分别为 15°、30°和 45°的拱顶空洞对周围地层动力响应的平均增大幅值分别为 1.04dB、2.70dB 和 3.48dB，最大增幅分别为 3.54dB、6.94dB 和 9.36dB。

拱顶空洞、拱腰空洞及基底空洞对周围地层动力响应的增大幅值依次减小。例如，拱顶 45°空洞、拱腰 45°空洞和基底 45°空洞工况下测点 A3-3 动力响应的平均增大幅值分别为 3.48dB、2.37dB 和 1.22dB，最大增幅分别为 9.36dB、6.24dB 和 3.05dB。因此拱顶空洞对周围地层动力响应的影响最大，拱腰空洞次之，基底空洞最小。

4.2.5　隧道结构内力分析

根据上述数值模拟和模型试验下隧道结构及周围地层动力响应的对比结果可知，两种方法的结果可靠性较高。为进一步探究衬砌管片背后空洞尺寸及位置对隧道结构内力的影响规律，提取隧道结构截面 1、截面 2 和截面 3 内外侧单元的正应力及切应力，计算截面各角度处的弯矩和轴力值。

1. 隧道结构弯矩分析

首先为了分析不同固定正弦频率荷载下隧道横截面在不同角度处的弯矩响应，同时考虑衬砌管片背后空洞尺寸及位置的影响，计算了 200Hz 正弦频率荷载作用下不同工况的隧道截面 1 在不同角度处的弯矩响应如图 4-26 所示。由图可知，随着角度从 0°增大至 180°，截面 1 的弯矩响应波动性地增大，在隧道拱底处达到最大值，其原因为振源位于隧道底部中央位置。无空洞工况下弯矩响应关于拱顶和拱底对称分布，出现 7 个极值点。

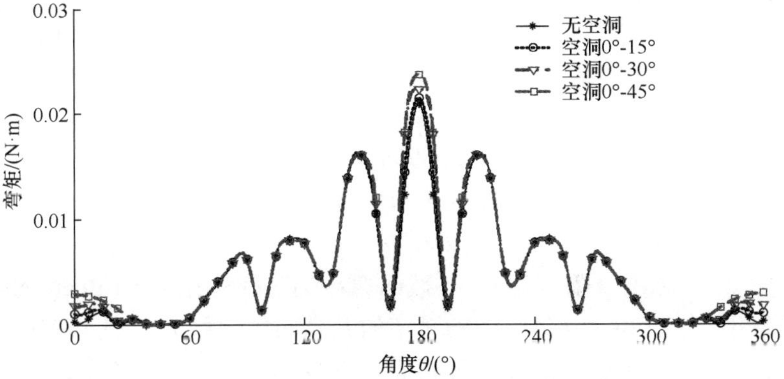

(a) 不同尺寸的空洞工况下隧道截面1弯矩响应

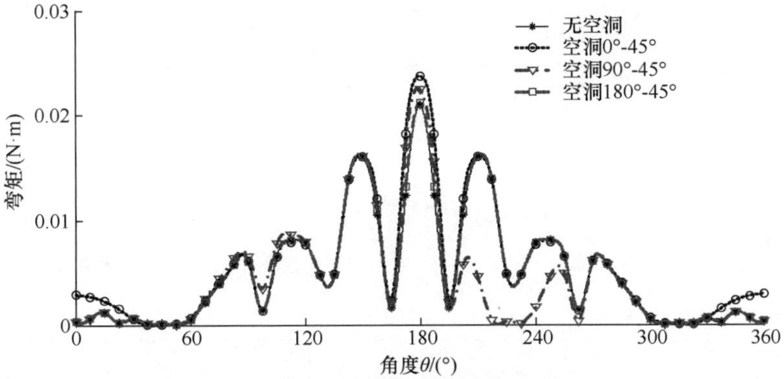

(b) 不同位置的空洞工况下隧道截面1弯矩响应

图 4-26　200Hz 正弦频率荷载作用下隧道弯矩响应

对于拱顶不同宽度的空洞工况，弯矩响应均关于拱顶和拱底对称分布。在角度0°～30°内，拱顶空洞的存在会明显增大弯矩响应，并且拱顶空洞宽度越大，空洞的影响范围越大，弯矩响应的放大效应也越明显。例如，在 200Hz 正弦频率荷载作用下，对于宽度分别为 15°、30°和 45°的拱顶空洞，在拱顶附近弯矩响应的最大增幅分别为 7.55×10^{-4}N · m、1.52×10^{-3}N · m 和 2.63×10^{-3}N · m。在角度 30°～150°内，拱顶空洞对弯矩响应无明显影响。在角度 150°～180°内，拱顶空洞会明显增大弯矩响应，且随着拱顶空洞宽度的增大，弯矩响应的放大效应更明显。

拱顶空洞和基底空洞工况下弯矩响应均关于拱顶和拱底对称分布，而拱腰空洞会明显改变弯矩响应的对称分布状态。从图 4-26(a)可以看出，相比于无空洞的弯矩响应，拱顶空洞工况下在 0°～30°、150°～210°和 330°～360°内弯矩响应有所增大。从图 4-26(b)可以看出，相比于无空洞的弯矩响应，拱腰空洞工况(空洞90°-45°)下在 60°～120°和 150°～195°内弯矩响应有所增大，并且在 195°～255°内弯矩响应大幅度减小。基底空洞只在 150°～210°内增大弯矩响应。对比三种位置的空洞工况下隧道拱底弯矩响应可知，拱顶空洞、拱腰空洞和基底空洞对弯矩响应的放大效应依次减小，例如，在 200Hz 正弦频率荷载作用下，拱顶空洞、拱腰空洞和基底空洞在隧道拱底处弯矩响应的最大增幅分别为 5.88×10^{-3}N · m、4.59×10^{-3}N · m 和 8.33×10^{-4}N · m。

为了更进一步分析空洞尺寸和位置对不同振动荷载频率下弯矩响应峰值的影响规律，提取不同固定频率的正弦振动荷载作用下隧道截面 1、截面 2 和截面 3 的弯矩响应峰值如图 4-27 和图 4-28 所示。

分析图 4-27 和图 4-28 可知，各截面弯矩响应峰值在 0～130Hz 内随频率的变化波动较小，在 130～160Hz 内随频率的升高而快速增大，在 160Hz 处达到峰值，然后在 160～200Hz 内随频率升高而迅速减小，在 200～250Hz 内平稳波动。进一步分析可知，随着截面与振源距离的增大，隧道结构的弯矩响应呈现出衰减

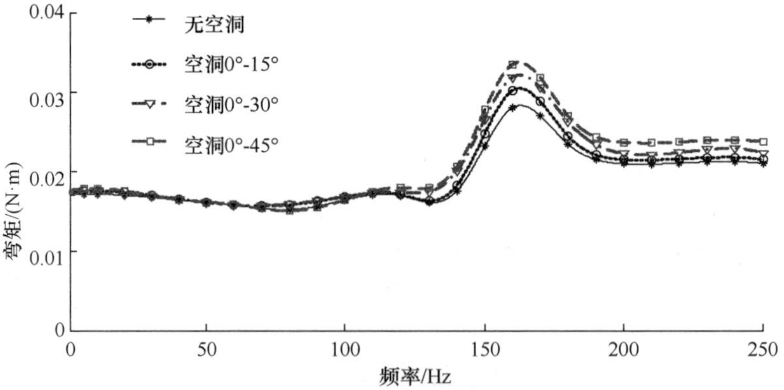

(a) 隧道截面1弯矩响应峰值

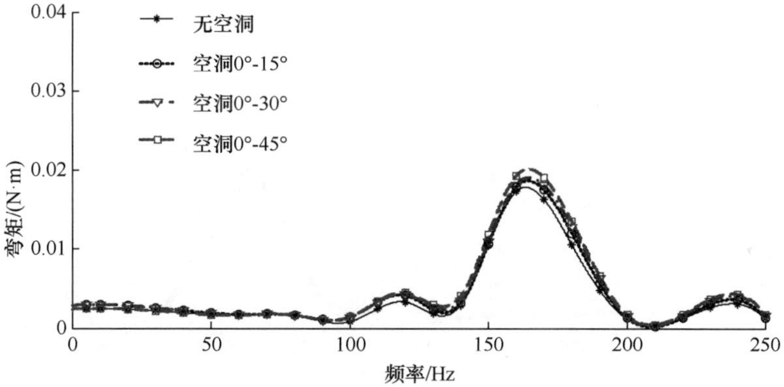

(b) 隧道截面2弯矩响应峰值

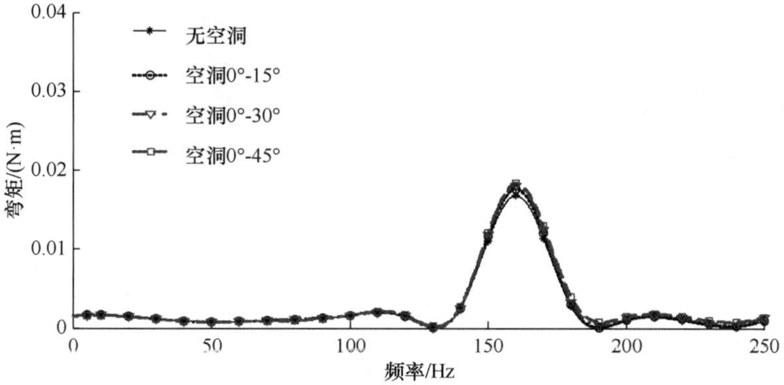

(c) 隧道截面3弯矩响应峰值

图 4-27　不同尺寸的空洞工况下弯矩响应峰值

的趋势，如无空洞工况下，截面 1、截面 2 和截面 3 在 0～250Hz 内的平均弯矩响应峰值分别为 1.88×10^{-2}N · m、4.40×10^{-3}N · m、2.20×10^{-3}N · m。

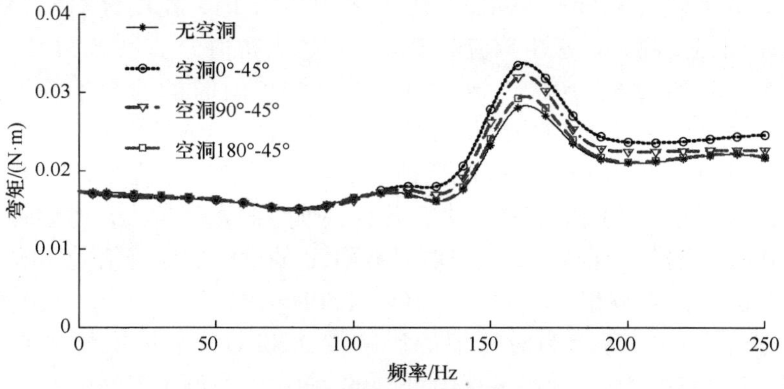

(a) 隧道截面1弯矩响应峰值

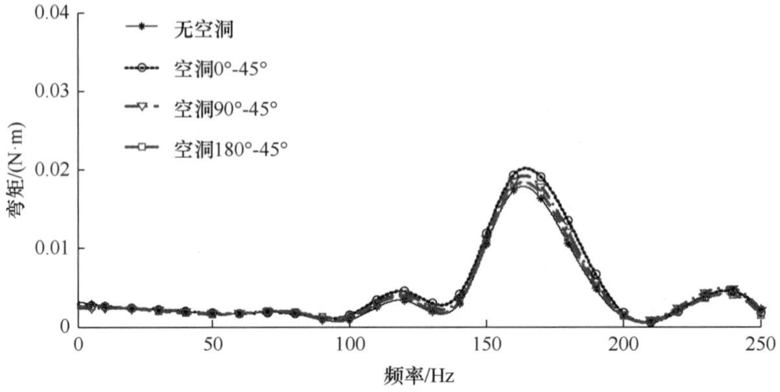

(b) 隧道截面2弯矩响应峰值

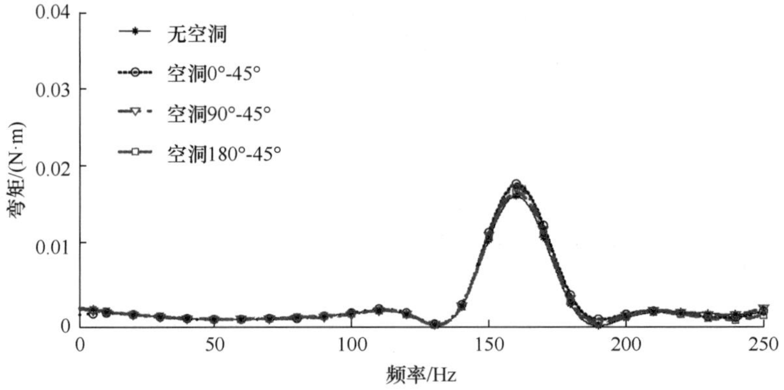

(c) 隧道截面3弯矩响应峰值

图 4-28 不同位置的空洞工况下弯矩响应峰值

在截面 1 处，0～100Hz 内拱顶空洞对弯矩响应峰值的影响均较小，而在 100～250Hz 内，拱顶空洞能明显增大隧道结构的弯矩响应峰值，并且随着拱顶空洞宽度的增大，放大效应更明显。例如，在 100～250Hz 内，宽度分别为 15°、30°和 45°的拱顶空洞对截面 1 弯矩响应峰值的平均增大幅值分别为 8.24×10^{-4}N · m、1.88×10^{-3}N · m 和 2.61×10^{-3}N · m，相比无空洞工况时的弯矩响应峰值(1.88×10^{-2}N · m)，截面 1 的弯矩响应峰值分别增大了 4.4%、10%和 13.9%。对于截面 2 和截面 3，由于距振源较远，因此拱顶空洞对弯矩响应峰值的影响很小，仅在 160Hz 附近对弯矩响应峰值有所增大，并且拱顶空洞宽度越大，增幅越大。

0～100Hz 内拱腰空洞和基底空洞对截面 1 的弯矩响应峰值的影响也较小，在 100～250Hz 内影响相对较大。在 100～250Hz 内，拱顶空洞、拱腰空洞和基底空洞对截面 1 的弯矩响应峰值的影响依次减小，平均增幅分别为 2.61×10^{-3}N · m、1.51×10^{-3}N · m 和 3.69×10^{-4}N · m，相比无空洞工况时的弯矩响应峰值(1.88×10^{-2}N · m)，截面 1 的弯矩响应峰值分别增大了 13.9%、8.03%和 2.0%。

2. 隧道结构轴力分析

为了分析不同固定正弦频率荷载下隧道横截面在不同角度处的轴力响应，同时考虑衬砌管片背后空洞尺寸及位置的影响，计算了 200Hz 正弦频率荷载作用下各工况的隧道截面 1 在不同角度处的轴力响应如图 4-29 所示。由图 4-29 可知，在无空洞工况下，随着角度从 0°增大至 180°，截面 1 的轴力响应波动性地增大，在隧道拱底处达到峰值，且关于拱顶和拱底对称分布。轴力响应只有一个明显的极值，即位于拱底处。

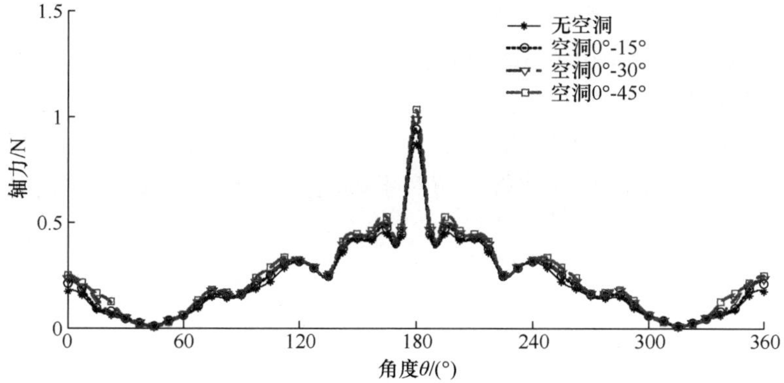

(a) 不同尺寸的空洞工况下隧道截面1轴力响应

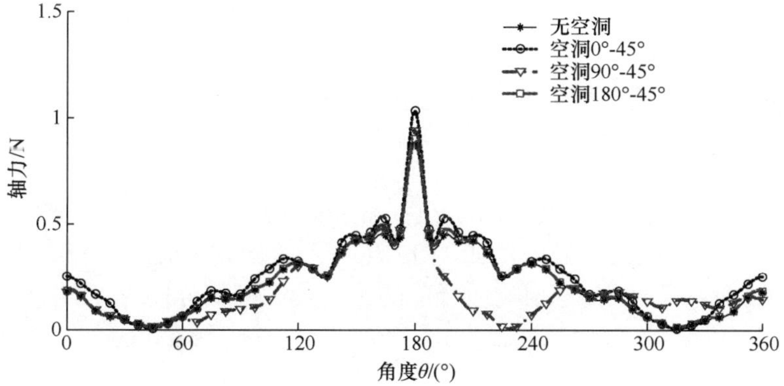

(b) 不同位置的空洞工况下隧道截面1轴力响应

图 4-29　200Hz 正弦频率荷载作用下隧道轴力响应

在拱顶不同宽度的空洞工况下，截面 1 的轴力响应均关于拱顶和拱底对称分布。从图 4-29(a)可以看出，相比于无空洞时的轴力响应而言，在 200Hz 正弦频率荷载下，拱顶空洞的存在会使在 0°～30°和 60°～180°内的轴力响应明显增大。随着拱顶空洞宽度的增大，轴力响应的放大效应更加明显。例如，在 200Hz 正弦频率荷载下，宽度分别为 15°、30°和 45°的拱顶空洞对 60°～180°内的轴力响应的平均增大幅值分别为 0.0157N、0.0285N 和 0.0426N。

在拱顶空洞和基底空洞工况下轴力响应均关于拱顶和拱底对称分布，而拱腰空洞则会明显改变轴力响应的对称分布状态。从图 4-29(b)可以看出，相比于无空洞的轴力响应，右侧拱腰空洞工况(空洞 90°-45°)下在 60°～120°和 195°～270°内轴力响应大幅度减小，且在 270°～360°内轴力响应有所增大。进一步分析可知，在 195°～270°内右侧拱腰空洞对轴力响应的减小幅度明显大于在 60°～120°内的减小幅度，例如，在 200Hz 下，平均减小幅值分别为 0.179N 和 0.0516N。基底空洞的存在使得 150°～210°内的轴力响应略有增大。

为了更进一步分析空洞尺寸和位置对不同振动荷载频率下轴力响应峰值的影响规律，提取不同固定频率的正弦振动荷载作用下隧道截面 1、截面 2 和截面 3 的轴力响应峰值如图 4-30 和图 4-31 所示。

分析图 4-30 和图 4-31 可知，截面 1 的轴力响应峰值随频率变化的波动较小，只在 180Hz 附近出现较小的波谷，而对于截面 2 和截面 3，波动性相对较大，在

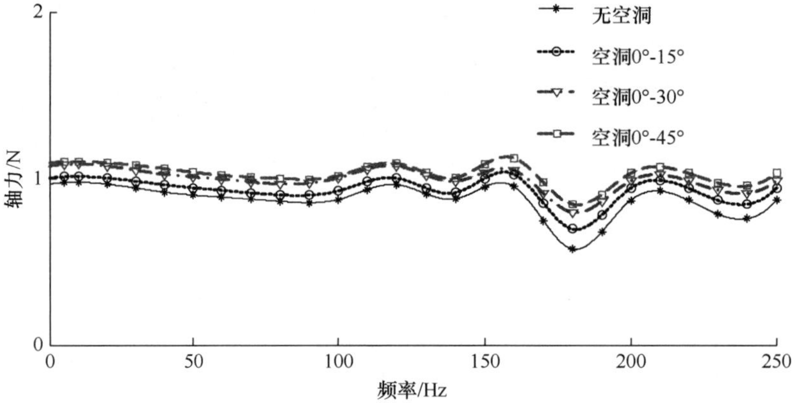

(a) 隧道截面1轴力响应峰值

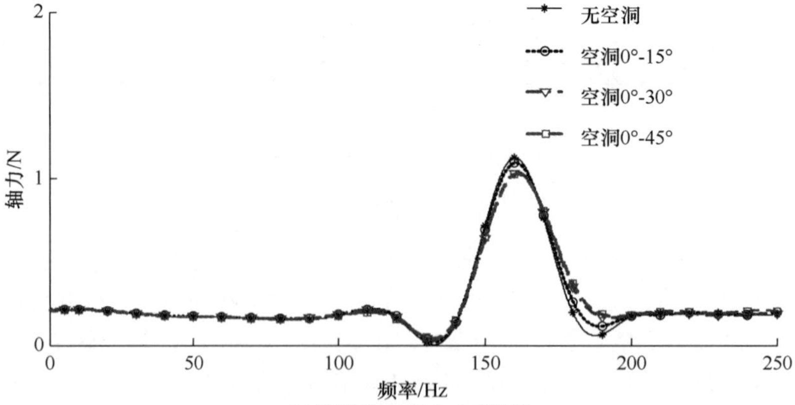

(b) 隧道截面2轴力响应峰值

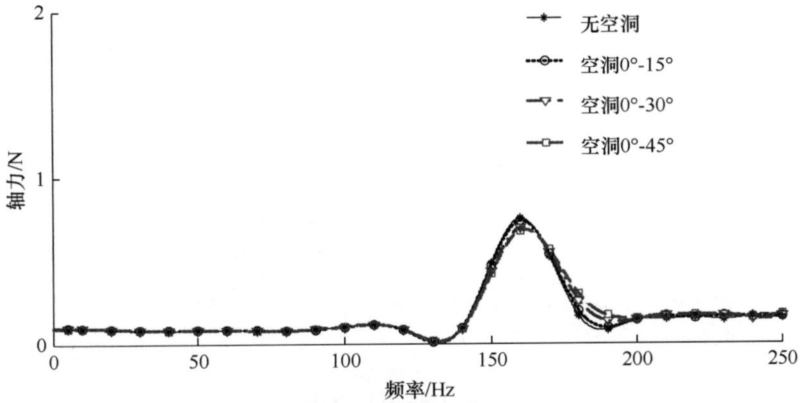

(c) 隧道截面3轴力响应峰值

图 4-30 不同尺寸的空洞工况下各截面轴力响应峰值

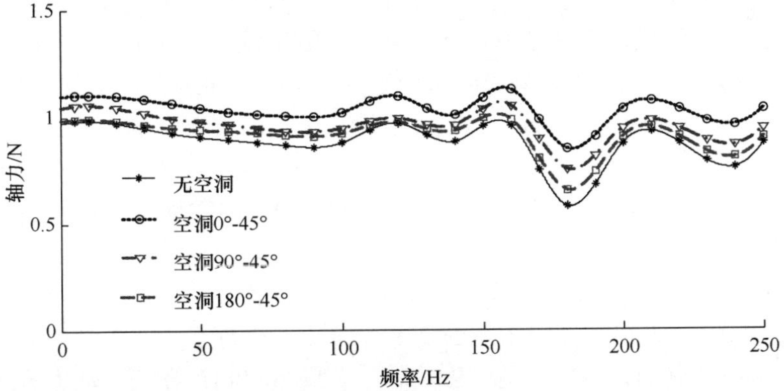

(a) 隧道截面1轴力响应峰值

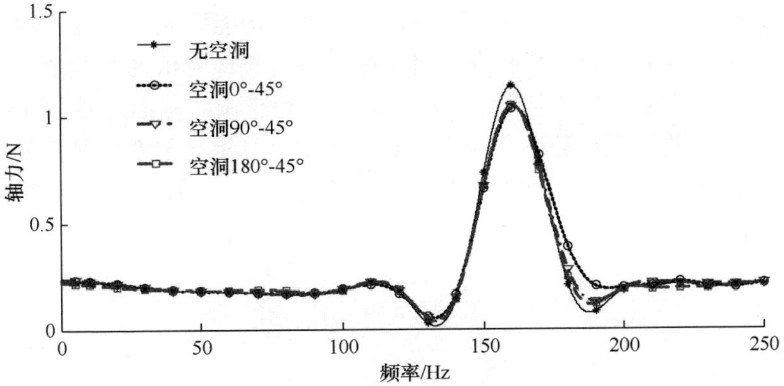

(b) 隧道截面2轴力响应峰值

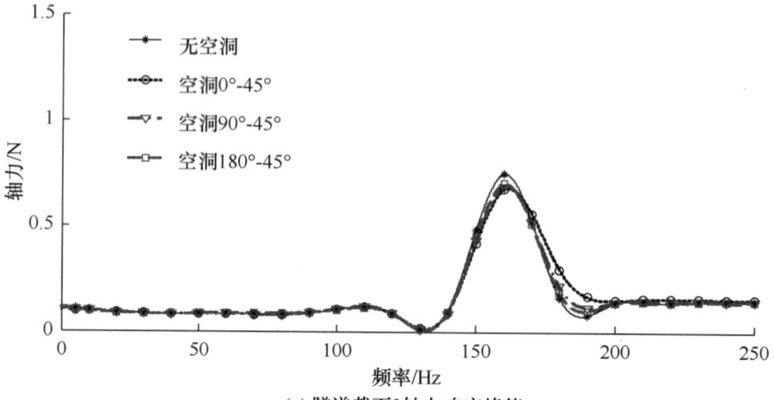

(c) 隧道截面3轴力响应峰值

图 4-31　不同位置的空洞工况下各截面轴力响应峰值

160Hz 附近出现较大的波峰。进一步分析可知，随着截面距振源距离的增大，隧道结构的轴力响应呈现出衰减的趋势，如无空洞工况下，截面 1、截面 2 和截面 3 在 0～250Hz 内的平均轴力响应峰值分别为 0.968N、0.153N、0.0397N。

拱顶空洞能明显增大截面 1 的轴力响应峰值，随着频率的升高，增大幅值呈上升趋势，并且拱顶空洞宽度越大，截面 1 的轴力响应峰值的放大效应越明显。例如，在 0～250Hz 内，宽度分别为 15°、30°和 45°的拱顶空洞对截面 1 轴力响应峰值的平均增大幅值分别为 0.0559N、0.121N 和 0.154N，相比无空洞时的轴力响应峰值(0.968N)，截面 1 的轴力响应峰值分别增大了 5.8%、12.5%和 15.9%。由图 4-30 和图 4-31 可知，对于截面 2 和截面 3，相过于无空洞时的轴力响应，拱顶空洞的存在对轴力响应峰值的影响较小，只在 180Hz 附近，轴力响应峰值略有增大。

对于截面 1，拱顶空洞、拱腰空洞和基底空洞均能明显增大轴力响应峰值，并且拱顶空洞、拱腰空洞和基底空洞对截面 1 轴力响应峰值的增幅依次减小，例如，在 0～250Hz 内，拱顶空洞、拱腰空洞和基底空洞对截面 1 轴力响应峰值的平均增大幅值分别为 0.154N、0.0795N 和 0.0360N，相比于无空洞工况时的轴力响应峰值(0.968N)，截面 1 的轴力响应峰值分别增大了 15.9%、8.2%和 3.7%。对于截面 2 和截面 3，拱顶空洞、拱腰空洞和基底空洞对轴力响应峰值的影响均较小。

4.3　本 章 小 结

本章通过采用室内模型试验和数值模拟方法，模拟了运营期间管片出现空洞的盾构隧道受列车振动荷载作用的情形，主要研究了衬砌管片背后空洞尺寸及位置对隧道结构及周围地层动力响应特性的影响规律，并进一步采用数值模拟方法探究了空洞对隧道结构内力的影响规律，得出的主要结论如下：

(1) 衬砌管片背后空洞会对盾构隧道结构和周围地层的动力响应产生明显的放大效应，并随着与空洞距离的增加，空洞的影响逐渐减弱。在基底 12cm 空洞的周围地层下，隧道结构测点 A0-1 与 A2-4 处的 PPA 增大幅度分别为 35.66%和 13.55%，周围地层测点 A3-1 与 A5-3 的 PPA 增大幅度分别为 13.29%和 8.22%，放大效果明显减小。

(2) 空洞的影响效果表现出随频率分布的特性，在低频(0～90Hz)范围内，空洞对隧道结构及周围地层动力响应的影响较小，差值不超过 2dB；当频率较高(90～250Hz)时，空洞能明显增大隧道结构及周围地层的动力响应，并且随频率的升高，增大幅值呈上升趋势，最大可达 10dB。

(3) 衬砌管片背后空洞对隧道结构和周围地层动力响应的影响效果与空洞尺寸和位置有关。对比无空洞和不同宽度拱顶空洞的工况可知，随着空洞宽度的增大，隧道结构和周围地层动力响应的增大幅值也增大；对比无空洞和不同位置空洞的工况可知，隧道拱顶位置动力响应受拱顶空洞的影响最大，拱腰次之，基底最小，拱腰位置和基底位置的动力响应分别受拱腰空洞和基底空洞的影响最大，周围地层的动力响应受拱顶空洞的影响最大。隧道结构动力响应受到衬砌管片背后空洞的影响明显大于周围地层，拱顶存在空洞工况下，隧道结构动力响应的最大增幅为 5.97dB，而周围地层的最大增幅仅为 3.54dB。

(4) 空洞对盾构隧道结构内力响应的影响主要集中在荷载作用截面附近，受空洞尺寸和位置影响。隧道结构的内力响应的放大效果随着空洞宽度的增大而增大，在三种宽度的拱顶空洞工况下，荷载作用截面的弯矩响应峰值分别增大了 4.4%、10%和 13.9%，轴力响应峰值分别增大了 5.8%、12.5%和 15.9%；拱顶空洞、拱腰空洞和基底空洞对内力响应的影响依次减小，荷载作用截面的弯矩响应峰值平均增幅分别为 13.9%、8.03%和 2.0%，轴力响应峰值增幅分别为 15.9%、8.2%和 3.7%。

第 5 章　移动列车荷载作用下盾构隧道动力响应

关于列车运行过程中所诱发的振动问题，国内外大多学者的研究都集中在单点荷载作用下隧道结构的动力响应特性上，较少考虑移动列车荷载的作用问题。本章通过建立数值分析模型，分析不同运行速度组合工况下列车振动荷载作用对盾构隧道动力响应的影响；与此同时，考虑列车在隧道内运行时振动荷载的空间变化与时间变化，研究在移动列车荷载作用下管片接缝、地层软硬差异以及衬砌管片背后空洞等因素对隧道结构和周围地层的动力响应特性。

5.1　移动荷载作用下盾构隧道动力响应特性分析

第 2 章分别采用模型试验与数值模拟的方法对单点振动荷载作用下盾构隧道结构及周围地层的动力响应特性进行了探究，分析了管片接头及拼装方式对动力响应的影响规律。然而，地铁运营时，振动荷载的作用位置随列车不断向前移动，且荷载作用的范围较广，并非单点振动荷载。鉴于此，本节在材料参数、边界条件、荷载施加模式等相同的条件下，考虑移动列车振动荷载作用，研究管片拼装方式以及列车速度对隧道结构与周围地层动力响应特性的影响规律。

5.1.1　计算模型的建立

1. 模型尺寸及关键参数的选取

采用有限差分软件以国内某地铁区间为原型建立三维计算模型。隧道埋深 15m(土体表面距隧道洞轴线距离)，外径为 6m，内径为 5.4m，管片厚度为 0.3m，幅宽为 1.5m。衬砌结构采用强度等级为 C50 的预制钢筋混凝土管片拼装而成，道床采用短轨枕整体道床结构。综合考虑计算效率与精度，隧道两侧地层宽度均取 2*D*(*D* 为盾构隧道外径)，隧道下部地层深度取 12m，最终模型尺寸的纵向(隧道轴向)长度为 38.5m，横向宽度为 30m，高度为 30m。各结构的材料物理力学参数如表 5-1 所示。

表 5-1　数值模型材料物理力学参数

类型	密度/(kg/m³)	弹性模量/MPa	剪切模量/MPa	泊松比
道床	2000	58.5	22.5	0.3
衬砌	2500	34.5×10^3	13.3×10^3	0.3
地层	2100	23	0.3	0.3

试验目的是研究管片接缝对隧道动力响应的影响，故地层设为均一地层。由于列车振动荷载作用下地层处于小应变状态，故采用弹性本构模型进行计算。进行网格划分时，网格的尺寸 Δl 与输入波中最高频率对应波长需满足式(2-24)。本次数值计算施加的列车振动荷载频率范围主要为 0～250Hz，因此数值计算模型最大网格尺寸为 0.05m。最终建立的数值计算模型如图 5-1 所示。

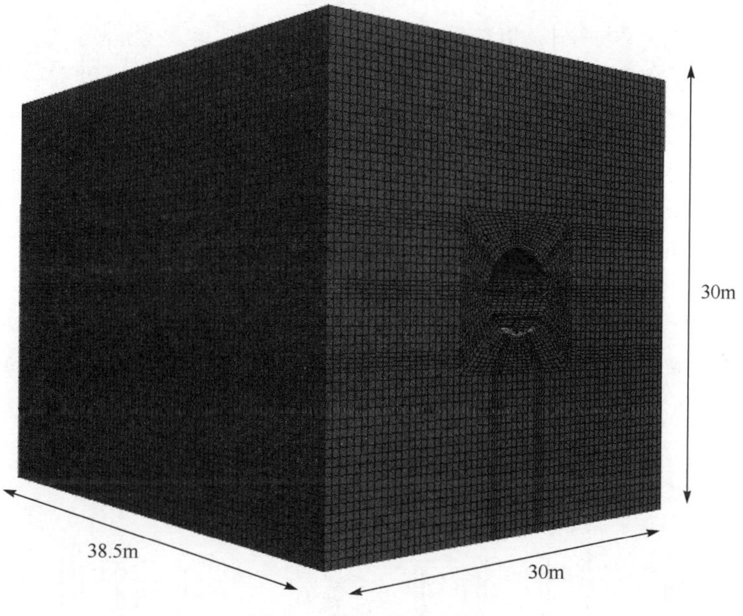

图 5-1　数值计算模型

在模型四周及底部施加静态边界条件，通过设置自由阻尼器实现对模型边界上法向与切向入射波的吸收，减少自由边界上波的反射效应，模型的上表面为自由边界。计算中采用瑞利阻尼，隧道结构的阻尼比选为 10%，周围地层的阻尼比为 6%。

2. 管片接头的模拟

管片环向接头模拟采用侯公羽等[39]提出的局部刚度修正法。通过对管片环向

接头处的弹性模量 E 进行修正，以达到同螺栓连接等效的抗弯刚度。本次模拟中修正区对应圆心角依然采用 4.5°，求得最终修正系数为 0.08769。

管片纵向接头模拟同样采用等效螺栓环模拟，将接头长度范围内的管片环考虑为等刚度的连续匀质体，仅对刚度进行修正，可通过式(2-36)计算，将参数代入公式得

$$k_j = \frac{10\times 2.06\times 10^{11}\times 346\times 10^{-6}}{2\pi\times 3\times 0.4} = 9.453\times 10^{7}\,(\mathrm{Pa})$$

然而，直接选用该参数与实际情况存在一定偏差。为此，引入纵向接头刚度修正系数λ对该参数进行修正。根据杨春山等[48]的研究成果，对于模拟的隧道衬砌结构，刚度修正系数取 1.3。

3. 移动列车荷载的确定与施加

考虑轨道扣件的影响，将隧道和整体道床按连续地基条件考虑，并考虑轨道不平顺的影响，选用美国 6 级谱进行分析。为探究不同列车速度对隧道结构与周围地层动力响应的影响，数值计算中施加了三种速度下的列车振动荷载：40km/h、60km/h 和 80km/h。模拟的盾构隧道区间采用短轨枕整体道床结构，列车振动荷载通过扣件传递至道床上，再传递至衬砌结构以及周围地层中。当地铁列车经过时，盾构区间上各个轨道扣件上测得的列车振动荷载除存在一个时间差外，荷载时程曲线及频谱特性基本一致。该时间差由在某一特定时刻下各观测点与列车的距离不同引起。以列车速度为 80km/h 为例，在列车运行前方设置两个观测点 A 和 B，两点之间的距离为 s，若列车由 A 点向 B 点方向行驶(开始时列车并未到达 A 点)，当列车完全驶过 A 点后，两观测点测到的列车振动荷载曲线如图 5-2 所示。

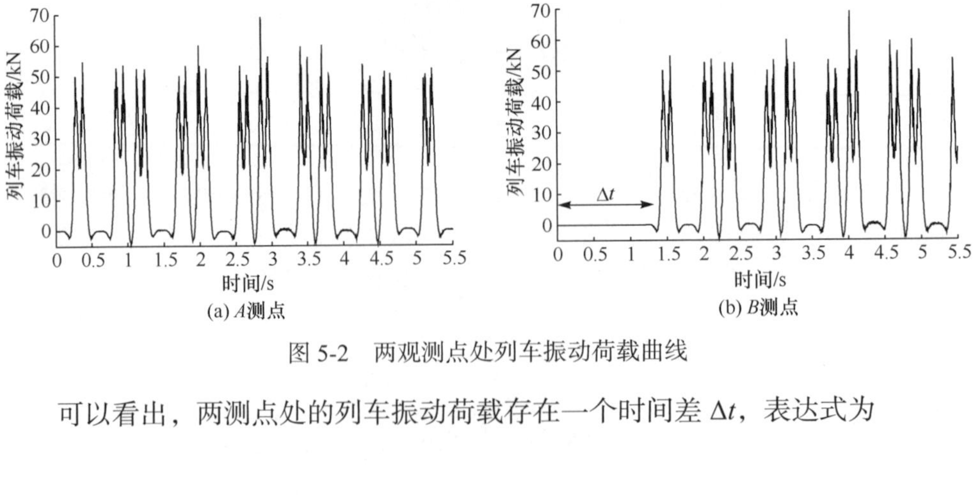

(a) A测点　　(b) B测点

图 5-2　两观测点处列车振动荷载曲线

可以看出，两测点处的列车振动荷载存在一个时间差 Δt，表达式为

$$\Delta t = \frac{s}{v} \tag{5-1}$$

式中，s 为两观测点相距的距离；v 为列车速度。

由此说明，对于钢轨上连续的一排扣件，若其间隔为 s，当列车以一定速度 v 匀速通过时，作用于每个扣件上的列车振动荷载曲线除存在时间差 Δt 近似一致外，相邻两扣件间荷载的时间差 Δt 固定不变。因此，若在各扣件位置处施加对应的列车振动荷载，即可模拟出移动的列车振动荷载。

鉴于此，在进行数值模拟时可通过在道床上各扣件位置施加对应的列车振动荷载，从而达到模拟列车行驶过程的目的，通过改变列车速度，可以探究不同列车速度的振动荷载作用下盾构隧道结构及周围地层的动力响应特性。

4. 模拟工况

除探究不同列车速度对隧道结构及周围地层动力响应的影响外，本次模拟还重点研究管片接缝对其动力响应的影响。为此共建立了两种隧道结构模型：匀质圆环模型与错缝拼装模型。隧道结构模型如图 5-3 所示。

(a) 匀质圆环模型　　(b) 错缝拼装模型

图 5-3　隧道结构模型

计算以列车刚刚进入模型一侧开始，以车尾位置刚刚达到模型另一侧结束，即模拟一辆列车驶过模型范围的全过程，对于三种列车速度(40km/h、60km/h、80km/h)，计算时长分别为 12.7s、8.7s 和 7.2s。为了研究移动列车振动荷载作用下管片接缝和列车速度对隧道结构与周围地层动力响应特性的影响，选择沿隧道纵向的中间断面为研究对象，对该断面隧道结构与周围地层不同位置处的竖向加速度响应进行了监测。其中隧道结构监测位置为拱顶(S1)、拱腰(S2、S8)、拱脚(S3、S7)、钢轨(S4、S6)和道床中心(S5)处；地层中共布置 4 层测点，测点的具体布置如图 5-4 所示。同时，对该断面上衬砌结构不同角度处的应力也进行了监测，以求得管片环的轴力与弯矩响应。另外在宏观上，提取整个模型沿不同坐标轴方向的应力云图，以进一步剖析动力响应特性。

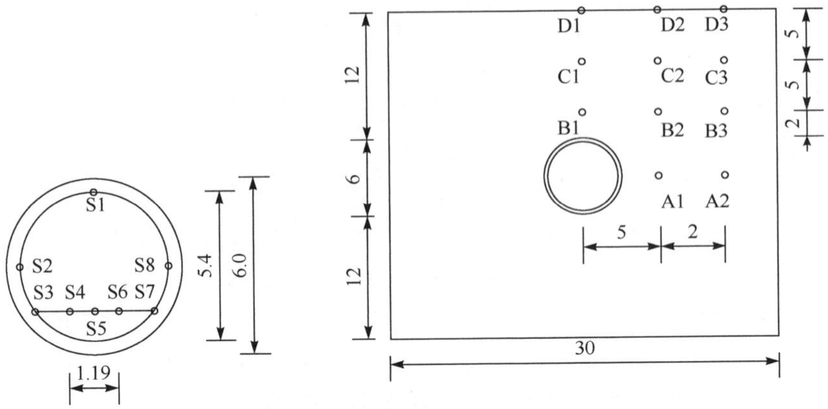

图 5-4　加速度监测位置示意图(单位：m)

5.1.2 隧道结构动力响应特性研究

从竖向加速度、应力响应与管片所受内力多个角度进行研究，深入剖析管片接缝与列车速度对结构动力响应的影响规律。

1) 竖向加速度响应特性分析

首先分析隧道结构不同位置处的竖向加速度响应特性，以匀质圆环模型下结构的动力响应为例，图 5-5 给出了该模型下隧道结构不同位置处的竖向加速度响应曲线。

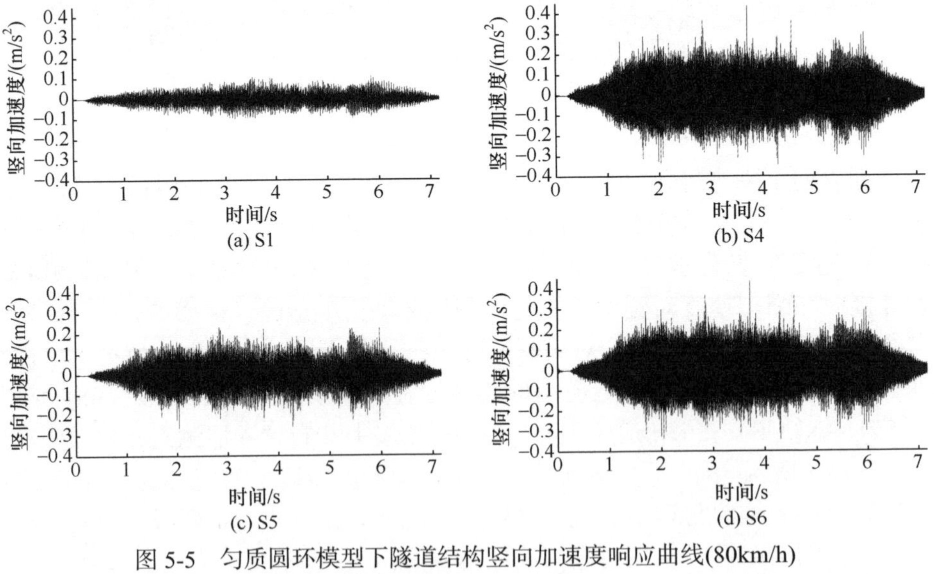

图 5-5　匀质圆环模型下隧道结构竖向加速度响应曲线(80km/h)

由图 5-5 可知，隧道结构的竖向加速度响应以道床中心与两钢轨处响应最为强烈。各测点处的竖向加速度响应整体上随时间的增加先增强后减弱，以列车的中间位置行驶至监测断面时响应最大。处于对称位置的两测点，如 S4 与 S6，其计算得到的竖向加速度响应基本一致，说明隧道结构的竖向加速度响应具有对称性。为此，在之后的分析中，仅对隧道结构 S1、S2、S3、S4 测点处的动力响应特性进行讨论。图 5-6 给出了错缝拼装模型下隧道结构部分测点的竖向加速度响应曲线。

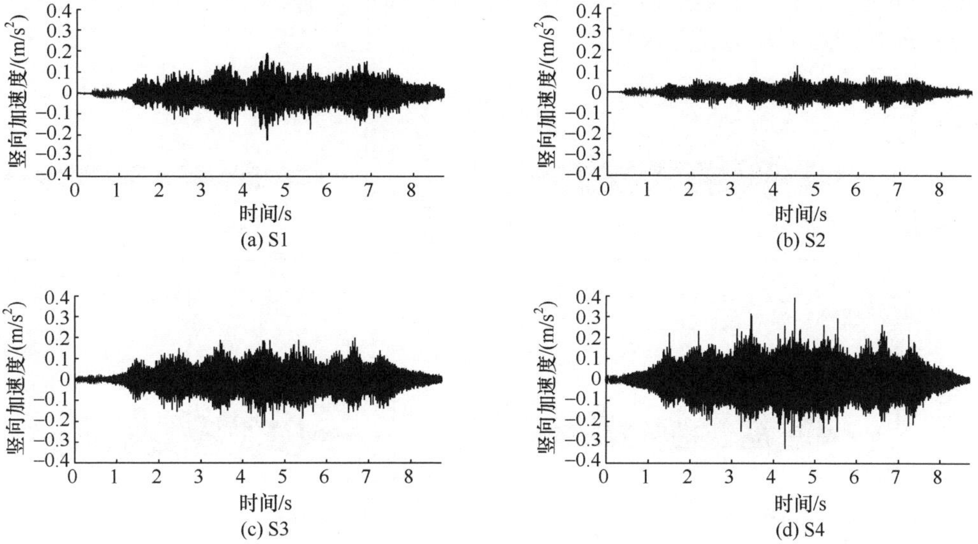

图 5-6　错缝拼装模型下隧道结构竖向加速度响应曲线(80km/h)

由图 5-6 可知，考虑管片接头时，隧道结构的竖向加速度响应随着施加荷载的变化而不断变化，具有多个明显的 PPA。同时，最大的 PPA 大多出现在中间时刻附近，即近似为车体的中间位置行驶至监测断面的时刻。为更清楚地对竖向加速度响应结果进行分析，将不同隧道模型下隧道结构各测点位置处的 PPA 进行提取，绘制如表 5-2 所示。

表 5-2　不同隧道模型下隧道结构 PPA　　(单位：m/s^2)

隧道类型	S1 隧道拱顶	S2 左侧拱腰	S3 左侧拱脚	S4 左侧钢轨	S5 道床中心
匀质圆环模型	0.1091	0.0688	0.1390	0.4368	0.2335
错缝拼装模型	0.1928	0.1272	0.2004	0.3930	0.2850

由表 5-2 可知，管片接缝对隧道结构的 PPA 响应有一定的影响。在隧道拱顶、拱腰、拱脚与道床中心处，管片接缝的存在使得隧道结构的 PPA 响应偏大，但在钢轨位置处，管片接头使隧道结构的动力响应偏小。两种管片模型下隧道结构的 PPA 差异在拱顶与拱腰位置处较为明显，两者之间的差异程度分别为 76.7%和

84.9%(以均质圆环模型为基准)，其余测点处差异程度均不超过 50%。由此说明，管片接缝对隧道结构 PPA 响应的影响主要体现在隧道拱顶和拱腰处，对其余位置的影响较小。

为探究列车速度对隧道结构动力响应的影响，以错缝拼装模型为例，速度为 60km/h 和 40km/h 下隧道结构竖向加速度响应曲线分别如图 5-7 和图 5-8 所示，并提取各测点 PPA 如表 5-3 所示。

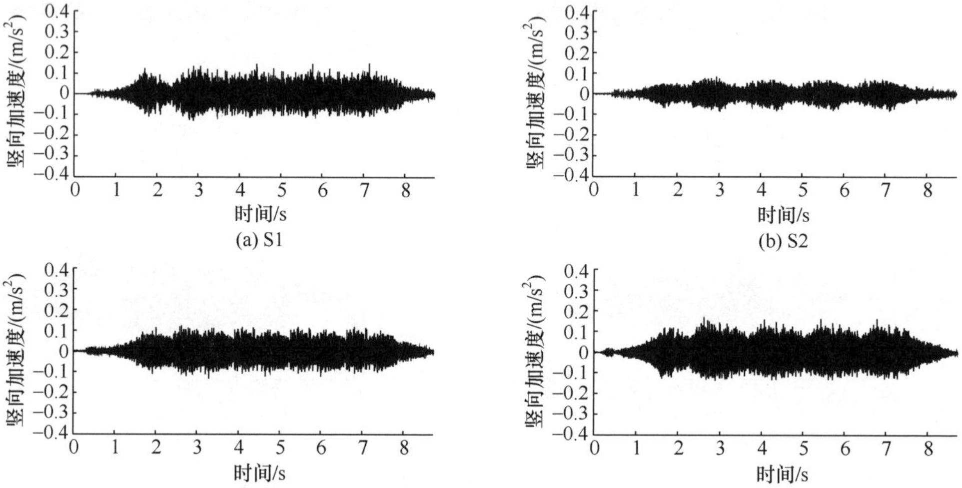

(a) S1　(b) S2　(c) S3　(d) S4

图 5-7　60km/h 下隧道结构竖向加速度响应曲线(错缝拼装模型)

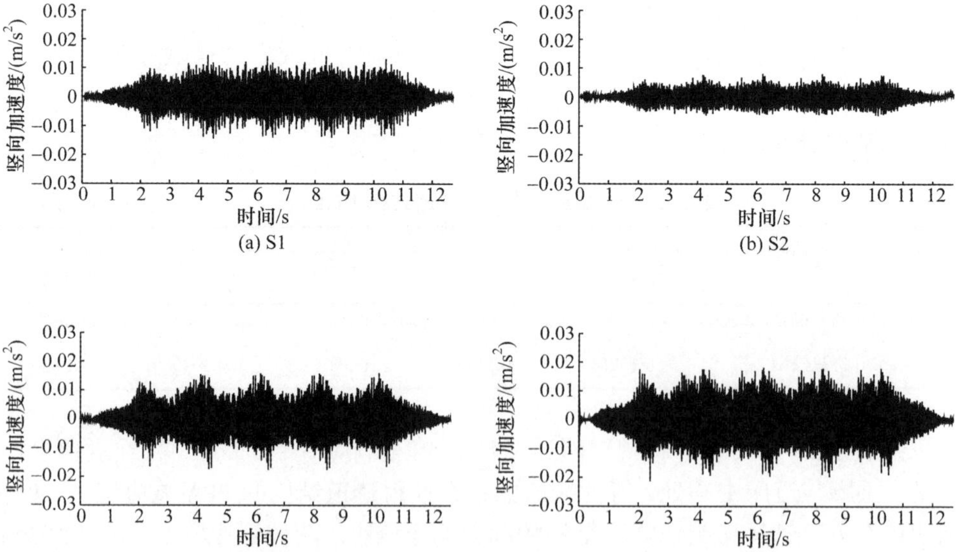

(a) S1　(b) S2　(c) S3　(d) S4

图 5-8　40km/h 下隧道结构竖向加速度响应曲线(错缝拼装模型)

表 5-3　不同列车速度下错缝拼装模型隧道结构 PPA　(单位：m/s^2)

列车速度	S1 隧道拱顶	S2 左侧拱腰	S3 左侧拱脚	S4 左侧钢轨	S5 道床中心
80km/h	0.1928	0.1272	0.2004	0.3930	0.2850
60km/h	0.1510	0.0848	0.1236	0.1701	0.1642
40km/h	0.0145	0.0080	0.0161	0.0182	0.0174

由图 5-7、图 5-8 和表 5-3 可知，列车速度对隧道结构动力响应的影响显著。随着列车速度不断降低，隧道结构各测点的 PPA 明显减小。以钢轨(S4)为例，在 80km/h 时 PPA 为 $0.3930m/s^2$，60km/h 时 PPA 为 $0.1701m/s^2$，衰减幅度为 56.7%，而当速度降为 40km/h 时，其 PPA 仅为 $0.0182m/s^2$，衰减幅度为 95.4%。其余位置处 PPA 衰减变化同样明显，最终衰减幅度均超过了 90%。由此说明，列车速度是影响隧道结构竖向加速度响应的重要因素之一，列车速度越高，竖向加速度响应越大。

2) 应力响应特性分析

经由上述分析，当列车行驶至监测断面时动力响应最为强烈。因此，提取该时刻下隧道结构沿不同坐标方向的应力云图。以匀质圆环模型下隧道结构的动力响应为例，不同方向的应力云图如图 5-9 所示。

由图 5-9 可知，隧道结构的应力响应以竖向(Z 轴方向，下同)最为强烈，水平与纵向的应力响应相对较小。三个方向的应力主要有以下特点。

(1) 对于竖向应力响应，正应力响应峰值出现在隧道结构两侧拱腰处，且沿隧道纵向间隔一定距离出现，即沿隧道纵向分布不一致。另外，隧道结构拱腰内侧产生正应力，而外侧产生负应力。较大的负应力同时出现在钢轨处，并沿隧道纵向间隔一定距离出现。

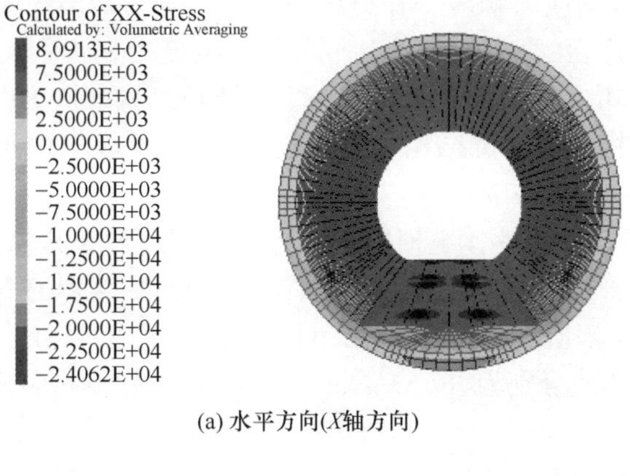

(a) 水平方向(X轴方向)

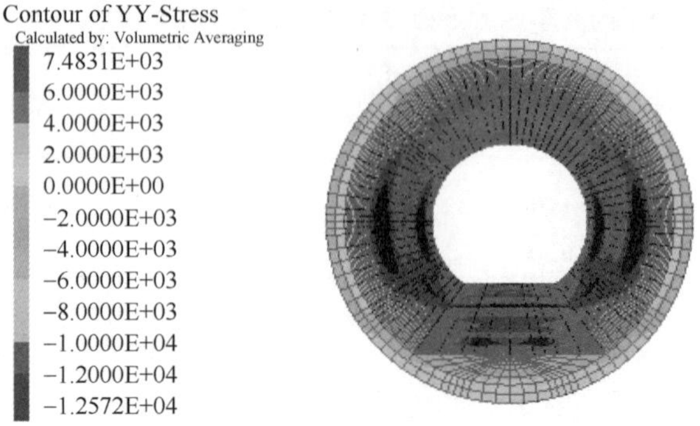

(b) 沿隧道纵向(*Y*轴方向)

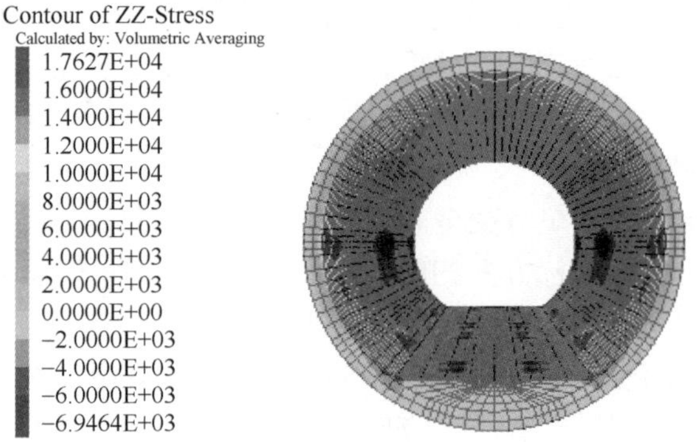

(c) 竖向(*Z*轴方向)

图 5-9　匀质圆环模型下不同方向隧道结构应力云图(后附彩图)

(2) 对于沿隧道纵向应力响应，在隧道道床上沿隧道纵向应力值变化幅值较大，交替出现正负应力极值。而在隧道结构其余位置处，应力响应整体较小。

(3) 对于水平方向应力响应，在道床结构上，等间隔出现较大的负应力；在隧道结构的其他位置，沿隧道纵向产生同等大小的应力，但整体上应力幅值较小。

经上述分析可知，列车振动荷载作用下，隧道结构的应力响应以竖向为主。为进一步研究管片接缝对衬砌结构应力响应的影响，图 5-10 给出了错缝拼装模型下隧道结构的竖向应力云图。

结合图 5-10 可知，管片接缝对隧道结构竖向应力分布和幅值均有一定影响。从分布规律上说，管片接缝削弱了应力云图的对称性，尤其在接头部位存在一定的应力集中现象。从幅值上说，管片接头明显增大了隧道结构产生的应力。匀质圆环模型下正负应力峰值分别为 17.63[①]kPa、−6.95kPa，错缝拼装模型下的峰值则达

① 本章对于此类数据的处理方式是，根据图中数值，正文中数值保留到小数点后面两位，后面不再标注。

到了 31.27kPa、−8.47kPa。两种管片衬砌模型下竖向应力峰值的差值最高可达 13.64kPa。整体上，采用错缝拼装方式时，隧道结构的竖向应力更大。由此可见，管片接缝对结构应力的影响显著。因此，当对隧道结构竖向应力进行研究时，应充分考虑管片接缝的影响。

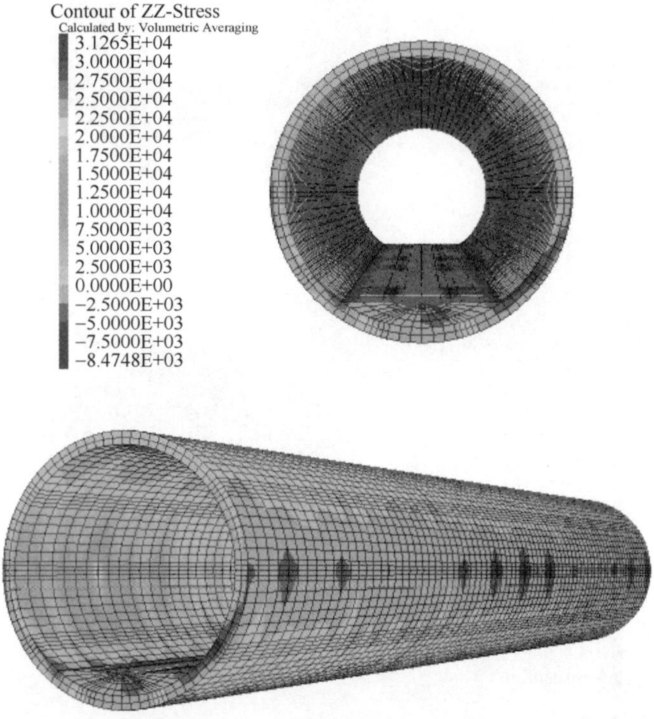

图 5-10　错缝拼装方式下隧道结构竖向应力云图(后附彩图)

为进一步探究列车速度对隧道结构动力响应的影响，以错缝拼装模型为研究对象，图 5-11 给出了速度分别为 80km/h、60km/h 和 40km/h 下隧道结构的竖向应力云图。

由图 5-11 可知，列车速度对隧道结构竖向应力响应的幅值影响显著。当列车速度由 80km/h 降为 60km/h 时，隧道结构所受竖向应力正负峰值由 31.26kPa、−8.47kPa 降低至 24.61kPa、−6.10kPa，最大衰减幅度约为 21.4%；列车速度由 60km/h 降为 40km/h 时，隧道结构所受竖向应力正负峰值降低至 10.22kPa、−3.52kPa，最大衰减幅度为 58.5%。总体上说，列车速度主要影响隧道结构所受应力的幅值，对应力的分布规律影响较小。

3) 隧道结构内力分析

数值模拟中还对管片环的应力进行监测，求得了列车行驶过程中监测断面的内力响应。以速度 80km/h 为例，图 5-12 和图 5-13 分别给出了匀质圆环模型和错

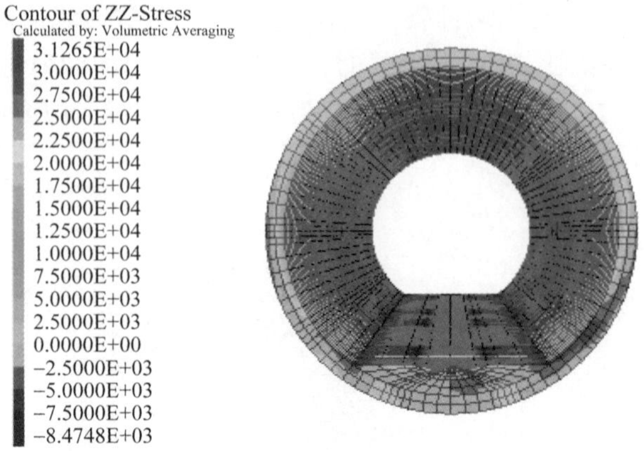

(a) 80km/h

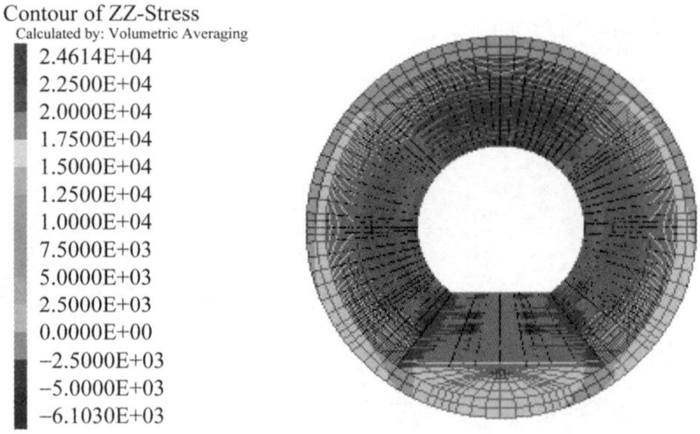

(b) 60km/h

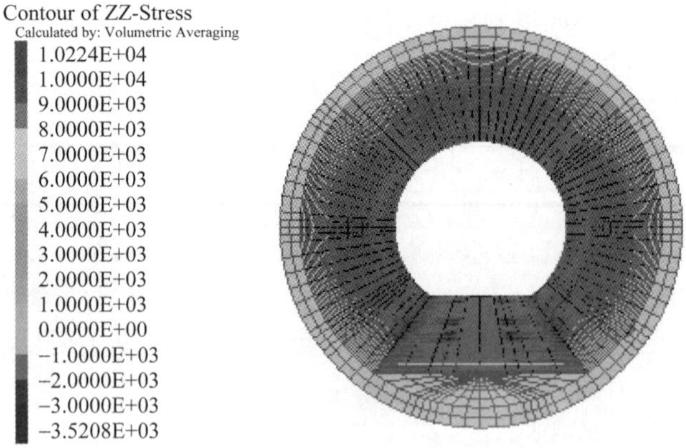

(c) 40km/h

图 5-11　不同列车速度下隧道结构竖向应力云图(后附彩图)

缝拼装模型下隧道结构不同时刻的内力响应。共选取 4 个时间节点(分别为第 0.45s、第 0.89s、第 1.79s 和第 3.58s)，其中第 1.79s 和 3.58s 分别为列车车厢中部位置行驶到隧道第一个四分点和隧道中部位置时刻。

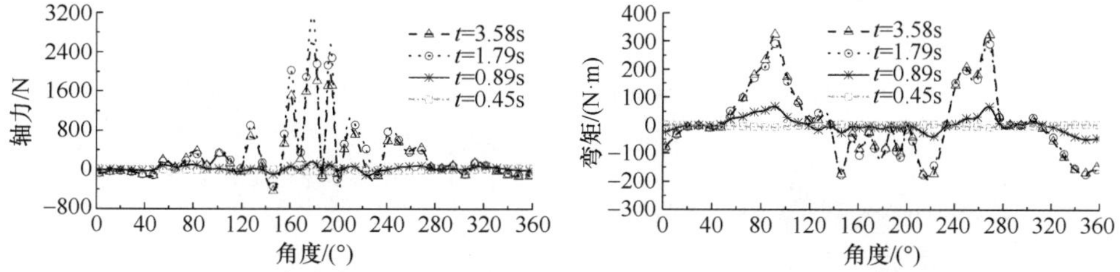

(a) 轴力响应　(b) 弯矩响应

图 5-12　匀质圆环模型下隧道结构不同时刻下的内力响应

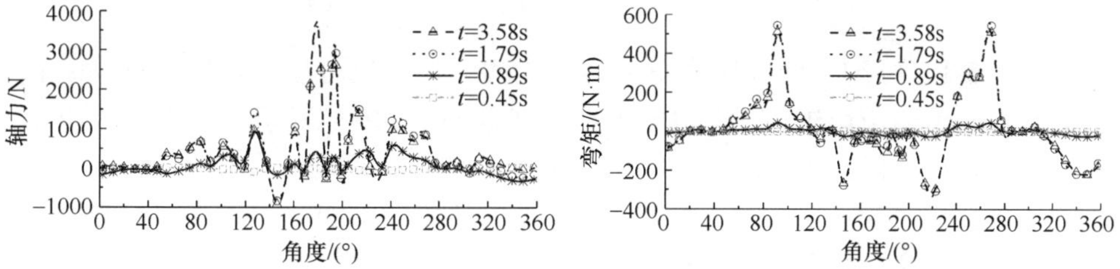

(a) 轴力响应　(b) 弯矩响应

图 5-13　错缝拼装模型下隧道结构不同时刻下的内力响应

由图 5-12 和图 5-13 可知，两种管片衬砌模型下隧道结构的内力响应较为复杂。对于一个固定的监测断面，列车由远至近时，断面上的内力响应呈现出逐渐增强的趋势。隧道结构的轴力响应以拱底(180°)附近区域最为显著，衬砌拱顶位置左右各约 45°的区域内所受的轴力几乎为零，且随着距离拱底越近，所受轴力也越来越大。弯矩存在多个正、负极值，其中正弯矩极值出现在隧道拱腰(90°和 270°)附近，负弯矩极值出现在 150°和 210°附近区域。总体来看，弯矩只有在 60°～120°和 240°～300°内为正值，其余区段均为负值。

进一步对比不同隧道模型下隧道结构的内力响应可知，匀质圆环模型下隧道结构所受轴力与弯矩表现出一定的对称性，而考虑管片接缝时隧道结构的内力响应对称性相对较差。原因在于错缝拼装模型中接头交错杂乱，隧道结构的刚度分布不一。错缝拼装模型中隧道结构内力响应整体上要大于匀质圆环模型，就轴力而言，匀质圆环模型下响应峰值为 3172N，错缝拼装模型的响应峰值为 3886N，两种模型中轴力相差 22.5%；对于隧道结构弯矩响应，匀质圆环模型下正响应峰值为 335N · m，错缝拼装模型的正响应峰值为 573N · m，两种模型中正弯矩相差 71.0%；匀质圆环模型下负响应峰值为 195N · m，错缝拼装模型的负响应峰值为

312N · m，两种模型中负弯矩相差 60%。总体来看，管片接缝对隧道结构内力响应的幅值与分布规律均具有显著的影响。

为进一步研究列车速度对隧道结构内力响应的影响，以错缝拼装模型为例，选取各速度下内力响应的峰值绘制如图 5-14 所示。

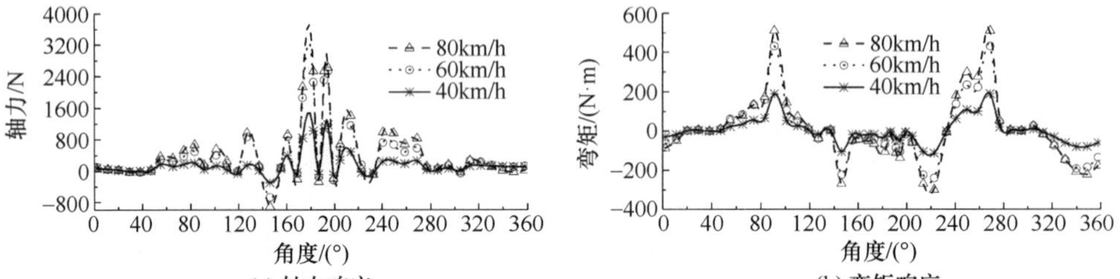

(a) 轴力响应 (b) 弯矩响应

图 5-14 不同列车速度下隧道结构内力响应峰值

由图 5-14 可知，列车速度对隧道结构内力响应具有显著影响。总体来看，不同速度下隧道结构内力响应的分布规律基本一致，响应极值的出现位置也基本一致。随着列车速度的降低，内力响应幅值呈现出逐渐减弱的趋势，如列车速度由 80km/h 降为 40km/h 后，隧道结构所受轴力的峰值由 3965N 衰减为 1430N，衰减幅度为 63.9%；而弯矩响应峰值由 528N · m 变化为 196N · m，衰减幅度为 62.9%。

结合竖向加速度响应和隧道结构内力响应分析可以看出，列车速度是影响盾构隧道结构动力响应的重要因素，在设计速度较高的盾构隧道时，应充分考虑这方面因素对隧道结构的影响。

5.1.3 周围地层动力响应特性研究

为研究管片接头、管片拼装方式和列车速度对周围地层动力响应特性的影响，从周围地层的竖向加速度响应和应力响应两个角度进行分析。

1) 竖向加速度响应特性分析

以匀质圆环模型下周围地层动力响应为例，选取速度为 80km/h 时，周围地层的竖向加速度响应绘制如图 5-15 所示。

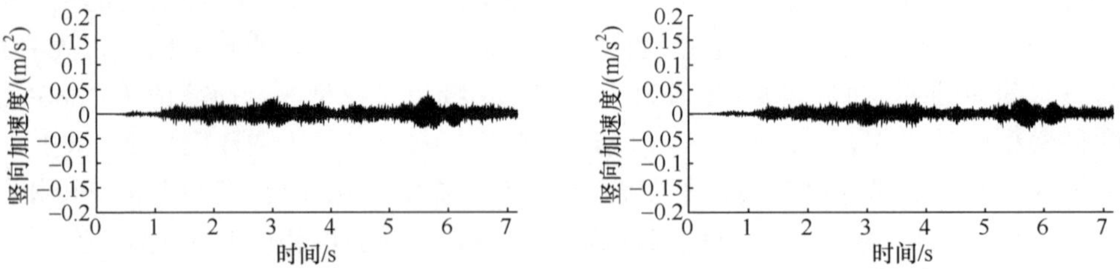

(a) A1 (b) A2

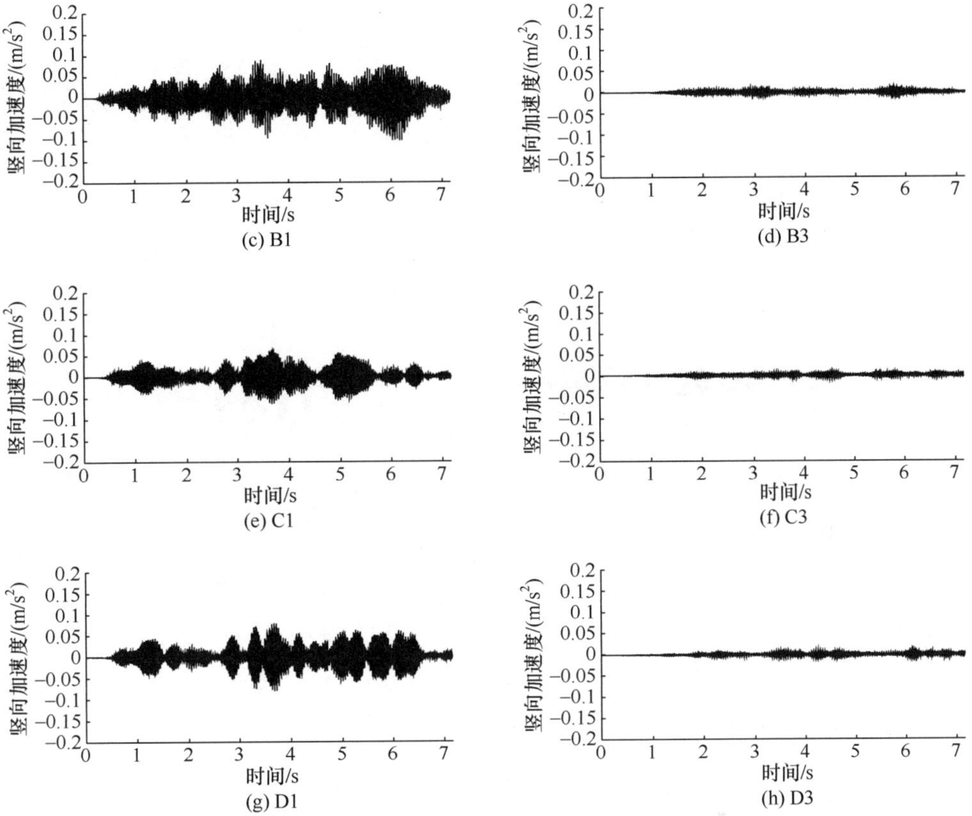

图 5-15　匀质圆环模型下周围地层竖向加速度响应曲线(80km/h)

由图 5-15 可知，周围地层的竖向加速度响应随振动荷载的变化而不断变化，表现出一定的波动性。周围地层竖向加速度响应较大处位于隧道结构附近，如 B1 测点的 PPA 为 0.0899m/s^2,在距离振源较远处(如地表位置)动力响应较为微弱，PPA 不超过 0.03m/s^2。沿隧道水平方向分析可知，A1 和 A2 测点处的加速度响应以 A1 测点处最大，其 PPA 为 0.0374m/s^2；B1、B2 和 B3 测点处的加速度响应差距极大，其中 B1 测点的 PPA 为 0.0899m/s^2，B3 测点为 0.0112m/s^2，最大差异为 0.0787m/s^2，加速度衰减幅度为 87.5%。沿竖向分析可知，B1、C1 和 D1 测点处的动力响应呈现出先减小后增大的趋势，PPA 分别为 0.0899/s^2、0.0622m/s^2、0.0774m/s^2，以 B1 测点为参照，其余测点 PPA 衰减幅度分别为 30.8%、13.9%。从上述分析可发现，加速度响应在水平方向的衰减速度要远大于竖向的衰减速度。鉴于此，重点对 A1、A2、B1、C1、D1 处动力响应开展分析。图 5-16 给出了错缝拼装模型下周围地层部分测点竖向加速度响应曲线。

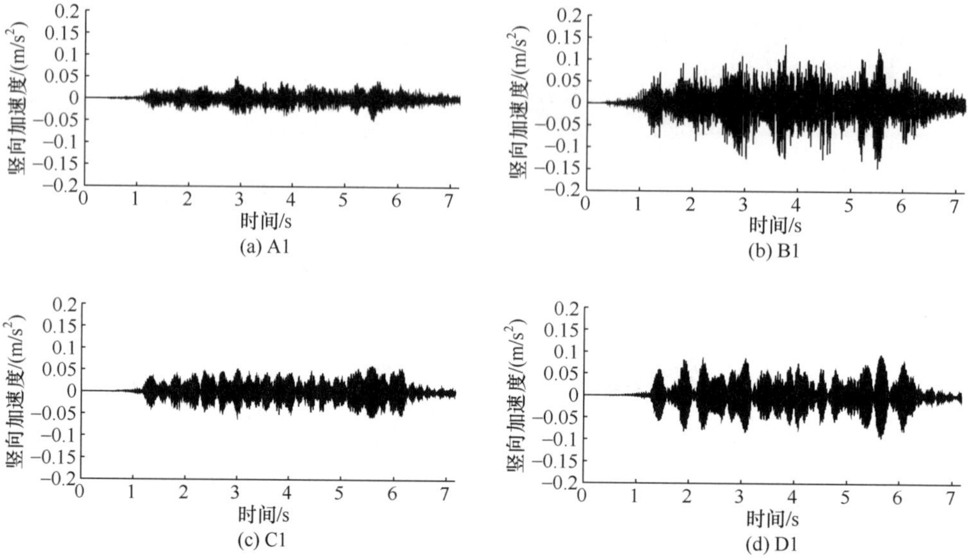

图 5-16　错缝拼装模型下周围地层竖向加速度响应曲线(80km/h)

整体上，两种模型中周围地层同一测点处动力响应变化规律相差较小，仅 PPA 有所差异。为更清楚地对加速度响应结果进行分析，将不同隧道模型下周围地层各测点位置处的 PPA 进行提取，绘制如表 5-4 所示。

表 5-4　不同隧道模型下周围地层 PPA　　(单位：m/s^2)

隧道类型	A1	A2	B1	C1	D1	B3
匀质圆环模型	0.0374	0.0301	0.0899	0.0622	0.0774	0.0112
错缝拼装模型	0.0506	0.0411	0.1363	0.0601	0.0942	0.0131

由表 5-4 可知，考虑管片接缝时，周围地层竖向加速度响应计算结果整体偏大，以距离隧道较近的 B1 测点处变化最为明显，PPA 最大差异为 $0.0464m/s^2$，两种模型的 PPA 相差 51.6%。其余位置处动力响应的差值较小，PPA 不超过 $0.02m/s^2$。说明错缝拼装方式对周围地层动力响应的影响更大，更远处测点的 PPA 主要受周围地层的阻尼影响。

接下来对列车速度的影响进行分析，以错缝拼装模型为例，图 5-17 和图 5-18 分别给出了速度为 60km/h 和 40km/h 下的周围地层竖向加速度响应曲线。

结合图 5-16～图 5-18 可知，三种列车速度下周围地层的竖向加速度响应幅值相差较大，当列车速度由 80km/h 降低为 60km/h 时，周围地层大部分测点处的动力响应衰减幅度超过 50%；当列车速度降低至 40km/h 时，周围地层测点处的动力响应已经较为微弱，总体衰减幅度均超过了 70%，最大衰减幅度达到 92.9%。

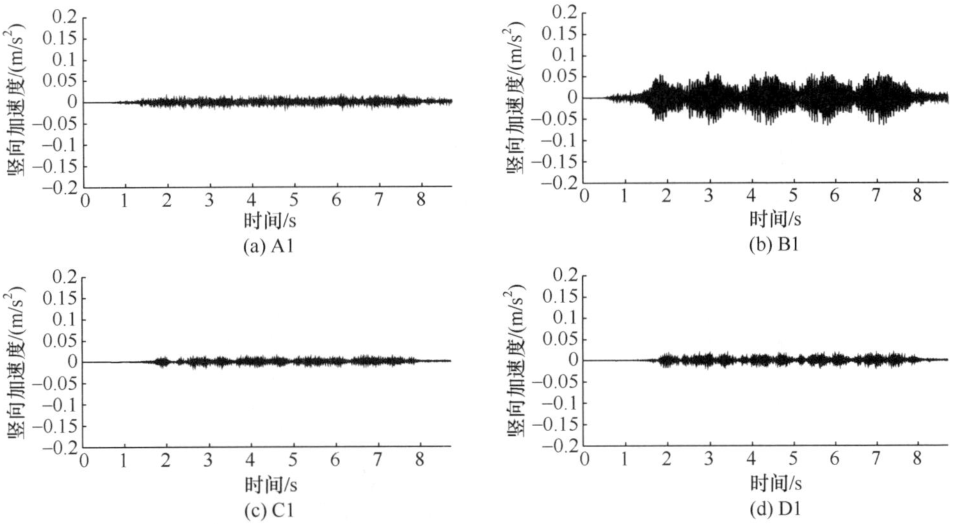

图 5-17　60km/h 下周围地层竖向加速度响应曲线(错缝拼装模型)

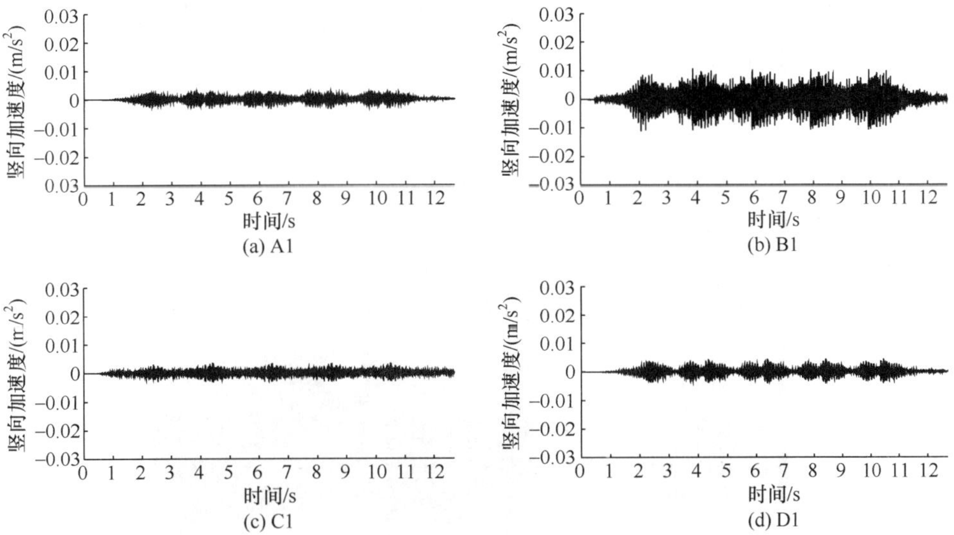

图 5-18　40km/h 下周围地层竖向加速度响应曲线(错缝拼装模型)

如测点 A1 和 B1 处，速度为 80km/h 时，PPA 分别为 0.0506m/s^2、0.1363m/s^2；速度降为 60km/h 时，PPA 分别降低至 0.0109m/s^2、0.0624m/s^2，衰减幅度为 78.5%、54.2%；速度为 40km/h 时，PPA 分别为 0.0036m/s^2、0.0107m/s^2，衰减幅度为 92.9% 和 92.1%。总体来说，列车速度对周围地层的动力响应影响显著，尤其当距离振源较近时，影响更加明显。

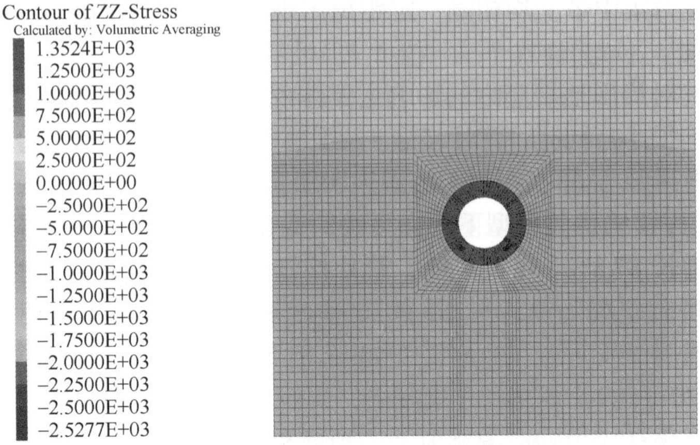

(c) 40km/h

图 5-20　不同列车速度下周围地层竖向应力云图(后附彩图)

别为 6.5%和 25.4%；当速度由 60km/h 降低至 40km/h 时，正、负应力峰值分别降至 1.35kPa 和−2.53kPa，衰减幅度分别为 60.8%和 58.5%。由此说明，列车速度对地层应力影响显著，列车速度越高，周围地层应力越大。

5.2　移动荷载作用下地层软硬差异对盾构隧道动力响应影响

第 3 章采用室内模型试验研究了不同地层对隧道结构及周围地层动力响应特性的影响规律，然后采用数值模拟的方法，通过在三维数值计算模型中施加单点振动荷载，对模型试验结果的可靠性进行了验证，同时，采用数值模拟的方法研究了单点振动荷载作用下隧道结构内力的影响规律。然而，在实际工程中，运行中的列车施加于道床上的振动荷载并非单点振动荷载，而是在空间中不断移动的。因此，本节在采用数值模拟的基础上进一步研究移动列车荷载作用下地层软硬差异对盾构隧道结构及周围地层动力响应的影响，同时探究上下地层软硬程度差异和速度对管片结构内力分布的影响规律。

5.2.1　计算模型的建立

1. 模型尺寸及关键参数的选取

在数值建模时，管片环拼装方式采用目前地铁最为常见的错缝拼装模式，对于接头螺栓部位的处理，则采用刚度等效的方法，隧道管片外径为 6m，厚度为

0.3m，为了便于在模型中施加移动的列车振动荷载，需在隧道结构底部模拟出道床结构。隧道上覆土体厚度为 12m，左右两侧宽度均为 12m，隧道以下土层厚度为 12m，隧道纵向长度为 38.5m，最终数值模型尺寸为 30m×38.5m×30m(长×宽×高)。数值计算模型见图 5-21。数值计算模型材料的物理力学参数如表 5-5 所示。

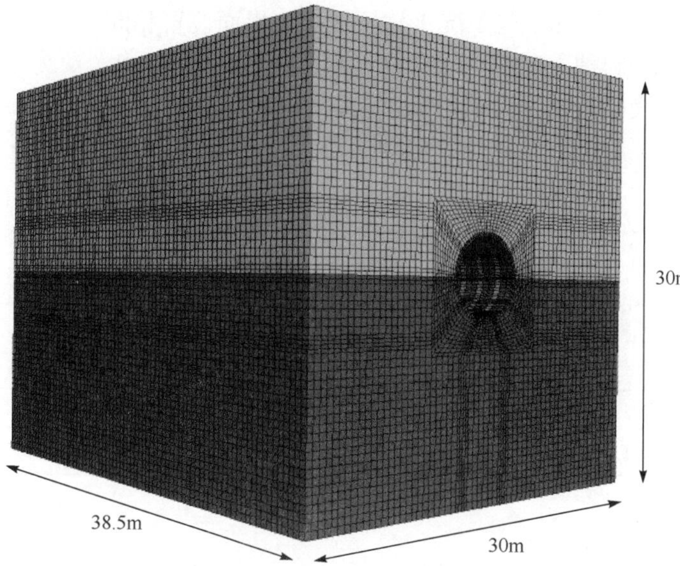

图 5-21　数值计算模型

表 5-5　数值计算模型材料的物理力学参数

类型	密度/(kg/m³)	弹性模量/MPa	泊松比	临界阻尼比
管片	2400	3.45×104	0.3	0.1
螺栓	7850	2.1×105	0.23	—
道床结构	2420	3.15×104	0.2	0.1

计算模型采用弹性本构模型。对于土体-结构相互作用的动力学问题，如何模拟无限岩体中的辐射阻尼对计算结果有较大影响。通常，采用有限单元法求解此类动力学问题，一般需要从无限介质中取出有限尺寸的计算区域，无限岩体的模拟是通过在区域的边界上引入虚拟的人工边界来实现的。较为常用的为黏弹性人工边界，它解决了黏性边界引起的低频漂移问题，能够模拟人工边界外半无限介质恢复性能，具有良好的频率稳定性和一定的精度。方法是通过设置自由阻尼器实现对模型边界上法向与切向入射波的吸收，以减少自由边界上波的反射效应，计算时则可采用 Rayleigh 阻尼，管片阻尼比为 0.1，最小中心频率为 6Hz，数值计算模型最大网格尺寸为 0.05m。最终建立的数值计算模型如图 5-21 所示。

2. 模拟工况及监测内容

本次数值模拟中模拟错缝拼装盾构隧道分别在两种不同地层特性的上软下硬地层中隧道结构及周围地层的动力响应。上下地层的软硬差异为本节数值模拟中的重点，工况 1 中其上、下地层土体的软硬差异为 70%，其中软硬地层交界面位于隧道腰部中央。工况 2 与工况 1 软硬地层交界面位置相同，上、下地层土体的软硬差异为 50%。两种工况的地层具体参数如表 5-6 所示。此外，为了探究列车速度对隧道结构及周围地层动力响应的影响，数值计算中还施加了 40km/h 和 80km/h 两种速度的列车振动荷载，其列车振动荷载曲线可见 5.1.1 小节。

表 5-6　地层物理力学参数

工况	土层	密度/(kg/m^3)	弹性模型/MPa	泊松比	临界阻尼比	交界面位置
工况 1	软土	1940	27	0.3	0.08	隧道腰部
	硬土	2100	90	0.3	0.04	
工况 2	软土	2000	45	0.3	0.06	隧道腰部
	硬土	2100	90	0.3	0.04	

3. 测点布置

加速度测点和内力测点均位于隧道纵向中间断面。其中隧道横截面上共有 8 个加速度测点，分别位于拱顶(S1)、拱腰(S2、S8)、拱脚(S3、S7)、钢轨(S4、S6)和道床中心(S5)处。其中道床顶面中心至隧道圆心的垂直距离为 1.587m，两钢轨之间的距离为 1.19m。在周围地层中布置了 4 层加速度测点，用于监测土体加速度响应。同时，监测了隧道纵向中间断面内外侧的应力值，以计算弯矩和轴力。数值计算中测点位置如图 5-22 所示。

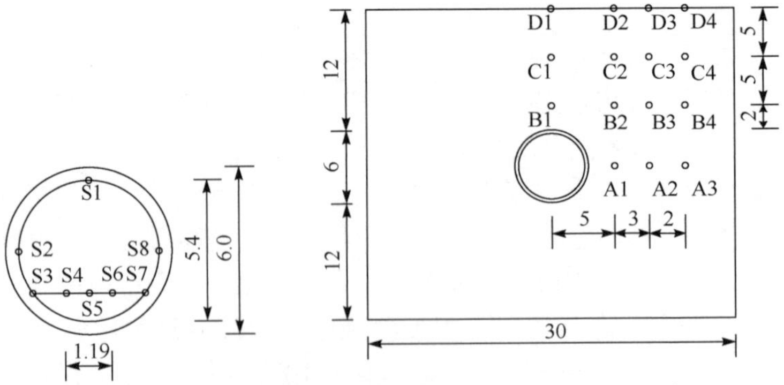

图 5-22　加速度监测位置示意图(单位：m)

5.2.2　隧道结构动力响应特性研究

本节主要从加速度、应力和内力三个角度探究列车速度、上下地层软硬差异对隧道结构动力响应特性的影响规律。

1. 加速度响应分析

首先分析隧道结构不同位置处的竖向加速度响应特性，以 80km/h 速度下的工况 2 为例，图 5-23 给出了该模型下隧道结构不同位置处的竖向加速度响应曲线。

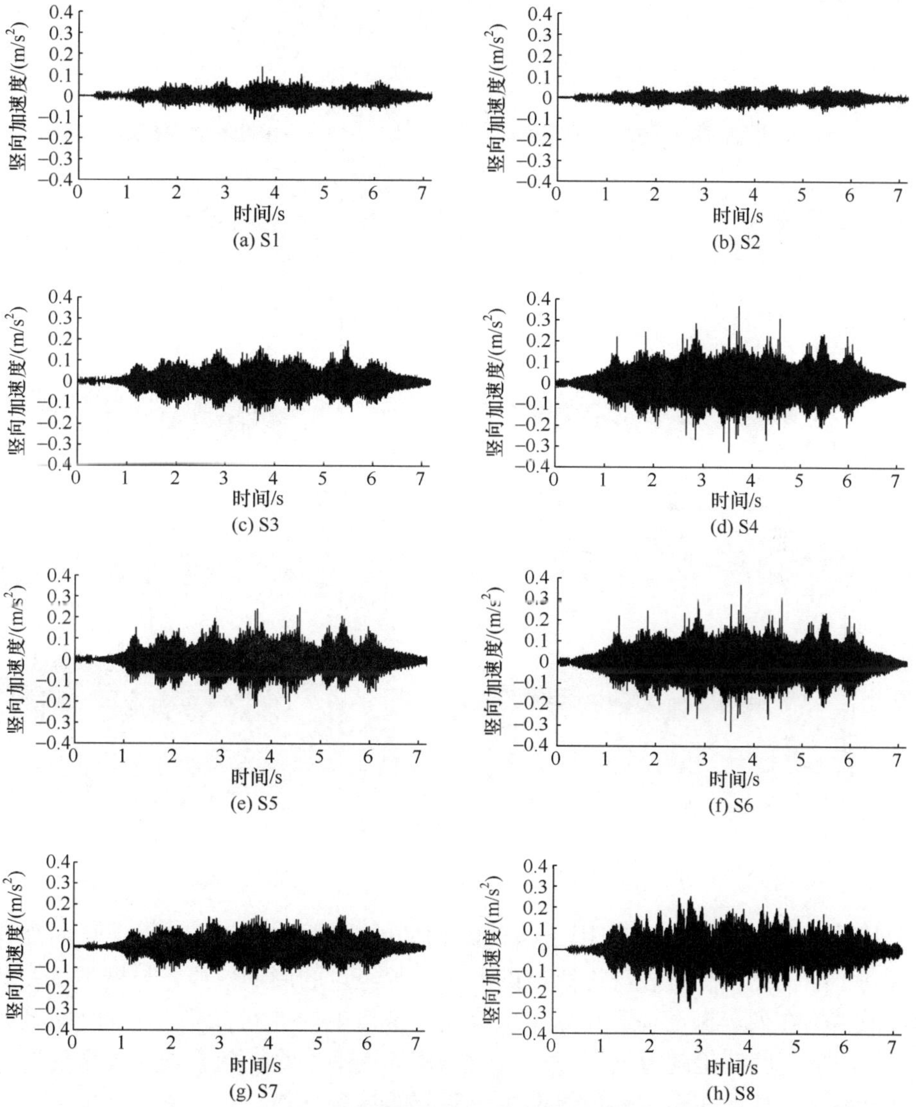

图 5-23　工况 2 中隧道结构竖向加速度响应曲线(80km/h)

由图 5-23 可知，隧道结构的竖向加速度响应以两钢轨处最为强烈。各测点的竖向加速度响应整体上表现出随时间增加先增强后减弱的趋势，当列车的中间位置行驶至监测断面时响应最大。处于对称位置的两监测点，如 S2 与 S8，其计算得到的竖向加速度响应结果相差较大，原因是测点 S2 的位置位于接缝处，接缝的存在使该位置的刚度降低，从而测点 S2 的竖向加速度响应与测点 S8 的竖向加速度响应存在差异。为此，在之后的分析中，仅对隧道结构 S1、S2、S3、S4、S5、S6 测点处的动力响应特性进行讨论。图 5-24 给出了 80km/h 工况 1 中错缝拼装模型下隧道结构的竖向加速度响应曲线。

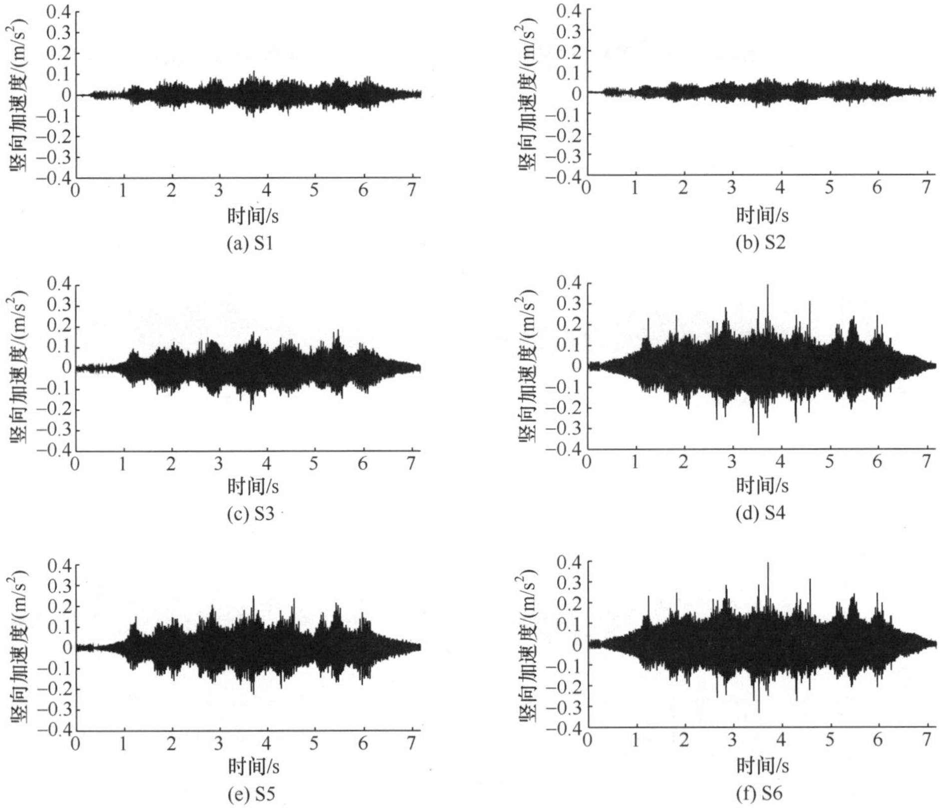

(a) S1　(b) S2　(c) S3　(d) S4　(e) S5　(f) S6

图 5-24　工况 1 中隧道结构竖向加速度响应曲线(80km/h)

从移动列车振动荷载作用下隧道结构的响应时程曲线可以看到竖向加速度随时间不断变化，没有表现出明显的列车车轮经过的周期效应，与模型试验测得的隧道结构在列车振动荷载作用下的竖向加速度响应曲线存在一定的差异性。另外，竖向加速度都是随着列车驶向隧道结构而逐渐增大，随着列车驶离隧道结构而逐渐减小，基本在经过隧道纵向中央附近时达到峰值。为了更清晰地分析在无空洞工况下列车速度对隧道结构动力响应的影响规律，提取相同速度不同软硬程度的列车振动荷载作用下隧道结构的 PPA 如表 5-7 所示。

表 5-7　速度为 80km/h 时各工况下隧道结构的 PPA　(单位：m/s^2)

工况	S1 隧道拱顶	S2 左侧拱腰	S3 左侧拱脚	S4 左侧钢轨	S5 道床中心	S6 右侧钢轨	S7 右侧拱脚	S8 右侧拱腰
工况 1	0.1167	0.0697	0.1862	0.3921	0.2493	0.3921	0.1645	0.1697
工况 2	0.1397	0.0740	0.1949	0.3697	0.2493	0.3697	0.1726	0.2541

分析表 5-7 可知，上下地层软硬差异对隧道结构的竖向加速度响应具有一定的影响。在两种不同软硬程度模型中，上下地层软硬差异较小的模型中隧道拱顶、拱腰与拱脚处的竖向加速度响应偏大，但在钢轨位置处的竖向加速度响应偏小，且各模型中隧道结构的竖向加速度响应均以两钢轨处响应最为强烈。两种模型下隧道结构的 PPA 差异在拱腰位置处较为明显，最大差值为 $0.0844m/s^2$，工况 2 中拱腰测点的 PPA 要比工况 1 中大 49.7%，其余测点处差值不超过 $0.023m/s^2$。由此说明，上下地层软硬差异对隧道结构竖向加速度响应的影响主要体现在隧道拱腰处，对其余位置的影响较小。

为进一步探究列车速度对隧道结构动力响应的影响，速度为 40km/h 下各工况隧道结构竖向加速度响应曲线分别如图 5-25 和图 5-26 所示。

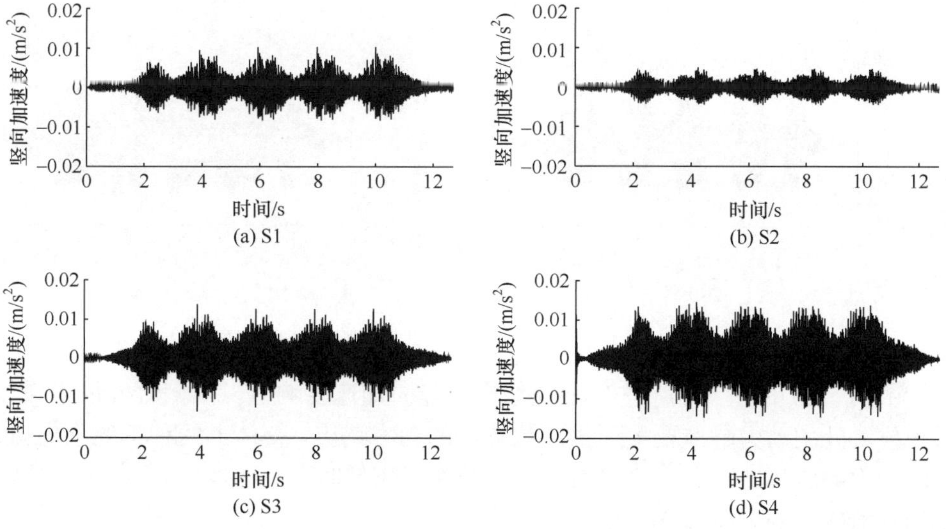

(a) S1　(b) S2　(c) S3　(d) S4

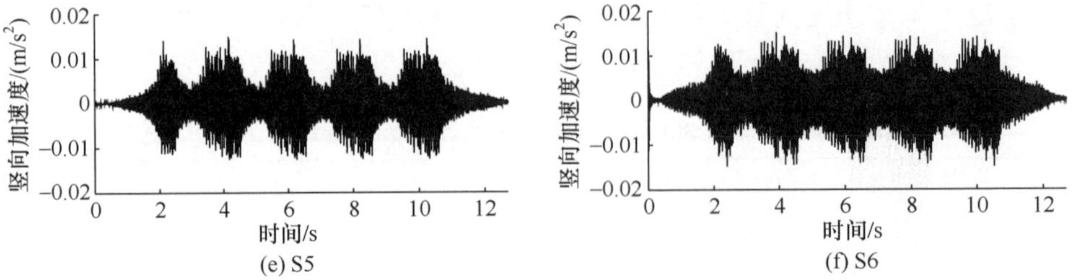

图 5-25 工况 1 中隧道结构竖向加速度响应曲线(40km/h)

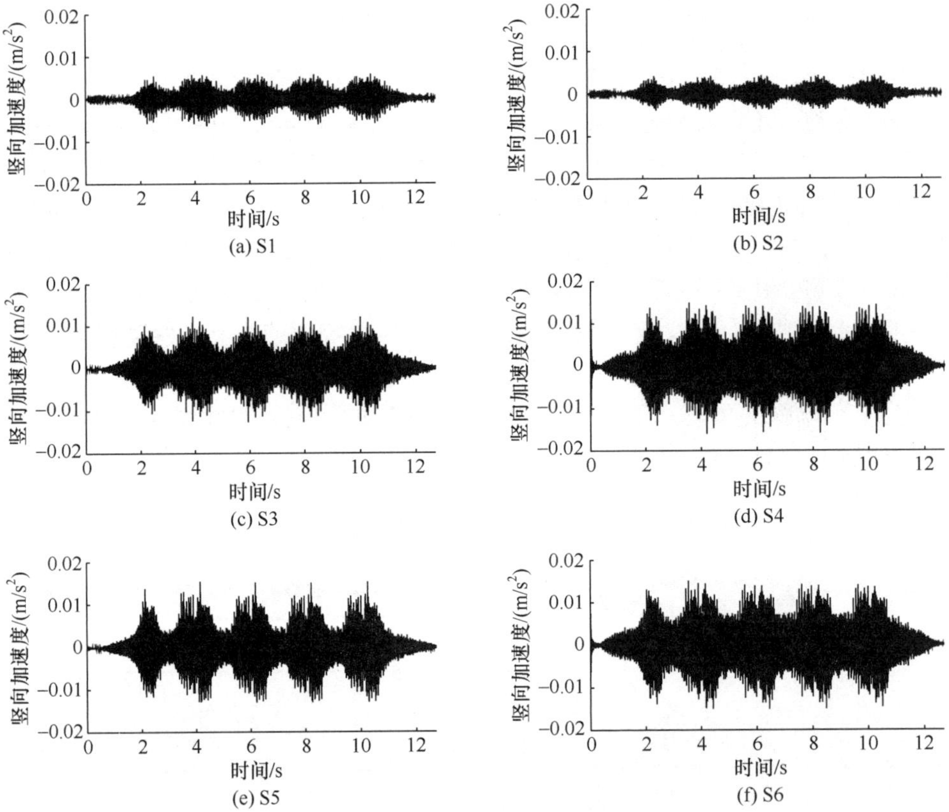

图 5-26 工况 2 中隧道结构竖向加速度响应曲线(40km/h)

由图 5-25 和图 5-26 可知，隧道结构的竖向加速度响应以两钢轨处最为强烈，拱顶位置处的动力响应要大于拱腰位置处的动力响应。整体上两种工况下隧道结构的动力响应相差不大，说明当列车行驶速度较低时，上下地层软硬差异对隧道结构动力响应的影响较小。

为了进一步分析相同工况下不同列车行驶速度对隧道结构竖向加速度响应的影响，将各个测点的 PPA 绘制如图 5-27 所示。

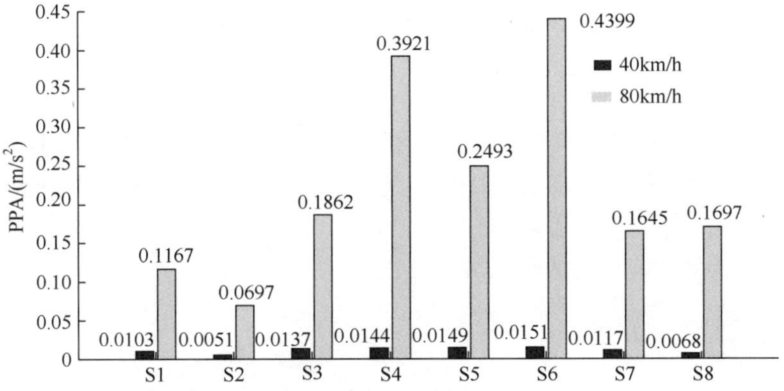

(a) 工况1

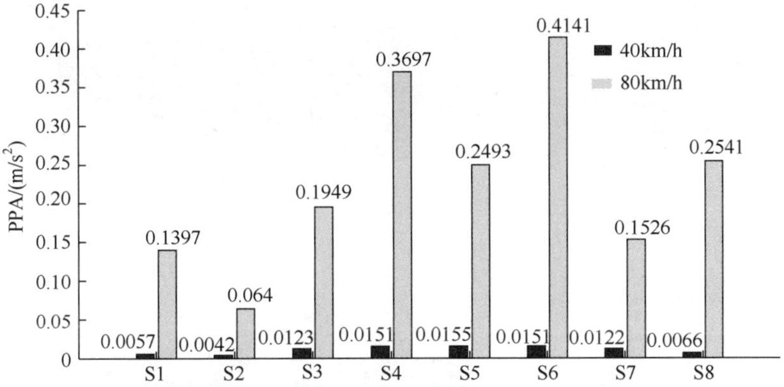

(b) 工况2

图 5-27　相同工况下不同列车行驶速度隧道结构 PPA

由图 5-27 可以明显看出，列车速度对隧道结构动力响应影响显著，随着列车速度的提高，隧道结构的 PPA 显著增大。由图 5-27 可以看出，在工况 1 中，当列车速度为 40km/h 时，钢轨处两侧点 S4、S6 和道床中心处测点 S5 的 PPA 分别为 0.0144m/s^2、0.0151m/s^2 和 0.0149m/s^2，当列车速度从 40km/h 提高至 80km/h 时，测点 PPA 分别为 0.3921m/s^2、0.4399m/s^2 和 0.2493m/s^2，PPA 增幅为 2622.9%、2813.2%和 1573.2%。在工况 2 中的测点，列车速度从 40km/h 提高至 80km/h 时，PPA 增幅分别为 2348.3%、2642.4%和 1508.4%。由此可以看出，上下地层软硬程度相差越大，列车速度的增大对隧道结构的竖向加速度响应的增幅反而越小。

此外还可以观测到隧道结构梁拱腰位置处测点在不同列车行驶速度下的竖向加速度响应相差较大。列车速度为 40km/h 时，隧道左拱腰位置测点的 PPA 要小于右拱腰，但两者之间的差值较小，不超过 0.0024m/s^2；当列车速度为 80km/h 时，隧道左右拱腰位置测点的 PPA 差值较大，最大差值可达 0.19m/s^2；这是因为左拱腰测点位于管片接缝处，当列车速度较低时，管片接缝对 PPA 的影响表现不明显，当列车速度增大时，管片接缝对测点的竖向加速度响应尤为突出。

2. 应力响应特性分析

由 5.1 节分析可知，列车振动荷载作用下列车行驶至监测断面时动力响应最为强烈，且隧道结构的应力响应以竖向为主。因此为进一步研究上下地层软硬程度对隧道结构应力响应的影响，图 5-28 给出了该时刻下 80km/h 列车速度对应的两种工况模型中隧道结构的竖向应力云图。

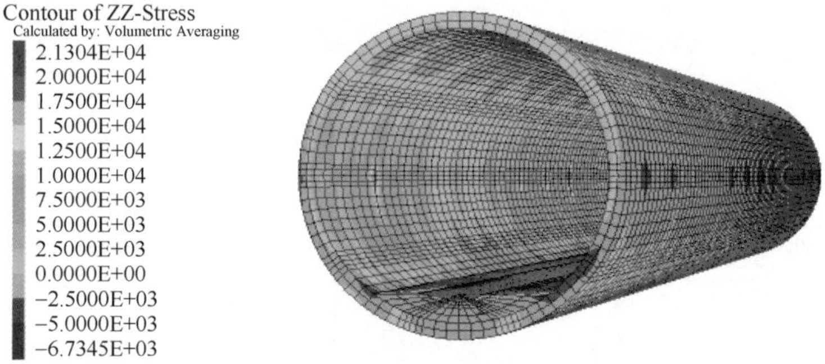

(a) 工况1

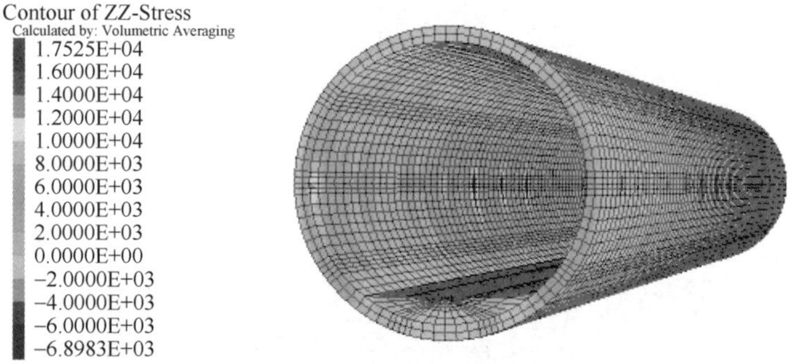

(b) 工况2

图 5-28　两种模型中竖向隧道结构应力云图(80km/h)(后附彩图)

结合图 5-28 可知，上下地层软硬差异对隧道结构竖向应力分布和幅值均有一定影响。从幅值上说，上下地层软硬差异越小，隧道结构产生的应力也越小。软硬地层差异较大的模型中(工况 1)正负应力峰值分别为 21.30kPa、−6.73kPa，软硬地层差异较小的模型中(工况 2)正负应力峰值分别为 17.53kPa、−6.90kPa，两种模型中隧道结构的竖向应力峰值差值最高可达 3.77kPa。为进一步探究列车速度对隧道结构动力响应的影响，图 5-29 给出了速度 40km/h 下两种工况中隧道结构竖向应力云图。

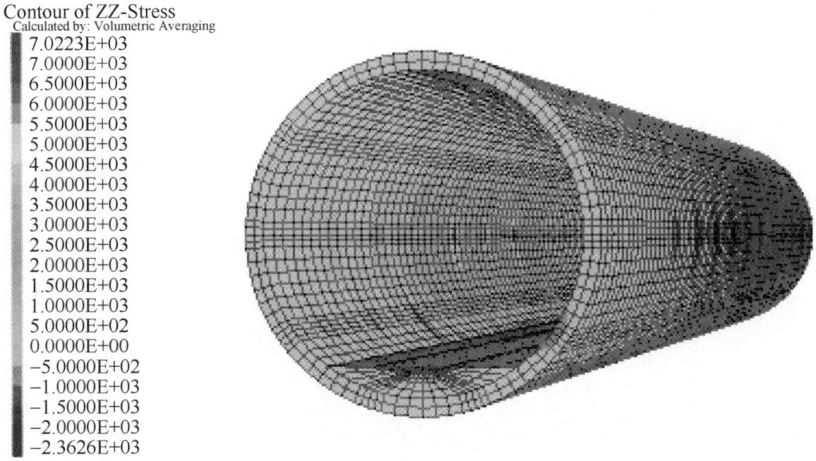

(a) 工况1

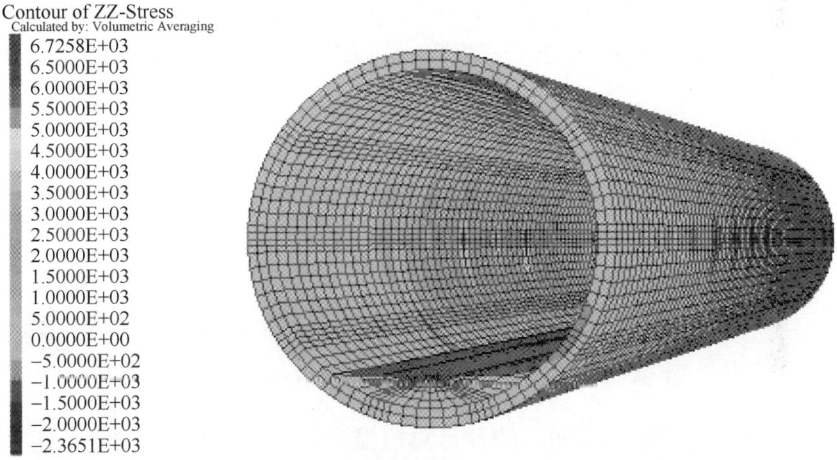

(b) 工况2

图 5-29　不同模型竖向隧道结构应力云图(40km/h)(后附彩图)

结合图 5-29 可知，软硬地层差异较大的模型中(工况 1)正负应力峰值分别为 7.02kPa、−2.36kPa，软硬地层差异较小的模型中(工况 2)正负应力峰值分别为 6.73kPa、−2.37kPa，两种模型中隧道结构的竖向应力峰值差值较小，可达 0.29kPa。此外结合图 5-28 分析可知，随着列车速度增大，所引起的隧道结构应力也越大，如在工况 1 中，列车速度从 40km/h 增大到 80km/h，隧道结构的竖向应力峰值增加了 14.28kPa，增幅为 203.4%；在工况 2 中，列车速度从 40km/h 增大到 80km/h，隧道结构的竖向应力峰值增加了 10.80kPa，增幅为 160.5%。由此可以看出，上下地层软硬程度差异越大，由速度引起的应力增幅越小。

3. 隧道结构内力分析

为探究列车速度以及上下地层软硬程度差异对隧道结构内力的影响规律，提取隧道纵向中央截面的内外侧单元的正应力及切应力，计算截面各角度处的弯矩和轴力值。以速度 40km/h 为例，图 5-30、图 5-31 分别给出了两种计算模型下隧道结构不同时刻的内力响应。共选取 3 个时刻下的内力响应结果：t=1.59s、t=3.17s、t=6.35s，其中 t=6.35s 为列车的中间位置刚好行驶至监测断面时。

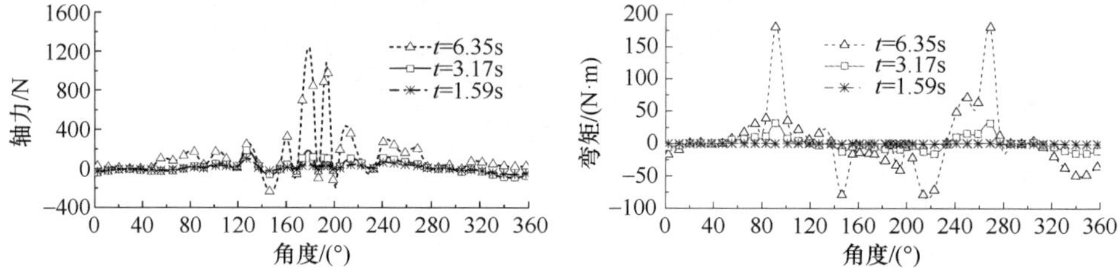

(a) 隧道结构轴力响应峰值　　(b) 隧道结构弯矩响应峰值

图 5-30　工况 1 中隧道结构内力响应峰值(40km/h)

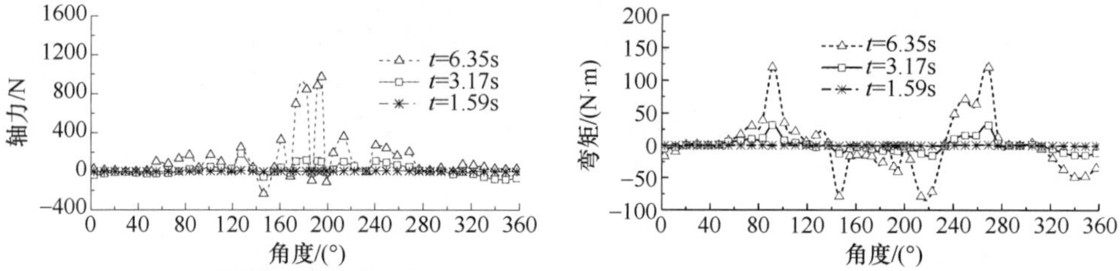

(a) 隧道结构轴力响应峰值　　(b) 隧道结构弯矩响应峰值

图 5-31　工况 2 中隧道结构内力响应峰值(40km/h)

由图 5-30 和图 5-31 可知，两种计算模型下隧道结构的内力响应较为复杂。对于一个固定的监测断面，列车由远至近时，断面上的内力响应呈现出逐渐增强的趋势。隧道结构的轴力响应以拱底(180°)附近区域最为显著，其峰值为 1245.8N。整体上除拱顶附近区域(拱顶左右各约 45°)受到的轴力几乎为 0，其余区域轴力值正负不断变化，且随着距离拱底越近，所受轴力也越来越大。弯矩存在多个正、负极值，其峰值为 135.4N · m，其中正弯矩极值出现在隧道拱腰(90°和 270°)附近，峰值为 100～200N · m，负弯矩极值出现在 150°和 210°附近区域，峰值为–100～–50N · m。总体来看，弯矩只有在 60°～130°和 240°～310°内为正值，其余区段均为负值。此外还可以观察到工况 2 中隧道结构所受到的弯矩与轴力要小于工况 1 中隧道结构所受的弯矩与轴力，表明地层软硬程度差异小对隧道结构所受内力有利。进一步对比不同隧道模型下隧道结构的内力响应可知，隧道结构所受轴力与弯矩表现出一定的对称性，但内力响应并不是十分对称的，原因在于错缝拼装模型中接头交错杂乱，结构的刚度分布不一。为进一步研究列车速度对隧道结构内力响应的影响，选取 80km/h 速度下内力响应峰值绘制如图 5-32 和图 5-33 所示。

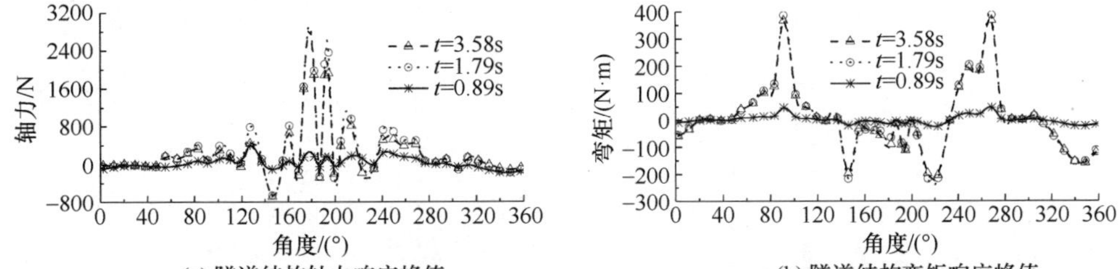

(a) 隧道结构轴力响应峰值　(b) 隧道结构弯矩响应峰值

图 5-32　工况 1 中隧道结构内力响应峰值(80km/h)

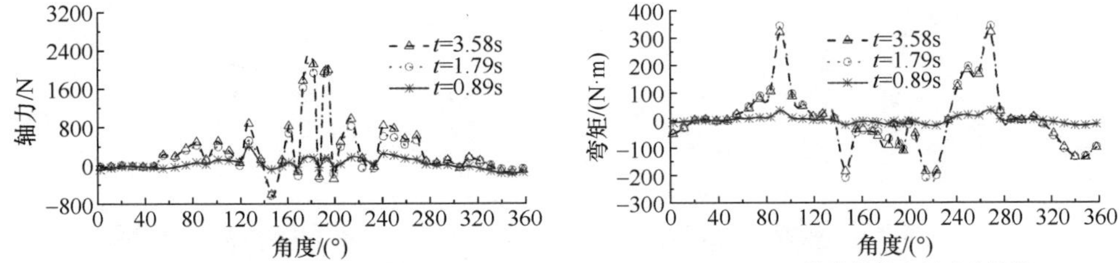

(a) 隧道结构轴力响应峰值　(b) 隧道结构弯矩响应峰值

图 5-33　工况 2 中隧道结构内力响应峰值(80km/h)

由图 5-32 和图 5-33 可知，列车速度对隧道结构内力响应具有显著影响。总体来看，不同速度下隧道结构内力响应的分布规律基本一致，响应极值出现的位置也基本一致。随着列车速度的增加，内力响应幅值也增加，如工况 2 中列车速度由 40km/h 增加为 80km/h 后，隧道结构所受轴力的峰值由 974.1N 增加为 2392.8N，增加幅度为 145.6%；而弯矩响应峰值由 120.5N · m 变化为 344.4N · m，增加幅度为 185.8%。结合竖向加速度、应力和隧道结构内力响应分析可以看出，列车速度是影响盾构隧道结构动力响应的重要因素，设计速度较高的盾构隧道时，应充分考虑这方面因素对隧道结构的影响。

5.2.3　周围地层动力响应特性研究

为研究上下地层软硬差异对周围地层动力响应特性的影响，从周围地层的竖向加速度、应力响应两个角度进行分析。

1. 竖向加速度响应特性分析

以工况 2 的周围地层动力响应为例，选取速度为 80km/h，周围地层的竖向加速度响应如图 5-34 所示。

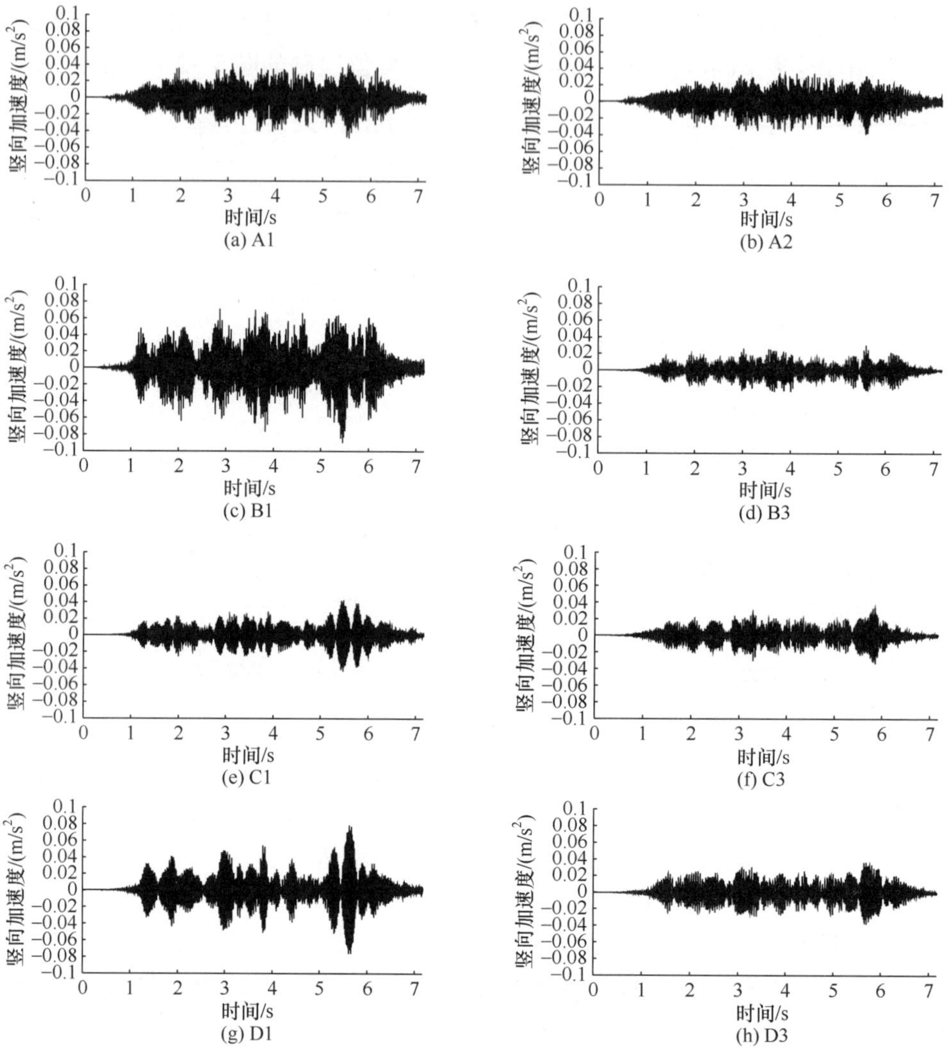

图 5-34　工况 2 中周围地层竖向加速度响应曲线(80km/h)

由图 5-34 可知，周围地层的竖向加速度响应随振动荷载的变化表现出一定的波动性。周围地层竖向加速度响应较大处均位于隧道结构附近，PPA 最大为 0.0878m/s^2，在距离振源较远处(如地表位置)加速度响应较为微弱，PPA 不超过 0.03m/s^2。沿隧道水平方向分析可知，测点 A1 和 A2 处的加速度响应为 0.0498m/s^2 和 0.0361m/s^2，A1 测点处较大，PPA 衰减幅度为 27.5%。测点 B1、B2 和 B3 处的加速度响应差距极大，其中 B1 测点处响应最大，B3 测点处响应最小，最大差异为 0.039m/s^2，衰减幅度为 71.5%。沿竖向分析可知，测点 B1、C1 和 D1 处的动力响应先减小后增大，各测点的 PPA 分别为 0.0878m/s^2、0.0346m/s^2、0.0483m/s^2，土体表面表现出明显的动力放大现象。

为了更清晰地分析上下地层软硬差异对周围地层动力响应的影响规律，给出相同速度地层工况 1 的列车振动荷载作用下周围地层测点的竖向加速度响应曲线如图 5-35 所示。

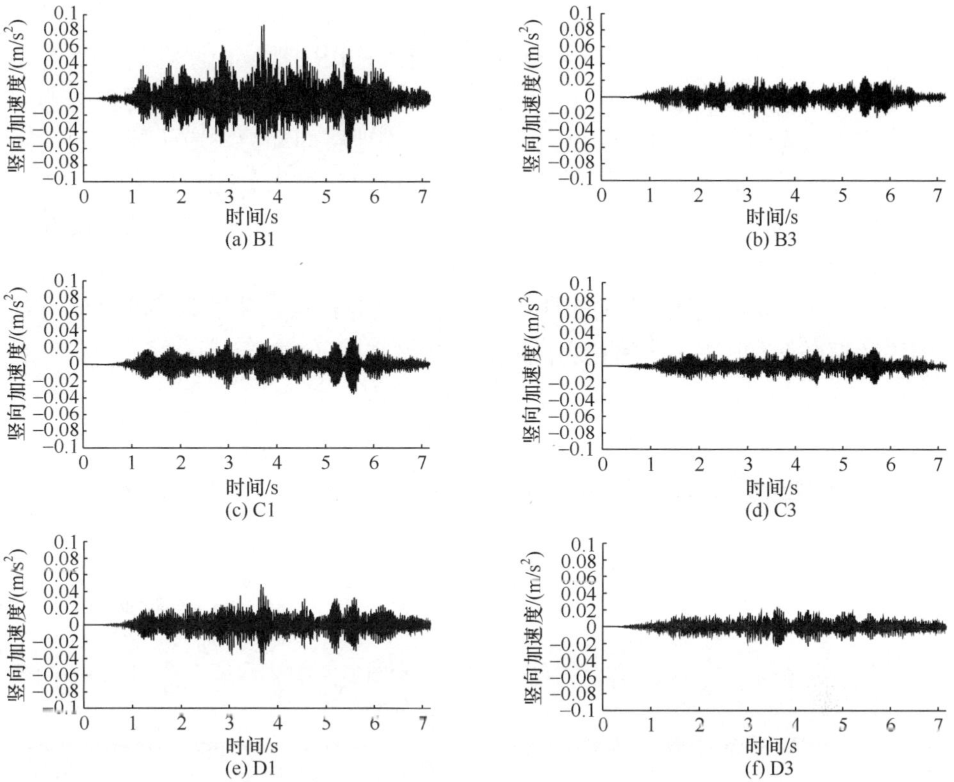

图 5-35 工况 1 中周围地层竖向加速度响应曲线(80km/h)

从移动列车振动荷载作用下周围地层的响应时程曲线可以看到竖向加速度随时间不断变化，没有表现出明显的列车车轮经过的周期效应，竖向加速度都是随着列车驶向隧道结构而逐渐增大，随着列车驶离隧道结构而逐渐减小，与工况 2 测得的周围速度竖向加速度响应曲线存在一定的差异性，竖向加速度响应峰值出现在列车快行驶到隧道四分之三位置处。为了更清晰地分析上下地层软硬程度差异对周围地层动力响应的影响规律，提取相同速度不同软硬程度下的列车振动荷载作用下周围地层的 PPA 如表 5-8 所示。

表 5-8　速度为 80km/h 时各工况下周围地层的 PPA　　(单位：m/s^2)

工况	B1	B3	C1	C3	D1	D3	A1	A2
工况 1	0.0713	0.0302	0.0423	0.0341	0.0779	0.0369	0.0413	0.0341
工况 2	0.0878	0.0250	0.0346	0.0228	0.0483	0.0236	0.0493	0.0361

由表 5-8 可知，上下地层软硬程度相差越大，周围地层内测点的 PPA 越大，但距离隧道较近的测点(A1、B1)，工况 2 的测点动力响应要大于工况 1 中测点的动力响应，这是因为距离振源较近的位置，周围地层的动力响应主要受列车振动荷载影响。此外，在不同工况下，竖向测点表现出先增大后减小的趋势，即周围地层表面测点的 PPA 要大于周围地层中部测点的 PPA，这表明周围地层内部存在一定的动力放大区。

为进一步探究列车速度对周围地层动力响应的影响，速度为 40km/h 下各工况周围地层竖向加速度响应曲线分别如图 5-36 和图 5-37 所示。

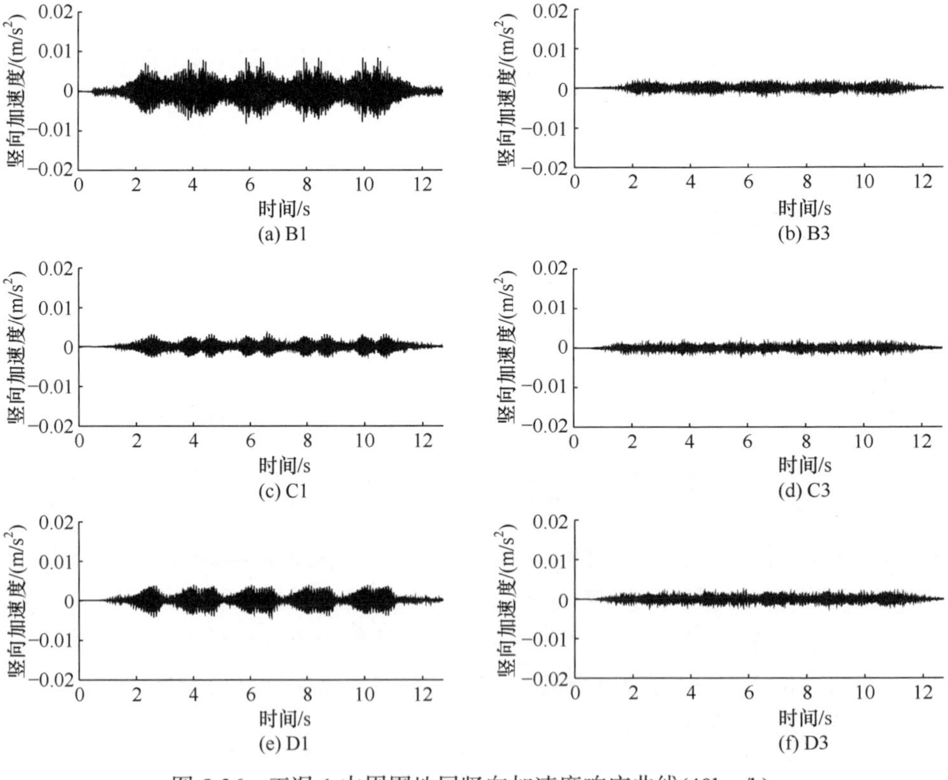

(a) B1　(b) B3　(c) C1　(d) C3　(e) D1　(f) D3

图 5-36　工况 1 中周围地层竖向加速度响应曲线(40km/h)

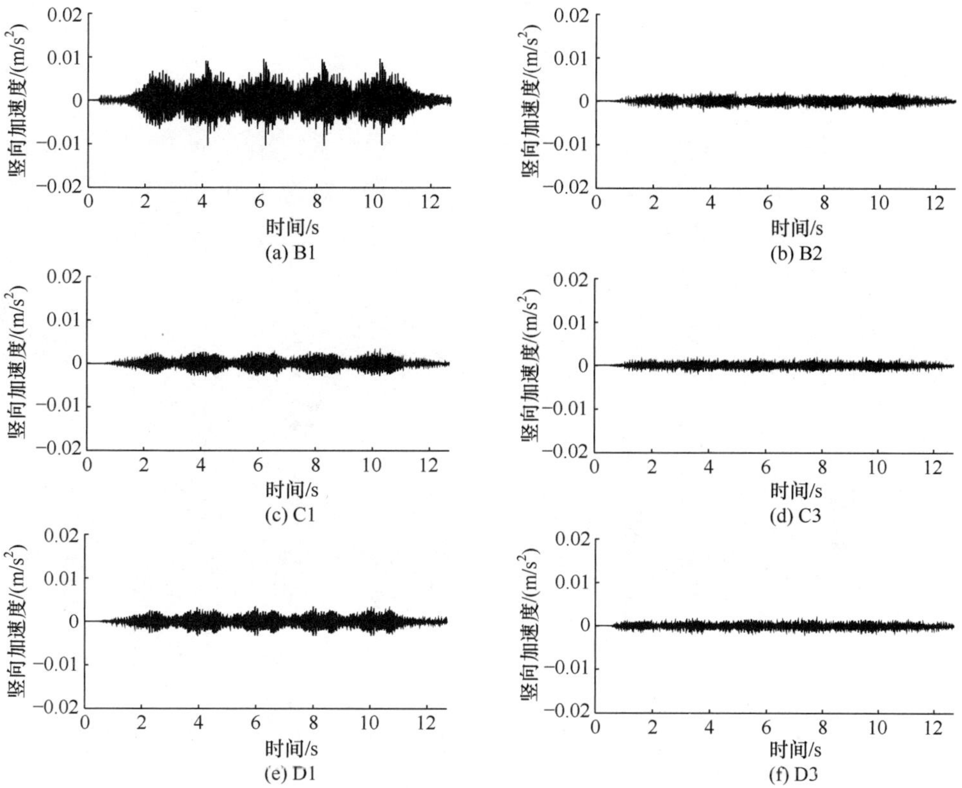

图 5-37 工况 2 中周围地层竖向加速度响应曲线(40km/h)

由图 5-36 和图 5-37 可知，沿横向距离振源越远，周围地层的竖向加速度响应越小，表现出明显的衰减趋势，沿纵向周围地层测点表现出先减小后随之增大的趋势，表明在周围地层内部存在一定的放大区。此外，不同工况下周围地层竖向加速度响应同样表现出明显的波动性，动力响应随列车振动荷载不断改变。整体上，周围地层同一测点处动力响应变化规律相差较小，仅 PPA 有所差异。为更清楚地对竖向加速度响应结果进行分析，将不同工况中对应地层各测点位置处的 PPA 进行提取，结果如表 5-9 所示。

表 5-9 速度为 40km/h 时各工况下周围地层的 PPA (单位：m/s^2)

工况	B1	B3	C1	C3	D1	D3	A1	A2
工况 1	0.0085	0.0017	0.0032	0.0016	0.0039	0.0019	0.0050	0.0036
工况 2	0.0096	0.0016	0.0028	0.0013	0.0035	0.0016	0.0039	0.0040

由表 5-9 可知，距振源较近位置处，工况 2 中周围地层竖向加速度动力响应

要大于工况 1，如工况 1 和工况 2 中 B1 测点的 PPA 分别为 0.0085m/s^2、0.0096m/s^2，两者相差 11.5%；而随着距振源距离的增加，在位置较远处，工况 2 中周围地层竖向加速度动力响应要小于工况 1，表明在距振源较远处，上下地层软硬差异越大，周围地层的竖向加速度响应反而越小。例如，在 A1 测点，两种工况下的 PPA 分别为 0.0050m/s^2、0.0039m/s^2，两者之间的差异大概为 22%。

为了分析相同工况下不同列车行驶速度对周围地层竖向加速度动力响应的影响，将各个测点的 PPA 绘制如图 5-38 所示。

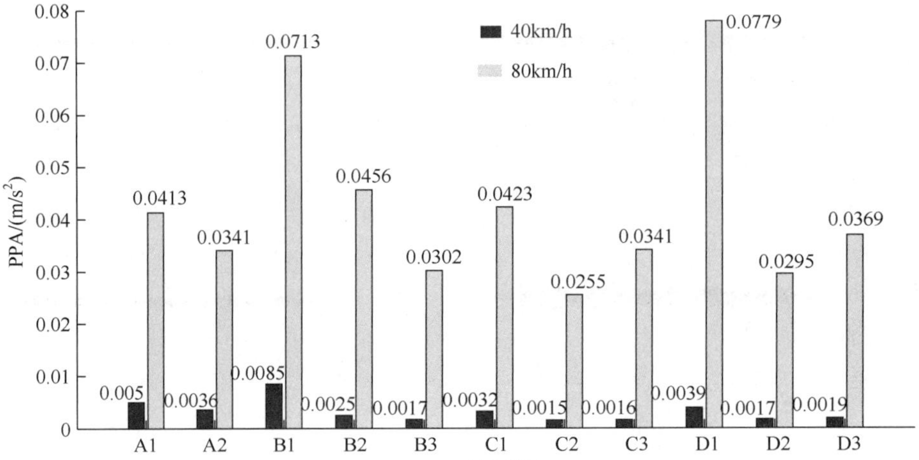

(a) 工况1

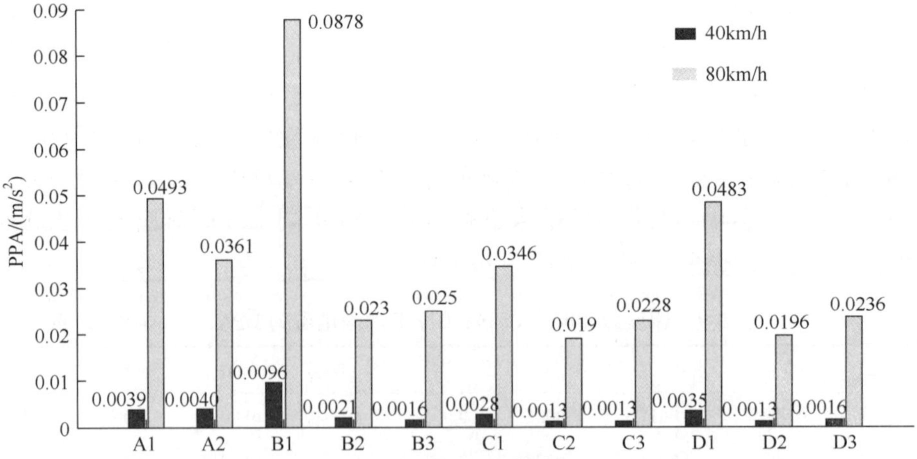

(b) 工况2

图 5-38　相同工况下不同列车行驶速度时周围地层的 PPA

由图 5-38 可以明显看出，随着列车速度的提高，周围地层的 PPA 明显增大。

在工况 1 中，对于沿着纵深方向的测点 B1、B2、B3，列车速度从 40km/h 提高至 80km/h 时 PPA 增幅分别为 738.8%、1724.0%、1676.5%，对于沿着水平方向的测点 A1、A2，列车速度从 40km/h 提高至 80km/h 时 PPA 增幅分别为 726.0%和 847.2%；在工况 2 中，对于沿着纵深方向的测点 B1、B2、B3，列车速度从 40km/h 提高至 80km/h 时 PPA 增幅分别为 814.6%、995.2%、1462.5%，对于沿着水平方向的测点 A1、A2，列车速度从 40km/h 提高至 80km/h 时 PPA 增幅分别为 1164.1%和 802.5%。

2. 应力响应分析

根据周围地层应力、应变响应的分析结果，三个方向(竖向、沿隧道纵向、水平方向)的响应值以竖向最为显著。鉴于此，周围地层应力、应变响应只针对竖向进行分析。选取的时刻为列车的中间位置行驶至中间监测断面时。同时，为了清晰地看出监测断面上的应力、应变分布规律，在模型的中间断面处进行剖面。图 5-39 给出了列车速度为 40km/h 时，两种模型下的周围地层竖向应力云图。

分析图 5-39 可知，周围地层的应力响应沿隧道拱顶和拱底对称分布，并且应力响应峰值沿隧道纵向一定间距分布，正应力峰值出现在隧道拱脚处，负应力峰值出现在隧道拱腰。在工况 1 模型中，正应力峰值和负应力峰值分别为 0.93kPa 和−1.92kPa；在工况 2 模型中，正应力峰值和负应力峰值分别为 0.94kPa 和−1.53kPa。表明列车速度较低时，上下地层软硬差异对周围地层的应力响应影响较小。此外还可发现在隧道拱顶以上和拱脚以下一定范围内的周围地层中存在一定的压应力区，并且随着上下地层软硬差异的减小，压应力值也在不断减小。

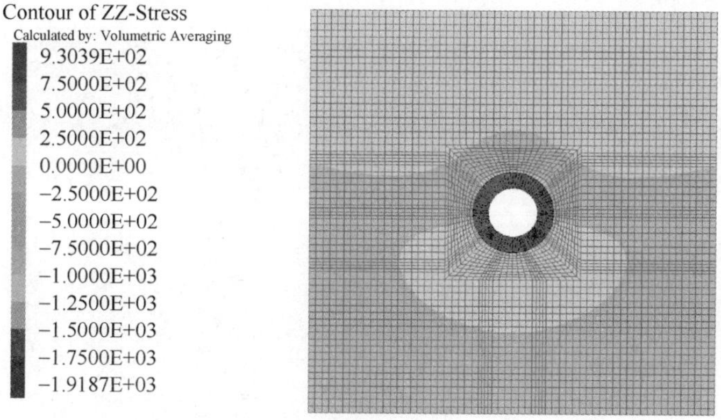

(a) 工况1

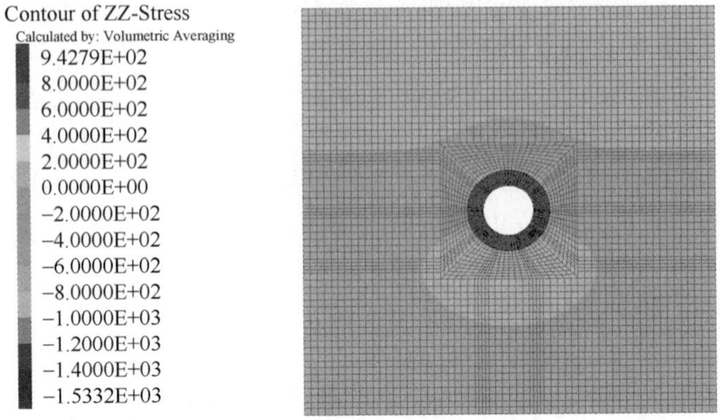

(b) 工况2

图 5-39　不同工况中周围地层应力响应(40km/h)(后附彩图)

为了探究列车速度对周围地层应力响应的影响，以 80km/h 列车速度为例，两种计算模型中周围地层竖向的应力云图如图 5-40 所示。

分析图 5-40 可知，两种工况下周围地层的正负应力峰值分别从 2.68kPa 和 –6.27kPa 变为 2.52kPa 和–4.19kPa。且随着列车速度的提高，周围地层的应力响应也明显增大，当速度从 40km/h 提升至 80km/h 时，工况 1 中周围地层正应力峰值和负应力峰值分别从 0.93kPa 和–1.92kPa 提升至 2.68kPa 和–6.27kPa，正负应力峰值提升幅度分别为 188.2%和 226.6%。而在工况 2 中，正应力峰值和负应力峰值分别从 0.94kPa 和–1.53kPa 提升至 2.52kPa 和–4.19kPa，正负应力峰值提升幅度分别为 168.1%和 173.9%，由此说明列车在高速行驶时，上下地层软硬程度差异越大，周围地层应力增幅也越大。

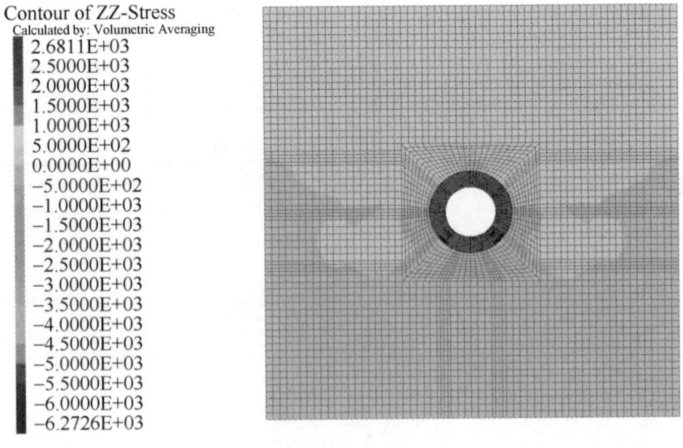

(a) 工况1

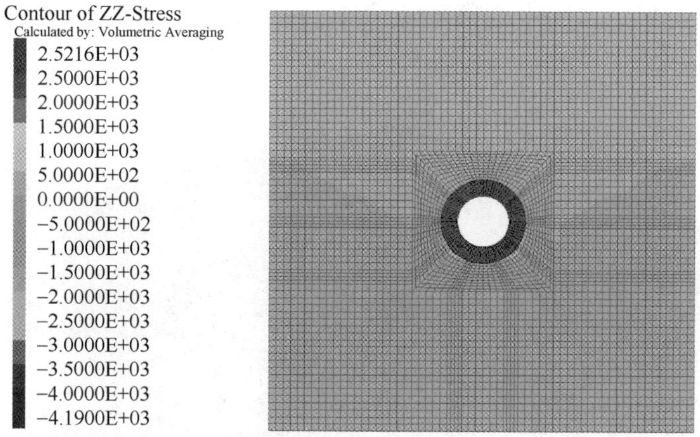

(b) 工况2

图 5-40　不同工况中周围地层应力响应(80km/h)(后附彩图)

5.3　移动荷载作用下衬砌管片背后空洞对盾构隧道动力响应影响

本节建立土体-空洞-隧道结构计算模型，并在列车上施加列车行驶速度场，在轮轨上施加实测的列车振动荷载，模拟了编组列车在盾构隧道中行驶的全过程，分析了列车在隧道中行驶时管片结构的动力响应。对于隧道中间断面，详细分析了不同空洞宽度和空洞位置在不同列车行驶速度下隧道结构以及周围地层的加速度、应力响应等相关力学参数的分布规律及发展趋势，同时深入探究移动荷载作用下管片内力的分布特征，为盾构隧道结构设计提供参考。

5.3.1　计算模型的建立

1. 模型尺寸及关键参数的选取

根据第 4 章相似模型试验所处工况建立数值模型，忽略管片连接螺栓、管片拼装等因素，分析列车行驶过程中结构的动力响应。模型尺寸为 30m(长)×18m(宽)×25.6m(高)，上边界为自由地面，其他边界为黏弹性人工边界，以吸收传至边界处的入射波，数值计算模型如图 5-41 所示。隧道穿越均一软土地层，上部隧道埋深 10m。盾构隧道的外径为 6.0m，内径为 5.4m，管片衬砌厚度为 300mm。此外还在隧道结构底部模拟出道床结构，便于在模型中施加移动的列车振动荷载。计算的本构模型为弹性本构模型，划分网格的最大尺寸为 0.05m；动力计算采用瑞利阻尼，根据已有的研究，隧道结构和周围地层的临界阻尼比分别取为 0.1 和 0.05，最小中心频率取 6Hz。隧道结构、道床结构及周围地层的物理力学参数如表 5-10 所示。

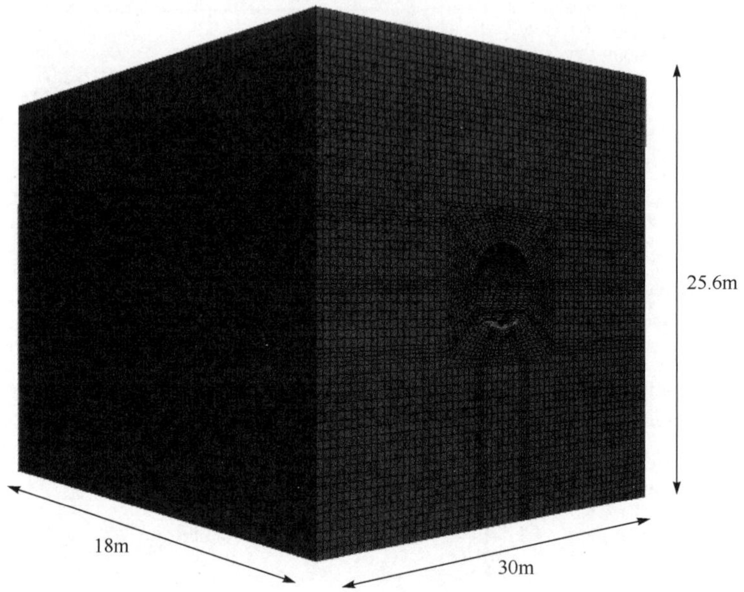

图 5-41　数值计算模型

表 5-10　数值计算模型材料物理力学参数

类型	密度/(kg/m³)	弹性模量/MPa	泊松比
隧道结构	2400	3.45×10^4	0.3
道床结构	2420	3.15×10^4	0.3
周围地层	2000	60	0.3

2. 移动列车荷载的确定与施加

对于列车振动荷载，车辆与轨道是影响其数值大小的主要因素。其中，车辆因素包括轨道接头状态、车轮擦伤和几何不平顺等；轨道因素包括轨面的局部凹凸不平顺、轨下基础的空洞等，因此列车振动荷载具有较大的不确定性。

实际情况中，车轨耦合作用产生的列车振动荷载由车轮经轨道传递并扩散至隧道结构，并且在时间和空间上是连续变化的，为较为真实地表征这一过程，通过列车-轨道耦合动力学理论建立三维列车-轨道-地层数值计算模型，考虑轨道不平顺的影响，然后在列车车轮上施加列车行驶速度场，并在轮轴上作用竖向激振力的方式近似模拟列车行驶过程中的空间位置变化和振动荷载时程变化。对应列车速度分别为 40km/h、60km/h 和 80km/h 的美国 6 级轨道谱列车振动荷载，三种速度的列车振动荷载曲线见 5.1.1 节。

3. 模拟工况及监测内容

本节除了探究列车速度对盾构隧道结构及周围地层动力响应的影响规律以外，还要重点研究衬砌管片背后空洞尺寸及位置对盾构隧道结构及周围地层的动力响应特性的影响。本节共模拟了三种宽度(0.8m、1.6m 和 2.4m)和三种位置(拱顶、右侧拱腰和基底)的半椭球形空洞以及无空洞 10 种工况模型，三种宽度的空洞对应的圆心角分别为 15°、30°和 45°，三种位置的空洞分别对应于 0°、90°和 180°，空洞深度均为 1m。衬砌管片背后空洞均位于隧道纵向的中间断面。图 5-42 只给出了无空洞及宽度为 2.4m 空洞在不同位置的工况。

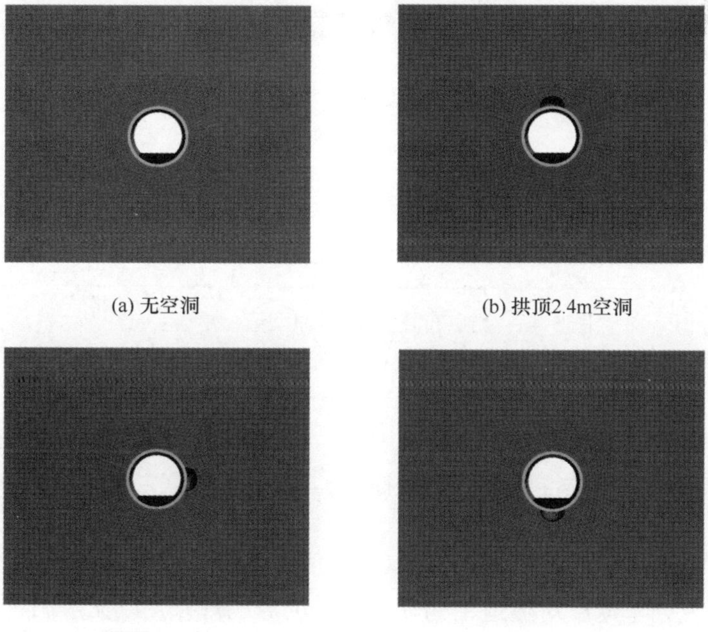

(a) 无空洞　(b) 拱顶2.4m空洞

(c) 拱腰2.4m空洞　(d) 基底2.4m空洞

图 5-42　数值计算中不同位置的衬砌管片背后空洞

对于一辆长度为 142m 的地铁列车，在速度为 40km/h、60km/h、80km/h 时计算时长分别为 14.4s、9.6s 和 7.2s。由于衬砌管片背后空洞均位于隧道纵向中间断面，因此加速度监测点和内力监测点均位于隧道纵向中间断面。其中隧道横截面上共有 8 个加速度监测点，分别位于拱顶(A0-1)、拱腰(A0-2、A0-8)、拱脚(A0-3、A0-7)、钢轨(A0-4、A0-6)和道床中心(A0-5)处。其中道床顶面至隧道底部的距离为 1.091m，钢轨至道床中心的距离为 0.72m。在周围地层中布置了 4 层加速度监测点。各加速度监测点位置如图 5-43 所示。同时，由于隧道管片采用实体单元进行建模，故需对隧道纵向中间断面内外侧的应力值进行监测以计算管片所受的弯矩和轴力。

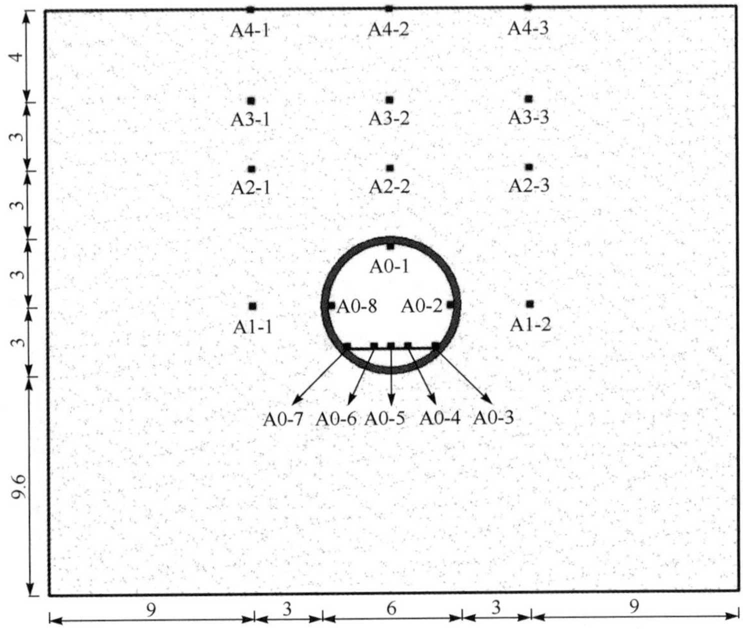

图 5-43　测点布置示意图(原型值，单位：m)

5.3.2　隧道结构动力响应特性研究

本节主要从竖向加速度、内力和应力三个角度探究列车速度、空洞尺寸及位置对隧道结构动力响应特性的影响规律。

1. 竖向加速度响应分析

为了探究列车速度对隧道结构动力响应的影响规律，以无空洞工况为例，提取隧道结构不同位置处的竖向加速度曲线如图 5-44～图 5-46 所示。

从图 5-44～图 5-46 中可以明显地观察到竖向加速度都是随着列车驶向隧道结构而逐渐增大，随着列车驶离隧道结构而逐渐减小，基本在经过隧道纵向中央附近时达到峰值。另外，在无空洞工况下，隧道内 A0-3 与 A0-7 由于关于隧道拱顶和拱底对称，因此竖向加速度响应也具有对称性。为了更清晰地分析在无空洞工况下列车速度对隧道结构动力响应的影响规律，提取不同速度的列车振动荷载作用下隧道结构的 PPA 如表 5-11 所示。

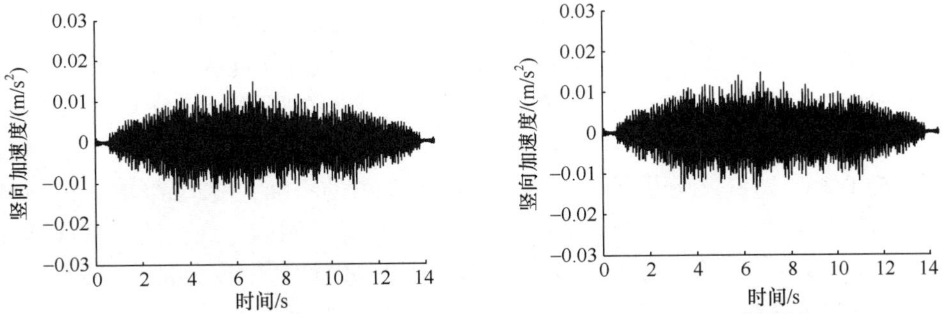

(a) A0-3　　(b) A0-7

图 5-44　无空洞工况下隧道结构竖向加速度响应曲线(40km/h)

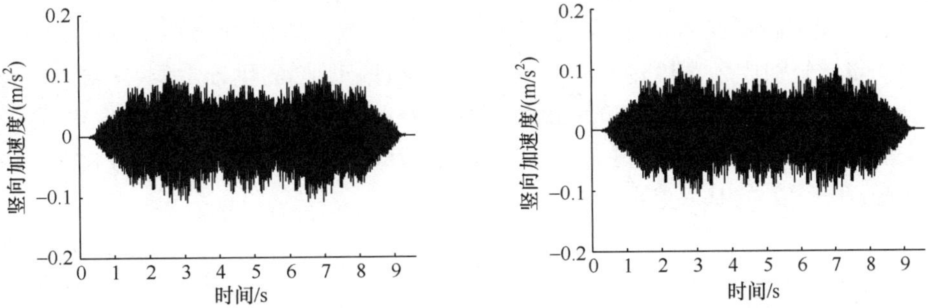

(a) A0-3　　(b) A0-7

图 5-45　无空洞工况下隧道结构竖向加速度响应曲线(60km/h)

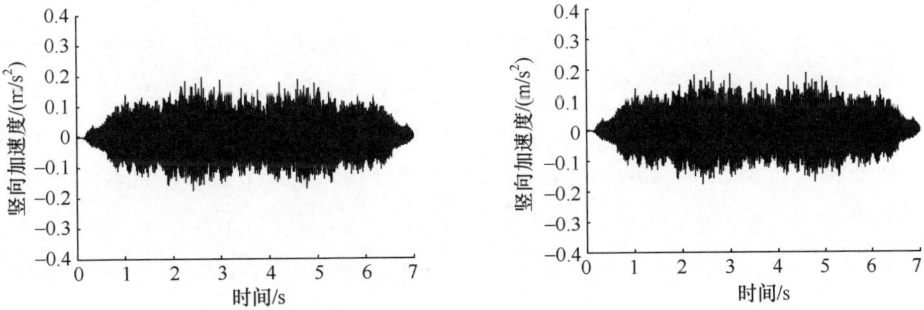

(a) A0-3　　(b) A0-7

图 5-46　无空洞工况下隧道结构竖向加速度响应曲线(80km/h)

表 5-11　无空洞工况下隧道结构的 PPA　　(单位：m/s^2)

列车速度	A0-1	A0-2	A0-3	A0-4	A0-5	A0-6	A0-7	A0-8
40km/h	0.0223	0.0097	0.0145	0.0165	0.0205	0.0165	0.0145	0.0097
60km/h	0.1438	0.0572	0.1087	0.1201	0.1514	0.1201	0.1087	0.0572
80km/h	0.2201	0.1202	0.1868	0.2757	0.3911	0.2757	0.1868	0.1202

分析表 5-11 可知，随着与振源距离的增加，隧道结构的 PPA 呈明显的衰减趋势。随着列车速度的提高，隧道结构的 PPA 明显增大，并且从 40km/h 至 60km/h 的提升幅度明显大于 60km/h 至 80km/h。例如，对于拱顶测点 A0-1，从 40km/h 至 60km/h 时 PPA 增大幅值为 544.84%，而从 60km/h 至 80km/h 时 PPA 增大幅值仅为 53.06%。进一步分析可知，随着与振源距离的增加，隧道结构的动力响应随列车速度的提升而增大的幅值呈现出衰减的趋势，例如，列车速度从 60km/h 提升至 80km/h，道床中心、隧道拱腰和隧道拱脚的增大幅度分别为 158.32%、110.14%和 71.85%。

为了探究衬砌管片背后空洞尺寸和位置对移动列车振动荷载作用下隧道结构动力响应的影响规律，以列车速度 80km/h 为例，提取不同空洞工况的列车振动荷载作用下隧道结构的 PPA 如表 5-12 所示。其中空洞 0°-15°、空洞 0°-30°和空洞 0°-45°分别代表宽度为 0.8m、1.6m 和 2.4m(原型值)的拱顶空洞，空洞 90°-15°、空洞 90°-30°和空洞 90°-45°分别代表宽度为 0.8m、1.6m 和 2.4m(原型值)的右侧拱腰空洞，空洞 180°-15°、空洞 180°-30°和空洞 180°-45°分别代表宽度为 0.8m、1.6m 和 2.4m(原型值)的基底空洞。

表 5-12　不同空洞工况下隧道结构的 PPA　　(单位：m/s^2)

工况	A0-1	A0-2	A0-3	A0-4	A0-5	A0-6	A0-7	A0-8
无空洞	0.2201	0.1202	0.1868	0.2757	0.3911	0.2757	0.1868	0.1202
空洞 0°-15°	0.2345	0.1235	0.1896	0.2937	0.4047	0.2943	0.1895	0.1373
空洞 0°-30°	0.2769	0.1580	0.2280	0.3034	0.4524	0.3178	0.2162	0.1569
空洞 0°-45°	0.3060	0.1598	0.2322	0.3195	0.4571	0.3195	0.2338	0.1613
空洞 90°-15°	0.2322	0.1364	0.2042	0.2967	0.4007	0.2858	0.1912	0.1273
空洞 90°-30°	0.2423	0.1409	0.2220	0.3177	0.4376	0.3023	0.2081	0.1325
空洞 90°-45°	0.2524	0.1604	0.2361	0.3215	0.4756	0.3110	0.2149	0.1412
空洞 180°-15°	0.2230	0.1239	0.1930	0.2983	0.4381	0.2884	0.2005	0.1231
空洞 180°-30°	0.2381	0.1310	0.2033	0.3235	0.4661	0.3249	0.2089	0.1358
空洞 180°-45°	0.2381	0.1358	0.2180	0.3310	0.4911	0.3321	0.2200	0.1359

分析表 5-12 可知，随着空洞宽度的增大，空洞对隧道结构动力响应的放大效应也越来越明显。例如，对于宽度分别为 0.8m、1.6m 和 2.4m 的拱顶空洞，测点 A0-1 动力响应的增大幅度分别为 6.54%、25.81%和 39.03%。对比不同位置的空洞工况下隧道结构的动力响应可知，拱顶空洞、拱腰空洞和基底空洞分别对拱顶、拱腰和道床中心的动力响应影响最大，最大增幅分别为 39.03%、33.44%和

25.57%，并且可以看出随着测点与空洞距离的增大，空洞对隧道结构动力响应的增大幅度逐渐减小。因此，空洞对距其最近的隧道结构测点动力响应的放大效应最为明显，并且随着距空洞距离的增大，空洞的影响逐渐减小。

2. 隧道结构内力分析

为了探究列车速度以及空洞尺寸和位置对隧道结构内力的影响规律，提取隧道纵向中央截面的内外侧单元的正应力及切应力，计算截面各角度处的弯矩和轴力值。为了分析列车速度对隧道结构内力的影响，以无空洞工况为例，计算了列车速度分别为 40km/h、60km/h 和 80km/h 时隧道截面不同角度处的弯矩响应峰值和轴力响应峰值如图 5-47 所示。其中拱顶角度为 0°，顺时针旋转，右侧拱腰、基底、左侧拱腰的角度分别为 90°、180°和 270°。

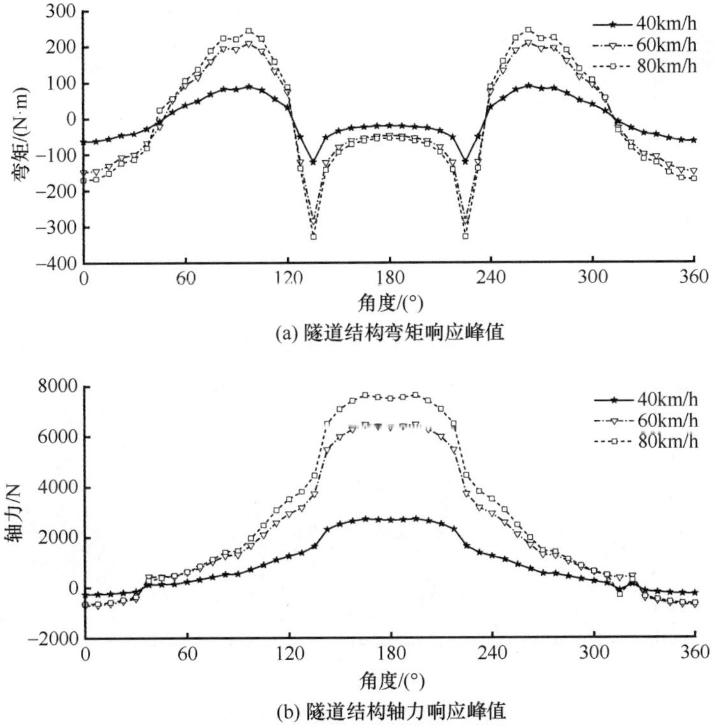

(a) 隧道结构弯矩响应峰值

(b) 隧道结构轴力响应峰值

图 5-47　不同列车速度振动荷载作用下的隧道结构内力响应峰值

从图 5-47 可知，在 45°～120°和 240°～315°内，弯矩为正值，即内侧受拉。在 0°～45°、120°～240°和 315°～360°内，弯矩为负值，即外侧受拉。弯矩响应峰值存在 4 处极值，其中在 90°和 270°附近的极大值为正，在 135°和 225°附近的极大值为负，并且隧道截面弯矩响应的最大幅值在 135°和 225°附近。其与第 4

章中单点振动荷载作用下弯矩响应的最大幅值位于拱底不同，这可能是振动荷载形式不同所致。对于轴力值，除了拱顶 0°～30°和 330°～360°内为负值，其余范围内均为正值。隧道截面轴力响应的最大幅值位于拱底。

进一步分析可知，随着列车速度的提升，弯矩响应和轴力响应明显增加，并且从 40km/h 至 60km/h 的增加幅度明显大于 60km/h 至 80km/h 的增加幅度。例如，在 0°～360°内，从 40km/h 至 60km/h 的弯矩响应峰值和轴力响应峰值的平均增加幅度分别为 137.14%和 139.19%，而从 60km/h 至 80km/h 弯矩响应峰值和轴力响应峰值的平均增加幅度分别为 16.16%和 15.78%。

为了进一步分析空洞尺寸和位置对隧道结构内力的影响规律，计算了不同宽度和位置的拱顶空洞工况下隧道结构弯矩响应，如图 5-48 所示；计算了不同宽度和位置的空洞工况下隧道结构轴力响应，如图 5-49 所示。

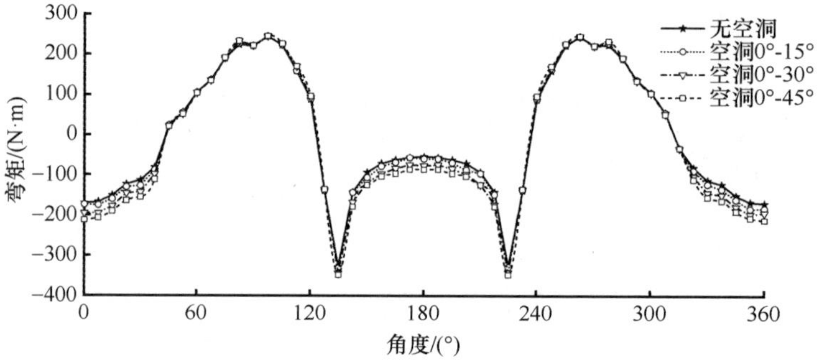

(a) 不同宽度空洞中隧道结构弯矩响应

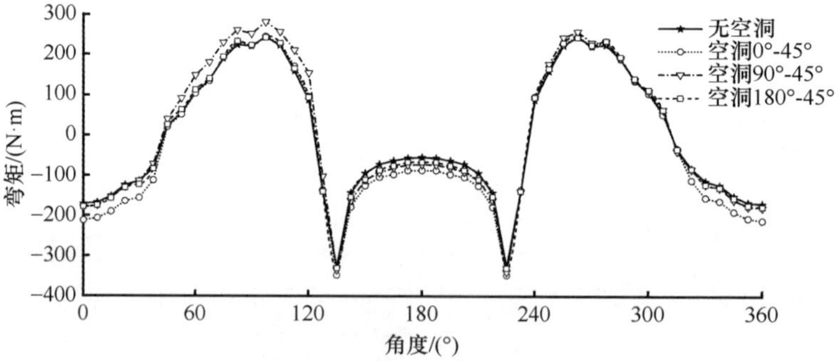

(b) 不同位置空洞中隧道结构弯矩响应

图 5-48　不同宽度和位置的拱顶空洞工况下隧道结构弯矩响应

分析图 5-48 可知，随着拱顶空洞宽度的增大，空洞对弯矩响应的放大效应更加明显。拱顶空洞能增大 0°～45°、135°～225°和 315°～360°内的弯矩响应。右侧拱腰空洞对隧道断面 45°～120°和 135°～225°内的弯矩响应有放大效应，并且由于拱腰空洞的存在，弯矩响应并非严格关于拱顶到拱底对称分布。而基底空洞的影响范围较小，只增大 135°～225°内的弯矩响应。相比于单点振动荷载，移动振动荷载作用下空洞的影响范围有所增大。对比 135°～225°内三种位置的空洞工况可知，拱顶空洞、拱腰空洞和基底空洞对弯矩响应的放大效应依次减小，平均增幅分别为 25.77%、13.81%和 9.51%。

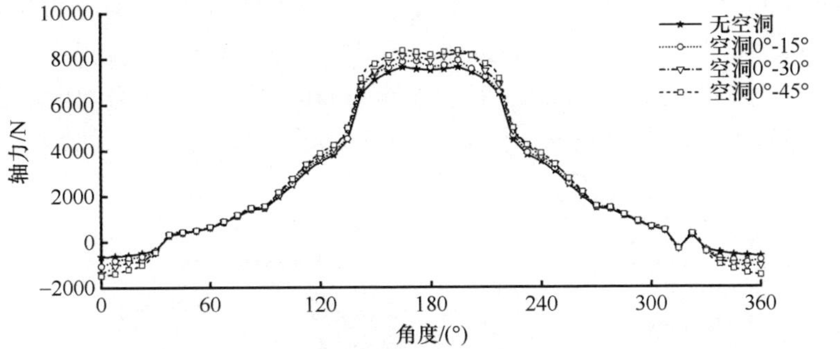

(a) 不同宽度空洞中隧道结构轴力响应

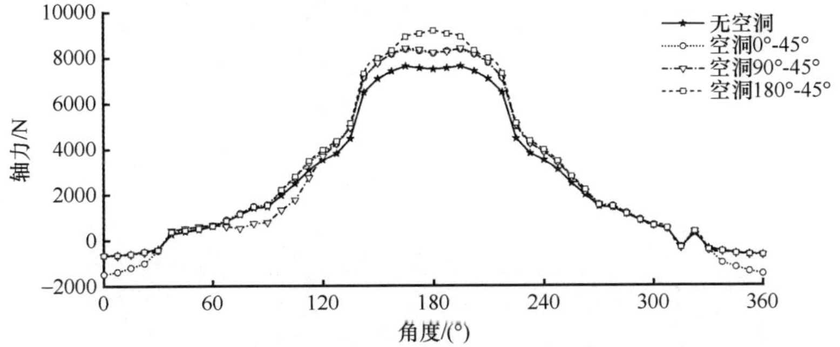

(b) 不同位置空洞中隧道结构轴力响应

图 5-49　不同宽度和位置的空洞工况下隧道结构轴力响应

由图 5-49 可知，随着拱顶空洞宽度的增大，空洞对轴力响应的影响加大，放大效应更加明显。拱顶空洞工况下在 0°～30°、120°～240°和 330°～360°内轴力响应明显增大。在右侧拱腰空洞工况下，60°～120°内轴力响应有所减小，但在 120°～240°内轴力响应明显增大。基底空洞能显著增大 120°～240°内的轴力响应。对比拱底附近的轴力响应可知，基底空洞对轴力响应的放大效应明显大于拱腰空洞和拱顶空洞，在 120°～240°内平均增幅分别为 15.34%、10.23%和 10.14%。

3. 应力响应分析

根据前述研究，由于列车振动荷载沿竖向施加，因此隧道结构的应力响应在竖向最为强烈，水平与纵向的应力响应相对较小。鉴于此，本节采用竖向的应力响应进行分析。为分析列车速度对隧道结构应力响应的影响，以无空洞工况为例，隧道结构竖向的应力云图如图 5-50 所示。

由图 5-50 可知，隧道结构的应力响应沿隧道拱顶和拱底对称分布，正应力峰值出现在隧道拱腰处，负应力峰值出现在轨道附近。列车速度对隧道结构的应力响应有明显的影响，随着列车速度的提高，隧道结构的应力响应明显增大，并且速度从 40km/h 提升至 60km/h 时应力响应峰值的提升幅度明显大于 60km/h 提升至 80km/h。例如，速度从 40km/h 提升至 60km/h 时，正应力峰值和负应力峰值分别从 7.76kPa 和−3.11kPa 提升至 10.18kPa 和−7.34kPa，正负应力峰值提升

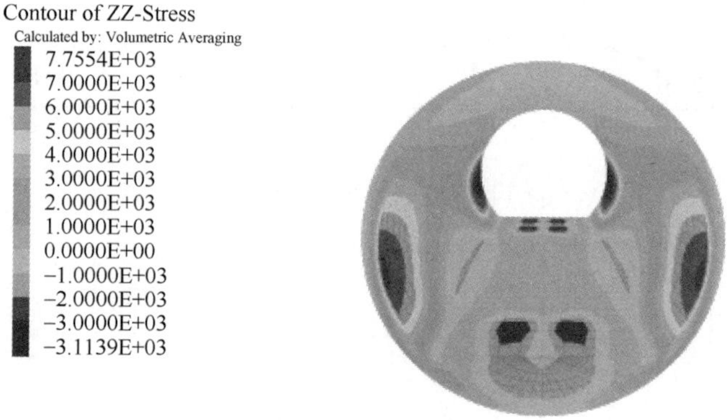

(a) 40km/h

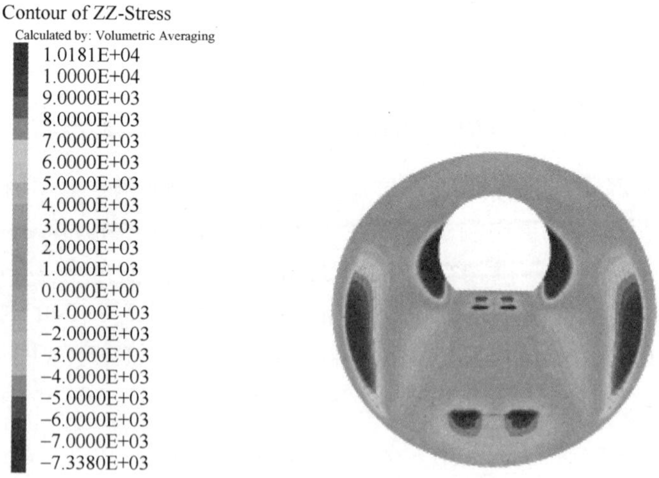

(b) 60km/h

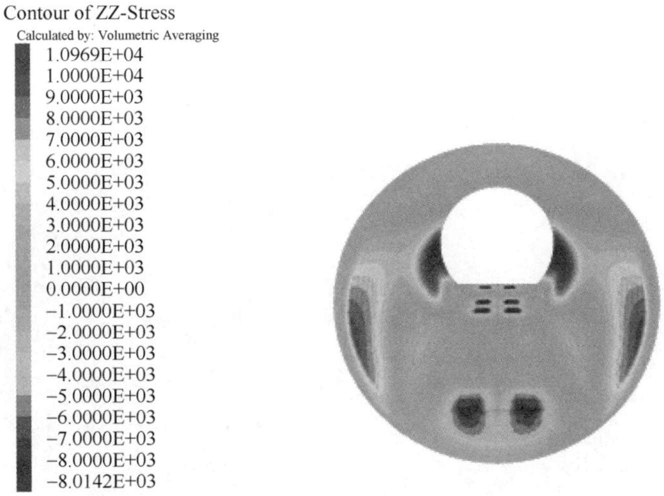

(c) 80km/h

图 5-50　不同列车速度振动荷作用下无空洞工况隧道结构应力响应(后附彩图)

幅度分别为 31.19%和 136.01%。而速度从 60km/h 提升至 80km/h 时，正应力峰值和负应力峰值分别从 10.18kPa 和−7.34kPa 提升至 10.97kPa 和−8.01kPa，正负应力峰值提升幅度分别为 7.76%和 9.13%。

为了进一步分析衬砌管片背后空洞对隧道结构应力响应的影响规律，以速度 80km/h 为例，不同宽度和位置的空洞工况下隧道结构竖向的应力云图如图 5-51 所示。

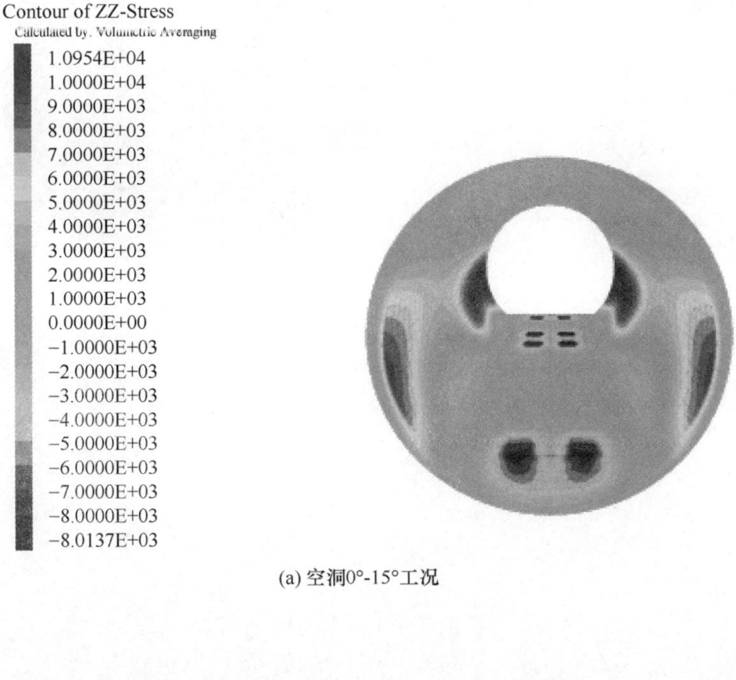

(a) 空洞0°-15°工况

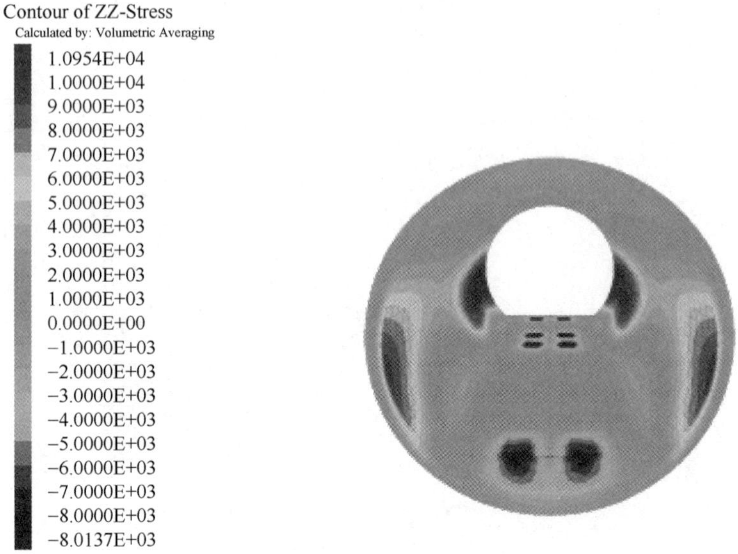

(a) 空洞0°-15°工况

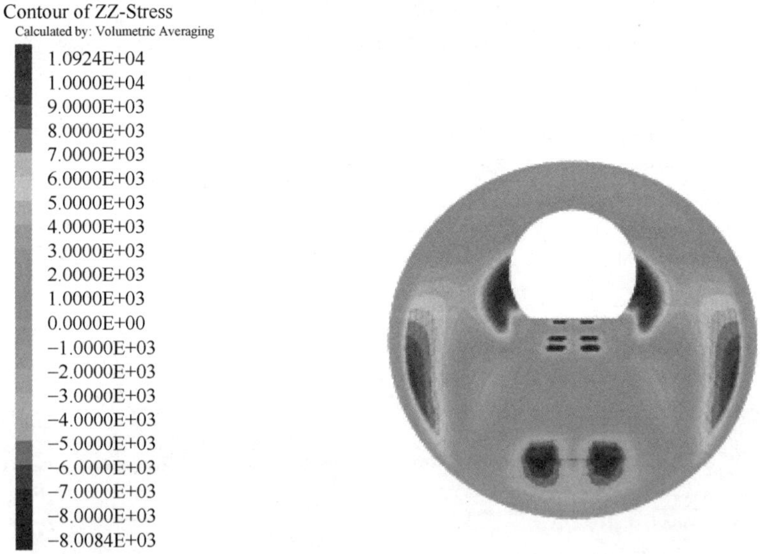

(b) 空洞0°-45°工况

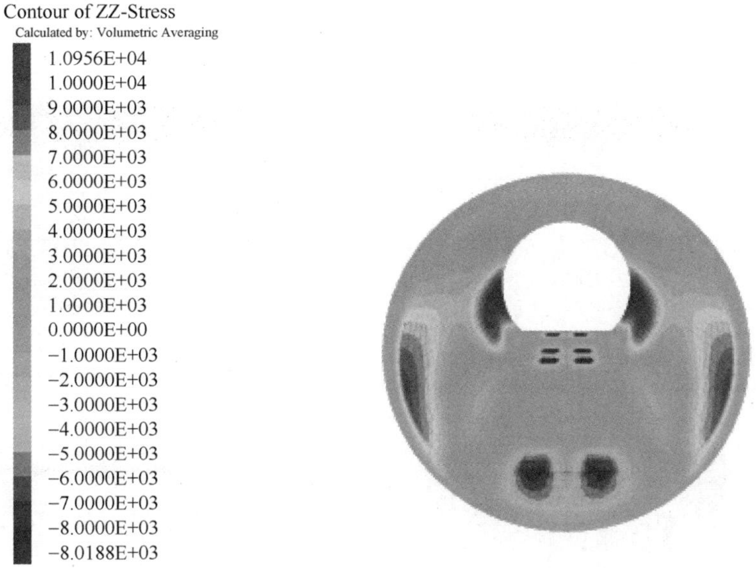

(d) 空洞180°-45°工况

图 5-51　不同宽度和位置的空洞工况下隧道结构应力响应(后附彩图)

分析图 5-51 可知，四种工况下，衬砌管片背后不同尺寸和位置的空洞对隧道结构的应力响应均无明显影响，仅在不同空洞工况下应力响应峰值有所波动。管片所受竖向应力峰值均在隧道进出口的拱腰至拱脚区域内，竖向应力峰值为 10.96kPa，由于管片内侧受到拉应力作用，为隧道最薄弱位置，尤其是在重复荷载作用下会发生疲劳破坏从而产生裂缝，在设计时应重点予以考虑；竖向应力峰值则位于轮轨位置处，其值不超过 8.02kPa。此外还可观察到空洞的位置和宽度对隧道管片结构应力响应的对称分布状态无显著影响。

5.3.3　周围地层动力响应特性研究

本节主要从竖向加速度和应力两个角度探究列车速度、空洞尺寸及位置对周围地层动力响应特性的影响规律。

1. 竖向加速度响应特性分析

为了探究列车速度对周围地层动力响应的影响规律，以无空洞工况为例，提取周围地层不同位置处的竖向加速度曲线如图 5-52～图 5-54 所示。

由图 5-52～图 5-54 分析可知，随着列车驶入和驶离隧道，周围地层的竖向加速度响应先增大后减小，并在经过隧道纵向中央附近时达到峰值。另外，在无空洞工况下，周围地层中测点 A1-1 和测点 A1-2 由于关于振源左右对称，因此竖

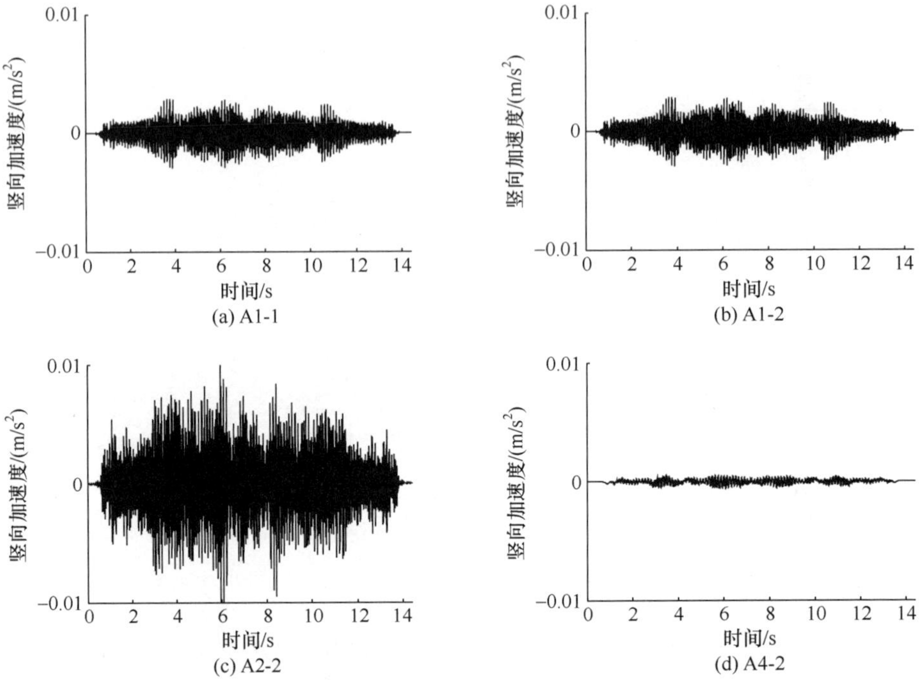

图 5-52　无空洞工况下周围地层竖向加速度响应曲线(40km/h)

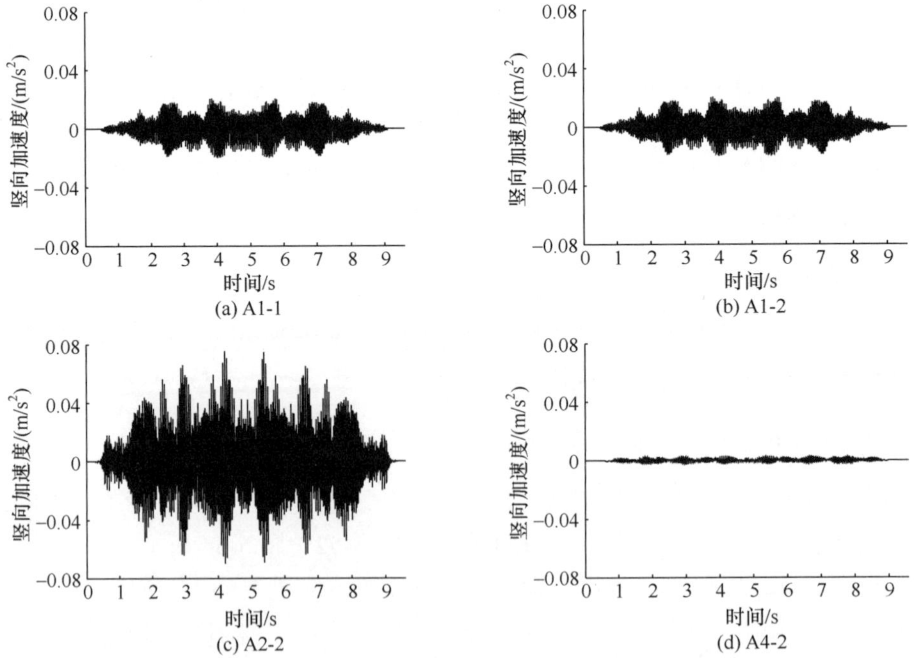

图 5-53　无空洞工况下周围地层竖向加速度响应曲线(60km/h)

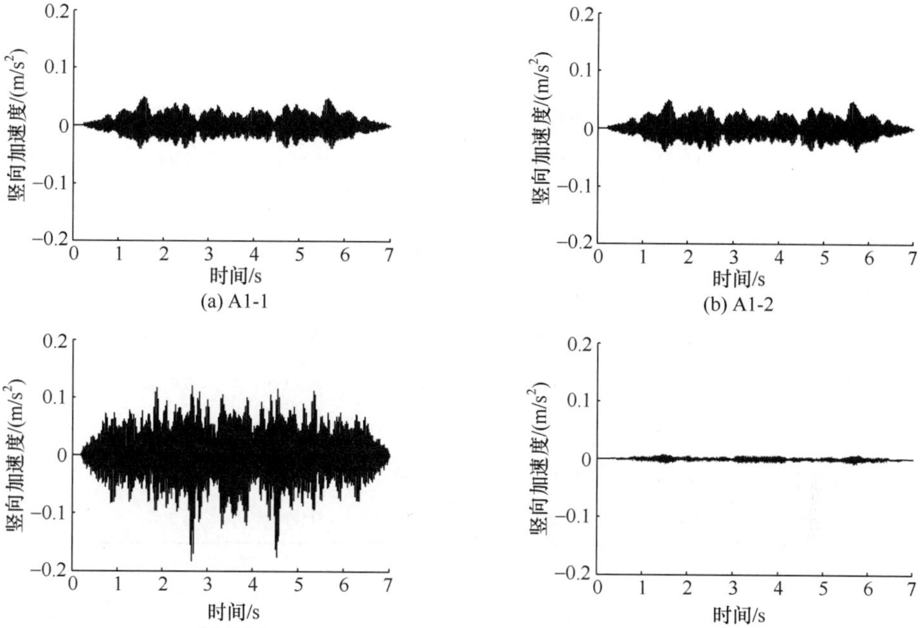

(a) A1-1

(b) A1-2

(c) A2-2

(d) A4-2

图 5-54　无空洞工况下周围地层竖向加速度响应曲线(80km/h)

向加速度响应基本相同。为了更清晰地分析在无空洞工况下列车速度对周围地层动力响应的影响规律，提取不同速度的列车振动荷载作用下周围地层的 PPA 如表 5-13 所示。

表 5-13　无空洞工况下周围地层的 PPA　　(单位：m/s^2)

列车速度	A1-1	A1-2	A2-2	A3-2	A4-2	A4-3
40km/h	0.0029	0.0029	0.0108	0.0006	0.0006	0.0004
60km/h	0.0204	0.0204	0.0727	0.0023	0.0029	0.0024
80km/h	0.0455	0.0455	0.1522	0.0045	0.0066	0.0047

分析表 5-13 可知，随着与振源距离的增加，周围地层的 PPA 呈现出明显的衰减趋势。随着列车速度的提高，周围地层的 PPA 明显增大，并且从 40km/h 提升至 60km/h 的增大幅度明显大于从 60km/h 提升至 80km/h。例如，对于测点 A2-2，从 40km/h 提升至 60km/h 时 PPA 的增幅为 573.15%，而从 60km/h 提升至 80km/h 时 PPA 增幅仅为 109.35%。

为了探究衬砌管片背后空洞宽度和位置对移动列车振动荷载作用下周围地层动力响应的影响规律，以列车速度 80km/h 为例，提取不同空洞工况的列车振动荷载作用下周围地层的 PPA 如表 5-14 所示。

表 5-14　不同空洞工况下周围地层的 PPA　　(单位：m/s^2)

工况	A1-1	A1-2	A2-2	A3-2	A4-2	A4-3
无空洞	0.0455	0.0455	0.1522	0.0045	0.0066	0.0047
空洞 0°-15°	0.0518	0.0522	0.1540	0.0045	0.0070	0.0049
空洞 0°-30°	0.0545	0.0574	0.1918	0.0049	0.0071	0.0050
空洞 0°-45°	0.0622	0.0625	0.1988	0.0052	0.0076	0.0051
空洞 90°-15°	0.0474	0.0505	0.1616	0.0047	0.0068	0.0048
空洞 90°-30°	0.0500	0.0520	0.1693	0.0052	0.0070	0.0049
空洞 90°-45°	0.0506	0.0571	0.1847	0.0053	0.0072	0.0050
空洞 180°-15°	0.0480	0.0482	0.1577	0.0045	0.0067	0.0048
空洞 180°-30°	0.0508	0.0521	0.1700	0.0049	0.0067	0.0048
空洞 180°-45°	0.0531	0.0533	0.1743	0.0049	0.0067	0.0048

分析表 5-14 可知，随着空洞宽度的增大，空洞对周围地层动力响应的放大效应也越来越明显。例如，对于宽度分别为 0.8m、1.6m 和 2.4m 的拱顶空洞，与无空洞时的动力响应相比，测点 A2-2 动力响应的增大幅度分别为 1.18%、26.02% 和 30.62%。对比不同位置的空洞工况下周围地层的动力响应可知，拱顶空洞、拱腰空洞和基底空洞对周围地层的动力响应的增大幅度依次减小，以 A2-2 为例，增幅分别为 30.62%、21.35%和 14.52%。

2. 应力响应分析

为了探究列车速度对周围地层应力响应的影响，以无空洞工况为例，周围地层竖向的应力云图如图 5-55 所示。

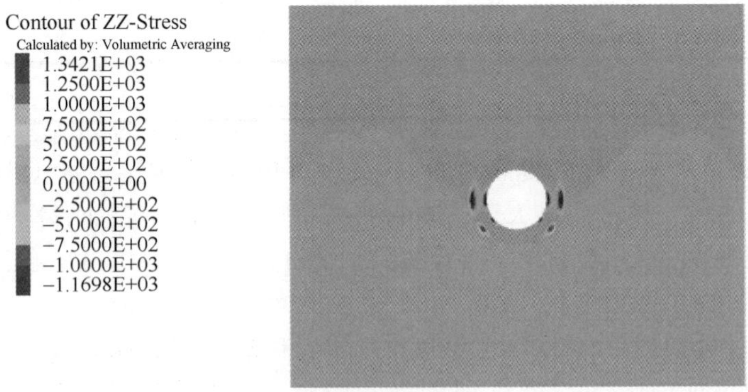

(a) 40km/h

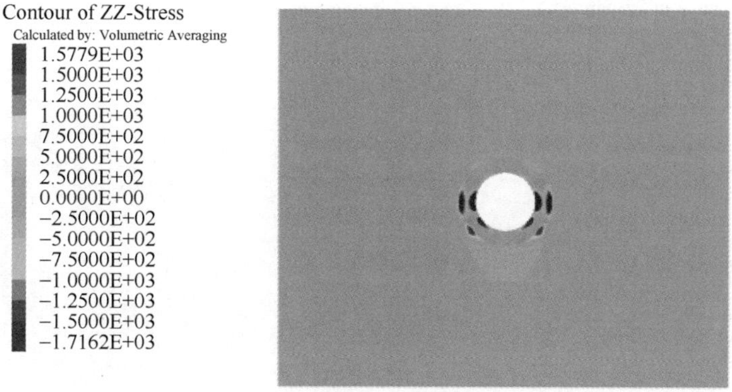

(b) 60km/h

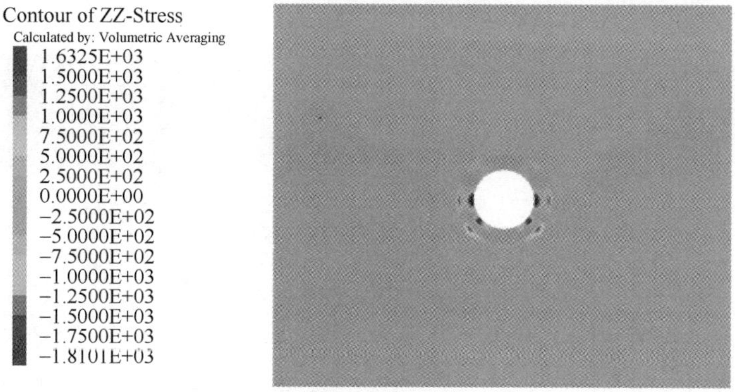

(c) 80km/h

图 5-55　不同列车速度振动荷载作用下周围地层应力响应(后附彩图)

分析图 5-55 可知，周围地层的应力响应沿隧道拱顶和拱底对称分布，并且应力响应峰值沿隧道纵向一定间距分布，正应力峰值出现在隧道拱脚处，负应力峰值出现在隧道拱腰处。列车速度对周围地层的应力响应有明显的影响，随着列车速度的提高，周围地层的应力响应明显增大，并且速度从 40km/h 提升至 60km/h 时应力响应峰值的提升幅度明显大于从 60km/h 提升至 80km/h 时。例如，速度从 40km/h 提升至 60km/h 时，正应力峰值和负应力峰值分别从 1.34kPa 和−1.17kPa 提升至 1.58kPa 和−1.72kPa，正负应力峰值提升幅度分别为 17.91%和 47.01%。而速度从 60km/h 提升至 80km/h 时，正应力峰值和负应力峰值分别从 1.58kPa 和−1.72kPa 提升至 1.63kPa 和−1.81kPa，正负应力峰值提升幅度分别为 3.16%和 5.23%。

为了进一步分析衬砌管片背后空洞对周围地层应力响应的影响规律，以速度 80km/h 为例，不同宽度和位置的空洞工况下周围地层竖向的应力云图如图 5-56 所示。

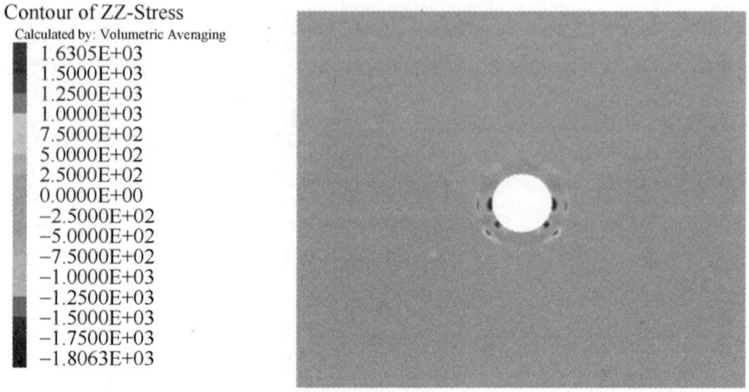

(a) 空洞0°-15°工况

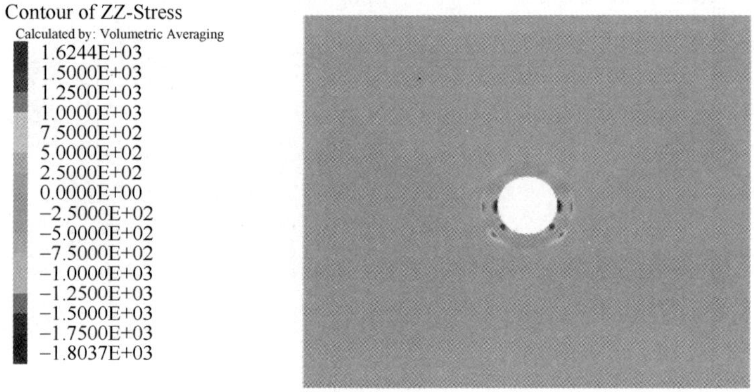

(b) 空洞0°-45°工况

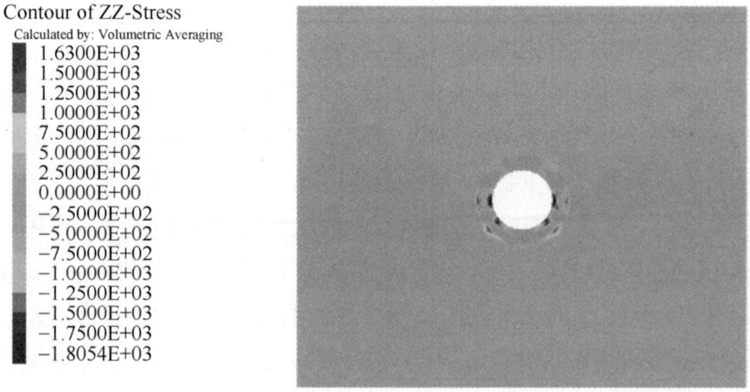

(c) 空洞90°-45°工况

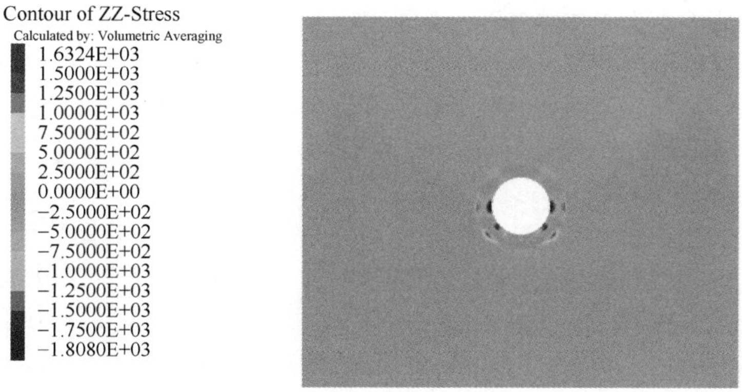

(d) 空洞180°-45°工况

图 5-56　不同宽度和位置的空洞工况下周围地层应力响应(后附彩图)

由图 5-56 可知，衬砌管片背后不同宽度和位置的空洞对周围地层的应力响应均无明显影响，且列车荷载作用下对周围地层的影响范围有限，仅在拱肩、拱腰和拱脚附近处有所影响，土体拱腰位置处受压，竖向压应力峰值为 1.81kPa；土体拱脚位置处受拉，竖向拉应力峰值为 1.63kPa，并且空洞的存在对周围地层应力响应的对称分布状态影响甚微。

5.4　本 章 小 结

本章采用有限差分软件建立三维数值模型，并且考虑了列车振动荷载的移动作用，从竖向加速度、应力和衬砌结构内力响应多个角度，研究了盾构管片接缝、复合地层软硬差异以及空洞尺寸和位置对隧道结构与周围地层动力响应的影响规律，同时探究了这些因素对隧道结构内力分布以及周围地层应力分布的影响，主要得出以下结论：

(1) 在隧道拱顶、拱腰与拱脚处，考虑管片接头使隧道结构的竖向加速度响应偏大，但其余位置处，管片接头使隧道结构动力响应偏小；考虑管片接头时，周围地层竖向加速度响应计算结果整体偏大，以距离隧道较近的测点变化最为明显。列车速度对隧道结构动力响应的影响显著，列车速度越高，隧道结构竖向加速度响应越大，速度由 80km/h 降为 40km/h 时，隧道结构不同位置处的 PPA 衰减幅度均超过了 50%，周围地层动力响应最大衰减幅度达到 92%。由此说明，列车速度是影响隧道结构竖向加速度响应的重要因素之一。

(2) 管片接头对隧道结构内力响应幅度与分布规律均具有显著的影响。管片接头使轴力响应峰值偏小，使弯矩响应峰值偏大。但相比之下，列车速度对管片内力响应的影响更大。总体来看，不同速度下隧道结构内力响应的分布规律基本一致，响应极值出现的位置也基本一致。随着列车速度的降低，内力响应幅度呈现出逐渐减弱的趋势，例如，列车速度由 80km/h 降为 40km/h 后，隧道结构所受轴力的峰值由 3965N 衰减为 1430N，衰减幅度为 63.9%；而弯矩响应峰值由 528N · m 变化为 196N · m，衰减幅度为 62.9%。

(3) 复合地层软硬程度差异较大时，当列车速度从 40km/h 提升至 80km/h 后，对于钢轨处两侧点和道床中心处测点的竖向加速度增幅可达 2622.9%、2813.2%、1573.2%，周围地层内沿纵方向测点 PPA 的增幅可达 738.8%、1724.0%、1676.5%。复合地层软硬程度差异较小时，隧道结构内测点竖向加速度增幅可达 2348.3%、2642.4%、1508.4%；周围地层的测点 PPA 的增幅分别为 814.6%、995.2%、1462.5%。表明上下地层软硬程度相差越大时，列车速度的增大对隧道结构和周围地层竖向加速度响应的增幅也越大。

(4) 软硬程度相差较小的复合地层中隧道结构所受到的内力要小于软硬程度相差较大时的情况，表明地层软硬程度差异越小对隧道结构越有利。此外，不同速度下隧道结构内力响应的分布规律基本一致，对隧道结构内力响应幅值的影响显著，软硬程度差异小的地层中，列车速度由 40km/h 提升至 80km/h 后，隧道结构所受轴力峰值增加幅度为 145.6%；而弯矩响应的增加幅度为 185.8%。

(5) 对于空洞对动力响应的影响，随着列车速度的提高，隧道结构的 PPA 明显增大，对于拱顶测点，从 40km/h 提升至 80km/h 时 PPA 增加幅度为 597.9%。随着空洞宽度的增大，空洞对隧道结构动力响应的放大效应也越来越明显。对于宽度分别为 0.8m、1.6m 和 2.4m 的拱顶空洞，测点 A2-2 动力响应的增加幅度分别为 1.18%、26.02%和 30.62%。对比不同位置的空洞工况下周围地层的动力响应，拱顶空洞、拱腰空洞和基底空洞对周围地层动力响应的增大幅度依次减小，增幅分别为 30.62%、21.35%和 14.52%。

(6) 随着列车速度的提升，弯矩响应和轴力响应明显增大，从 40km/h 提升至 80km/h 时，弯矩响应峰值和轴力响应峰值的平均增大幅度分别为 153.3%和 154.97%。随着拱顶空洞宽度的增大，空洞对弯矩和轴力响应的放大效应更加明显。对比三种位置的空洞工况可知，拱顶空洞、拱腰空洞和基底空洞对弯矩响应的放大效应依次减小，平均增幅分别为 25.77%、13.81%和 9.51%，轴力响应的平均增幅分别为 15.34%、10.23%和 10.14%。

参 考 文 献

[1] 中国城市轨道交通 2019 年度数据统计[J]. 隧道建设(中英文), 2020, 40(05): 762-767.

[2] Lombaert G, Degrande G, Francois S, et al. Ground-borne vibration due to railway traffic: A review of excitation mechanisms, prediction methods and mitigation measures[J]. Noise and Vibration Mitigation for Rail Transportation Systems, 2015, 126: 253-287.

[3] Sheng X, Jones C J C, Thompson D J. A comparison of a theoretical model for quasi-statically and dynamically induced environmental vibration from trains with measurements[J]. Journal of Sound and Vibration, 2003, 267(3): 621-635.

[4] 徐朝阳. 列车动载作用下盾构隧道及围岩动力响应特性研究[D]. 成都: 西南交通大学, 2018.

[5] 张玉娥, 白宝鸿, 潘昌实. 地铁列车振动对周围环境影响评估[J]. 噪声与振动控制, 1997, (02): 37-41.

[6] 高峰. 铁路隧道列车振动响应分析[J]. 兰州铁道学院学报, 1998, (02): 3-5.

[7] 潘昌实, Pande G N. 黄土隧道列车动荷载响应有限元初步数定分析研究[J]. 土木工程学报, 1984, (4): 20-30.

[8] 梁波, 罗红, 孙常新. 高速铁路振动荷载的模拟研究[J]. 铁道学报, 2006, (04): 89-94.

[9] 翟婉明. 车辆-轨道垂向系统的统一模型及其耦合动力学原理[J]. 铁道学报, 1992, (03): 10-21.

[10] 韦凯, 翟婉明, 肖军华. 软土地铁盾构隧道垂向随机振动分析模型[J]. 工程力学, 2014, 31(06): 117-123.

[11] Wei K, Wang P, Yang F, et al. The effect of the frequency-dependent stiffness of rail pad on the environment vibrations induced by subway train running in tunnel[J]. Proceedings of the Institution of Mechanical Engineers Part F-Journal of Rail and Rapid Transit, 2016, 230(3): 697-708.

[12] Xu Q, Xiao Z, Liu T, et al. Comparison of 2d and 3d prediction models for environmental vibration induced by underground railway with two types of tracks[J]. Computers and Geotechnics, 2015, 68: 169-183.

[13] 王田友, 丁洁民, 楼梦麟. 地铁运行引起场地振动的荷载与分析方法[J]. 工程力学, 2010, 27(01): 195-201.

[14] 欧阳昆森. 地铁列车运行引起的隧道内振动荷载研究[J]. 中国水运(下半月), 2019, 19(08): 221-223, 266.

[15] Forrest J A, Hunt H E M. A three-dimensional tunnel model for calculation of train-induced ground vibration[J]. Journal of Sound and Vibration, 2006, 294(4-5): 678-705.

[16] Forrest J A, Hunt H E M. Ground vibration generated by trains in underground tunnels[J]. Journal of Sound and Vibration, 2006, 294(4-5): 706-736.

[17] Gupta S, Stanus Y, Lombaert G, et al. Influence of tunnel and soil parameters on vibrations from underground railways[J]. Journal of Sound and Vibration, 2009, 327(1-2): 70-91.

[18] Hussein M F M, Francois S, Schevenels M, et al. The fictitious force method for efficient calculation of vibration from a tunnel embedded in a multi-layered half-space[J]. Journal of Sound and Vibration, 2014, 333(25): 6996-7018.

[19] Yaseri A, Bazyar M H, Hataf N. 3d coupled scaled boundary finite-element/finite-element analysis of ground vibrations induced by underground train movement[J]. Computers and Geotechnics, 2014, 60: 1-8.

[20] Real T, Zamorano C, Ribes F, et al. Train-induced vibration prediction in tunnels using 2d and 3d fem models in time domain[J]. Tunnelling and Underground Space Technology, 2015, 49: 376-383.

[21] Gharehdash S, Barzegar M. Numerical modeling of the dynamic behaviour of tunnel lining in shield tunneling[J]. KSCE Journal of Civil Engineering, 2015, 19(6): 1626-1636.

[22] 戴林发宝, 王广地, 高波, 等. 高速列车振动引发地层位移响应分析[J]. 铁道建筑, 2011, (04): 98-100.

[23] Tamura C, Moriti S, Nakamura Y. Chikatetsu syaryo no soukou ni tomonau louchiku-jiban no shindo ni kannsuru jikkenteki kenkyu[C]. Proceedings of Anoual Conference of the Japan Society of Civil Engineers, 1975, 30: 516-517.

[24] Thusyanthan N I, Madabhushi S P G. Experimental study of vibrations in underground structures[J]. Proceedings of the Institution of Civil Engineers-Geotechnical Engineering, 2003, 156(2): 75-81.

[25] Yang W, Hussein M F M, Marshall A M, et al. Centrifuge and numerical modelling of ground-borne vibration from surface sources[J]. Soil Dynamics and Earthquake Engineering, 2013, 44: 78-89.

[26] Yang W, Hussein M F M, Marshall A M. Centrifuge and numerical modelling of ground-borne vibration from an underground tunnel[J]. Soil Dynamics and Earthquake Engineering, 2013, 51: 23-34.

[27] Huang J, Yuan T, Peng L, et al. Model test on dynamic characteristics of invert and foundation soils of high-speed railway tunnel[J]. Earthquake Engineering and Engineering Vibration, 2015, 14(3): 549-559.

[28] 刘志强, 王飞, 姚博. 地铁隧道下卧土体动力特性模型试验研究[J]. 铁道工程学报, 2011, 28(09): 92-96.

[29] 刘蕾, 马涛, 刘雪玲, 等. 地铁列车荷载作用下地裂缝附近土压力响应特征模型试验研究[J]. 中国地质灾害与防治学报, 2017, 28(04): 119-124.

[30] Yang W B, Zhang C, Liu D, et al. The effect of cross-sectional shape on the dynamic response of tunnels under train induced vibration loads[J]. Tunnelling and Underground Space Technology, 2019, 90: 231-238.

[31] 杨文波, 邹涛, 涂玖林, 等. 高速列车振动荷载作用下马蹄形断面隧道动力响应特性分析[J]. 岩土力学, 2019, 40(09): 3635-3644.

[32] 闫维明, 聂晗, 任珉, 等. 地铁交通引起地面振动的实测与分析[J]. 铁道科学与工程学报, 2006, (02): 1-5.

[33] 陈建国, 夏禾, 肖军华, 等. 列车运行对周围地面振动影响的试验研究[J]. 岩土力学,

2008, (11): 3113-3118.
[34] 栗润德, 刘维宁, 张鸿儒. 区间地铁列车振动的地面响应测试分析[J]. 中国铁道科学, 2008, (01): 120-126.
[35] Lopes P, Alves C P, Ferraz M, et al. Numerical modeling of vibrations induced by railway traffic in tunnels: From the source to the nearby buildings[J]. Soil Dynamics and Earthquake Engineering, 2014, 61-62: 269-285.
[36] Lopes P, Alves C P, Calçada R, et al. Influence of soil stiffness on building vibrations due to railway traffic in tunnels: Numerical study[J]. Computers and Geotechnics, 2014, 61: 277-291.
[37] Lopes P, Fernandez R J, Costa P A, et al. Vibrations inside buildings due to subway railway traffic. Experimental validation of a comprehensive prediction model[J]. Science of the Total Environment, 2016, 568: 1333-1343.
[38] 土木学会. 隧道标准规范(盾构篇)及解说[M]. 北京: 中国建筑工业出版社, 2001.
[39] 侯公羽, 杨悦, 刘波. 盾构管片接头模型的改进及管片内力的数值计算[J]. 岩石力学与工程学报, 2007, (S2): 4284-4291.
[40] 葛世平, 谢东武, 丁文其, 等. 盾构管片接头简化数值模拟方法[J]. 岩土工程学报, 2013, 35(09): 1600-1605.
[41] 黄大维, 周顺华, 王秀志, 等. 模型盾构隧道管片纵缝接头设计方法[J]. 岩土工程学报, 2015, 37(06): 1068-1076.
[42] Hudoba I. Contribution to static analysis of load-bearing concrete tunnel lining built by shield-driven technology[J]. Tunnelling and Underground Space Technology, 1997, 12(1): 55-58.
[43] 志波由纪夫, 川島一彥, 大日方尚己, 他. シールドトンネルの耐震解析に用いる長手方向覆工剛性の評価法[C]//土木学会论文集, 1988: 319-327.
[44] 志波由纪夫, 川島一彥, 大日方尚己, 他. 应答变位法によるシールドトンネルの地震时断面力の算定法[C]//土木学会论文集, 1989: 385-394.
[45] 徐凌. 软土盾构隧道纵向沉降研究[D]. 上海: 同济大学, 2005.
[46] 张文杰, 徐旭, 李向红, 等. 广义的盾构隧道纵向等效连续化模型研究[J]. 岩石力学与工程学报, 2009, 28(S2): 3938-3944.
[47] 郭乐, 杨新安, 邱龑. 盾构管片衬砌纵向非均质等效连续模型[J]. 城市轨道交通研究, 2017, 20(04): 17-22.
[48] 杨春山, 莫海鸿, 魏立新. 盾构隧道环向接头等效刚度修正计算及其影响因素研究[J]. 铁道科学与工程学报, 2017, 14(07): 1497-1504.
[49] 李围, 何川. 盾构隧道通用管片结构力学行为与控制拼装方式研究[J]. 铁道学报, 2007, (02): 77-82.
[50] 李围, 何川. 超大断面越江盾构隧道结构设计与力学分析[J]. 中国公路学报, 2007, (03): 76-80.
[51] 赵国旭, 何川. 隧道管片设计优化分析[J]. 中国铁道科学, 2003, (06): 62-67.
[52] 钟小春, 朱伟, 秦建设. 盾构隧道衬砌管片通缝与错缝的比较分析[J]. 岩土工程学报, 2003, (01): 109-112.
[53] 朱伟, 黄正荣, 梁精华. 盾构衬砌管片的壳-弹簧设计模型研究[J]. 岩土工程学报, 2006,

(08): 940-947.
[54] 苏宗贤, 何川. 荷载-结构模式的壳-弹簧-接触模型[J]. 西南交通大学学报, 2007, (03): 288-292, 304.
[55] 苏宗贤, 何川. 盾构隧道管片衬砌内力分析的壳-弹簧-接触模型及其应用[J]. 工程力学, 2007, (10): 131-136.
[56] 朱合华, 桥本正. 盾构隧道管片接头衬砌系统的两种受力设计模型[J]. 工程力学, 1996, (A03): 395-399.
[57] 朱合华, 陶履彬. 盾构隧道衬砌结构受力分析的梁-弹簧系统模型[J]. 岩土力学, 1998, (02): 26-32.
[58] 朱合华, 崔茂玉, 杨金松. 盾构衬砌管片的设计模型与荷载分布的研究[J]. 岩土工程学报, 2000, (02): 190-194.
[59] 张冬梅, 樊振宇, 黄宏伟. 考虑接头力学特性的盾构隧道衬砌结构计算方法研究[J]. 岩土力学, 2010, 31(08): 2546-2552.
[60] 赵大洲, 景来红. 盾构隧道管片衬砌的平板壳-接缝元-地基系统模型研究[J]. 工程力学, 2011, 28(06): 110-117.
[61] 彭益成, 丁文其, 朱合华, 等. 盾构隧道衬砌结构的壳-接头模型研究[J]. 岩土工程学报, 2013, 35(10): 1823-1829.
[62] 叶飞, 何川, 朱合华, 等. 考虑横向性能的盾构隧道纵向等效刚度分析[J]. 岩土工程学报, 2011, 33(12): 1870-1876.
[63] 李翔宇, 刘国彬, 杨潇, 等. 基于修正纵向等效连续化模型的隧道变形受力研究[J]. 岩土工程学报, 2014, 36(04): 662-670.
[64] 吴兰婷. 盾构隧道管片接头力学行为的有限元分析[D]. 成都: 西南交通大学, 2005.
[65] 张海波, 殷宗泽, 朱俊高, 等. 盾构法隧道衬砌施工阶段受力特性的三维有限元模拟[J]. 岩土力学, 2005, (06): 990-994.
[66] 胡志平, 罗丽娟, 蔡志勇. 盾构隧道管片衬砌的平板壳-弹性铰-地基系统模型[J]. 岩土力学, 2005, (09): 1403-1408.
[67] 陈俊生, 莫海鸿. 盾构隧道管片施工阶段力学行为的三维有限元分析[J]. 岩石力学与工程学报, 2006, (S2): 3482-3489.
[68] 何祥凡, 申兴柱, 王帆, 等. 盾构隧道穿越上软下硬地层施工力学特性分析[J]. 铁道标准设计, 2017, 61(02): 89-95.
[69] 刘重庆, 曾亚武, 朱泽奇, 等. 厦门地铁上软下硬地层盾构施工引起的地表沉降研究[J]. 铁道科学与工程学报, 2018, 15(02): 444-449.
[70] 雷凯, 莫海鸿, 陈俊生, 等. 上软下硬复合地层中盾构隧道管片受力变形性态研究[J]. 广东土木与建筑, 2016, 23(Z1): 52-56.
[71] 邓彬, 顾小芳. 上软下硬地层盾构施工技术研究[J]. 现代隧道技术, 2012, 49(02): 59-64.
[72] 王俊, 何川, 胡瑞青, 等. 土压平衡盾构掘进对上软下硬地层扰动研究[J]. 岩石力学与工程学报, 2017, 36(04): 953-963.
[73] 苏昂, 王士民, 何川, 等. 复合地层盾构隧道管片施工病害特征及成因分析[J]. 岩土工程学报, 2019, 41(04): 683-692.
[74] 朱宏海. 上软下硬复合地层地铁盾构隧道设计及施工探析[J]. 隧道建设, 2015, 35(02):

144-148.
[75] 闫军涛, 胡潇, 刘波. 上软下硬复合地层盾构隧洞开挖面稳定性研究[J]. 隧道建设(中英文), 2020, 40(02): 223-230.
[76] 何万平, 张志强. 上软下硬地层隧道开挖方法的研究[J]. 四川建筑, 2020, 40(02): 237-239, 242.
[77] 刘五一, 李艳霞. 上软下硬地层小间距盾构隧道施工安全分析[J]. 交通科学与工程, 2019, 35(04): 85-91.
[78] 皮亮. 大跨断面隧道浅埋偏压条件下穿越软硬不均地层施工技术研究[J]. 广东交通职业技术学院学报, 2019, 18(03): 40-46.
[79] 孙建, 王旭春, 杨怀远, 等. 上软下硬地层下盾构法施工的 peck 预测公式修正[J]. 低温建筑技术, 2019, 41(10): 112-116.
[80] 胡瑞, 王旭春, 杨怀远, 等. 上软下硬地层中盾构隧道管片上浮机理与控制分析[J]. 建筑施工, 2019, 41(11): 2057-2060.
[81] 肖国微, 王丁杰. 盾构施工对上软下硬地层的沉降分析及防控措施[J]. 广东土木与建筑, 2019, 26(09): 43-47.
[82] 安永林, 李佳豪, 曹前, 等. 上软下硬地层隧道掌子面稳定性及塌方形态[J]. 中国铁道科学, 2019, 40(01): 79-87.
[83] 申玉生, 朱双燕, 资晓鱼, 等. 穿越上软下硬地层公路隧道竖井结构抗震性能分析[J]. 北京交通大学学报, 2019, 43(03): 98-104.
[84] 许炜星. 上软下硬地层大跨无柱地铁车站结构地震响应及振动台试验研究[D]. 广州: 华南理工大学, 2018.
[85] 刘庭金, 许炜星, 唐欣薇. 上软下硬地层大跨无柱地铁车站地震响应分析[J]. 隧道建设(中英文), 2017, 37(S2): 26-34.
[86] 吴波, 王鸣涛, 黄惟. 上软下硬地层隧道围岩稳定性量化评价标准研究[J]. 现代隧道技术, 2019, 56(01): 114-123.
[87] 林炳潮, 李志堂, 邓锷, 等. 上软下硬复合地层隧道施工爆破围岩损伤分区[J]. 中国水运(下半月), 2019, 19(08): 218-220.
[88] 仇文革, 张自光. 地铁暗挖车站成本优化合理埋深研究[J]. 地下空间与工程学报, 2019, 15(03): 878-884.
[89] 余超, 赵秀绍, 石钰锋. 上软下硬地层支护与围岩不密贴数值研究[J]. 华东交通大学学报, 2019, 36(02): 29-32.
[90] 安柯, 敖贵勇, 司小东. 上软下硬地层隧道双层初支拱盖法应用研究[J]. 华北科技学院学报, 2019, 16(02): 30-36.
[91] 何小辉, 周纯择, 王海波, 等. 上软下硬复合地层盾构隧道变形特征研究[J]. 现代城市轨道交通, 2019, (02): 49-52.
[92] 林荣安, 孙钰丰, 戴振华, 等. 基于 RS-SVR 的上软下硬地层盾构施工地表沉降预测[J]. 中国公路学报, 2018, 31(11): 130-137.
[93] 韩刚. 上软下硬地层暗挖地铁车站围岩变形规律研究[J]. 建筑结构, 2018, 48(S1): 778-782.
[94] 张顶立, 张素磊, 房倩, 等. 铁路运营隧道衬砌背后接触状态及其分析[J]. 岩石力学与工程学报, 2013, 32(02): 217-224.

[95] 杨睿, 薛亚东, 杨健. 雷达探测隧道壁后空洞的现场验证及空洞影响分析[J]. 隧道建设, 2017, 37(02): 185-191.
[96] 苏佳园. 爆破荷载作用下衬砌背后空洞对隧道稳定性影响规律研究[D]. 重庆: 重庆交通大学, 2013.
[97] 牛超. 基于锤击法的隧道衬砌背后空洞检测原理研究[D]. 北京: 北京交通大学, 2017.
[98] 张子韵, 李思, 卢锋, 等. 浅埋偏压隧道衬砌背后空洞对结构安全性影响[J]. 四川建筑, 2018, 38(05): 114-116.
[99] 彭跃, 王桂林, 张永兴, 等. 衬砌背后空洞对在役隧道结构安全性影响研究[J]. 地下空间与工程学报, 2008, 4(06): 1101-1104, 1137.
[100] 李思堃. 动、静载作用下衬砌背后空洞对隧道结构安全性的影响[D]. 北京: 北京交通大学, 2016.
[101] 冯岗. 隧道衬砌厚度不足和背后空洞对衬砌结构安全性影响研究[D]. 北京: 北京交通大学, 2013.
[102] 曹学强, 王洪昌, 崔健. 隧道空洞落石对衬砌结构安全性影响分析[J]. 公路, 2013, (03): 219-223.
[103] 万少锋. 运营隧道拱顶衬砌背后空洞的影响与对策研究[D]. 重庆: 重庆交通大学, 2014.
[104] 靳学峰. 隧道衬砌拱顶、拱腰空洞对隧道稳定性影响规律研究[D]. 重庆: 重庆交通大学, 2013.
[105] Meguid M A, Dang H K. The effect of erosion voids on existing tunnel linings[J]. Tunnelling and Underground Space Technology, 2009, 24(3): 278-286.
[106] 李振, 李德建, 彭富强. 山岭隧道背后多空洞对衬砌结构影响分析[J]. 铁道科学与工程学报, 2016, 13(01): 138-145.
[107] 崔文艳, 宋建, 刘宇, 等. 不同位置空洞对隧道衬砌的力学行为分析[J]. 水利与建筑工程学报, 2011, 9(05): 70-73.
[108] 司徒丽新, 邹友泉. 衬砌背后空洞对于公路隧道的危害性研究[J]. 山西建筑, 2007, (31): 301-302.
[109] 汪波, 郭新新, 王志伟, 等. 新建隧道爆破施工对既有空洞病害隧道的动力响应分析[J]. 爆破, 2019, 36(03): 116-123, 146.
[110] 罗攀峰. 爆破振动作用下空洞对杉树陀隧道衬砌结构的影响研究[D]. 重庆: 重庆交通大学, 2018.
[111] 王永刚, 董军, 李东清, 等. 拱顶含空洞缺陷下高铁隧道衬砌的动力响应分析[A]. 第 26 届全国结构工程学术会议, 长沙, 2017: 4.
[112] 佘健, 何川, 汪波, 等. 衬砌背后空洞对隧道结构承载力影响的模型试验研究[J]. 公路交通科技, 2008, (01): 104-110.
[113] 兰宇. 高速公路隧道维护加固对策的模型试验研究[D]. 成都: 西南交通大学, 2005.
[114] 方勇, 郭建宁, 康海波, 等. 富水地层公路隧道衬砌背后空洞对结构受力的影响[J]. 岩石力学与工程学报, 2016, 35(08): 1648-1658.
[115] 张素磊. 隧道衬砌结构健康诊断及技术状况评定研究[D]. 北京: 北京交通大学, 2012.
[116] 王述红, 王鹏宇, 刘宇, 等. 不同位置空洞条件下隧道的破坏模式试验研究[J]. 东北大学学报(自然科学版), 2020, 41(06): 863-869.

[117] 闫高明, 申玉生, 信春雷, 等. 衬砌背后空洞对隧道地震响应影响的振动台试验研究[J]. 岩石力学与工程学报, 2019, 38(12): 2491-2501.

[118] 杨文波, 谷笑旭, 涂玖林, 等. 拱顶空洞对盾构隧道与周围土体动力响应特性影响[J]. 岩石力学与工程学报, 2019, 38(11): 2344-2356.

[119] 李倩倩, 尹凡, 张顶立. 复杂位移边界下地层空洞的稳定性分析[A]. 中国土木工程学会 2018 年学术年会, 天津, 2018: 15.

[120] 凌同华, 张亮, 谷淡平, 等. 背后存在空洞时盾构隧道管片的开裂机理及承载能力分析[J]. 铁道科学与工程学报, 2018, 15(09): 2293-2300.

[121] 赖金星, 刘炽, 胡昭, 等. 盾构隧道衬砌背后空洞对结构影响规律数值分析[J]. 现代隧道技术, 2017, 54(03): 126-134.

[122] 王士民, 于清洋, 彭博, 等. 空洞对盾构隧道结构受力与破坏影响模型试验研究[J]. 岩土工程学报, 2017, 39(01): 89-98.

[123] 程升亮, 钟明键, 赵东游, 等. 二衬背后空洞对衬砌结构影响的数值模拟研究[J]. 公路, 2019, 64(03): 331-336.

[124] 王亚伟, 郑佳艳. 公路隧道衬砌背后空洞积水冻胀的力学简化模型研究及误差分析[J]. 隧道建设(中英文), 2018, 38(S1): 104-109.

[125] 季维生. 高速铁路隧道拱顶二次衬砌背后存在空洞时气动荷载对其的影响[J]. 中国铁道科学, 2017, 38(06): 56-62.

[126] 姜宁. 衬砌背后空洞对隧道衬砌结构安全性的影响研究[D]. 烟台: 烟台大学, 2016.

[127] Iso B S. Mechanical vibration—Ground-borne noise and vibration arising from rail systems[S]. 2005.

[128] Ishihara K. Soil Behaviour in Earthquake Geotechnics[M]. Oxford: Oxford Science Publications, 1996: 6.

[129] Iai S, Tobita T, Nakahara T. Generalised scaling relations for dynamic centrifuge tests[J]. Geotechnique, 2005, 55(5): 355-362.

[130] Iai S. Similitude for shaking table tests on soil-structure-fluid model in 1g gravitational field[J]. Soils & Found, 1989, 29(1): 105-118.

[131] Pak R Y S, Guzina B B. Dynamic characterization of vertically loaded foundations on granular soils[J]. Journal of Geotechnical Engineering-Asce, 1995, 121(3): 274-286.

[132] 何川, 封坤, 杨雄. 南京长江隧道超大断面管片衬砌结构体的相似模型试验研究[J]. 岩石力学与工程学报, 2007, (11): 2260-2269.

[133] 张建刚, 何川, 杨征. 大型水下盾构隧道管片衬砌结构配筋问题研究[J]. 铁道学报, 2009, 31(05): 72-78.

[134] 申兴柱. 盾构隧道双层衬砌结构力学特性研究[D]. 成都: 西南交通大学, 2018.

[135] 张厚美, 过迟, 付德明. 圆形隧道装配式衬砌接头刚度模型研究[J]. 岩土工程学报, 2000, (03): 309-313.

[136] Zhai W, Wang K, Cai C. Fundamentals of vehicle-track coupled dynamics[J]. Vehicle System Dynamics, 2009, 47(11): 1349-1376.

[137] 陈育民, 徐鼎平. FLAC/FLAC3D 基础与工程实例[M]. 2 版. 北京: 中国水利水电出版社, 2013.

[138] 蒋洪胜, 侯学渊. 盾构法隧道管片接头转动刚度的理论研究[J]. 岩石力学与工程学报, 2004, (09): 1574-1577.

[139] Takano Y H, Working Group No.2, ITA. Guidelines for the design of shield tunnel lining[J]. Tunnelling and Underground Space Technology, 2000, 15(3): 303-331.

[140] 杨春山, 莫海鸿, 陈俊生, 等. 盾构隧道先隧后井工法对管片张开量影响的研究[J]. 岩石力学与工程学报, 2014, 33(S1): 2870-2877.

[141] 中华人民共和国住房和城乡建设部. GB 50010—2010 混凝土结构设计规范[S]. 北京: 中国建筑工业出版社, 2010.

[142] 杨文波, 陈子全, 徐朝阳, 等. 盾构隧道与周围土体在列车振动荷载作用下的动力响应特性[J]. 岩土力学, 2018, 39(02): 537-545.

[143] 丁祖德, 张博, 李晓琴, 等. 衬砌脱空对隧道地震响应影响的振动台试验研究[J]. 振动与冲击, 2018, 37(14): 156-161.

[144] 颜庭祥, 孙国庆. 海底盾构管廊隧道结构病害分析及治理技术[J]. 隧道建设, 2015, 35(03): 257-261.

彩　图

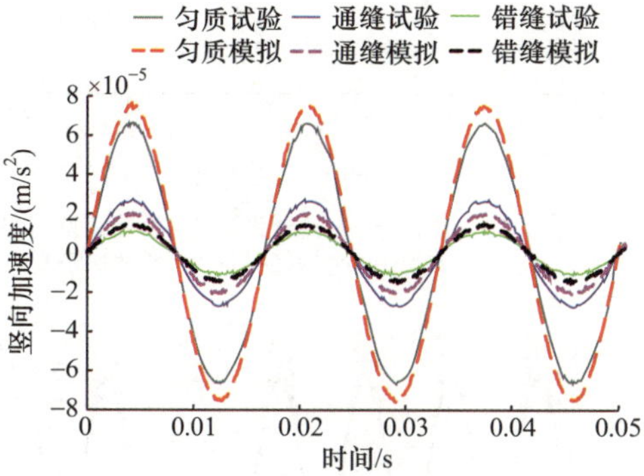

(a) 60Hz-A1-1测点

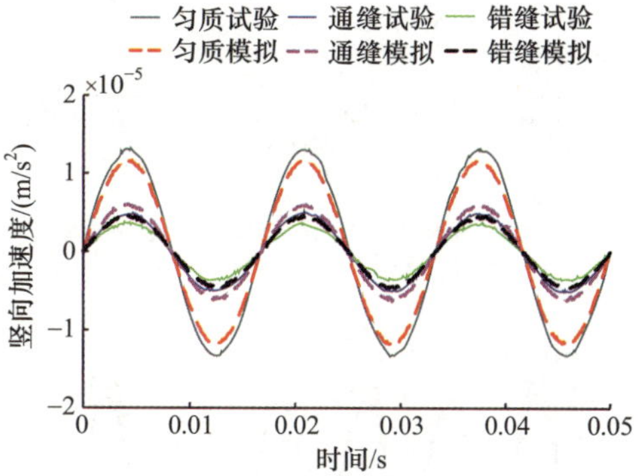

(b) 60Hz-A2-3测点

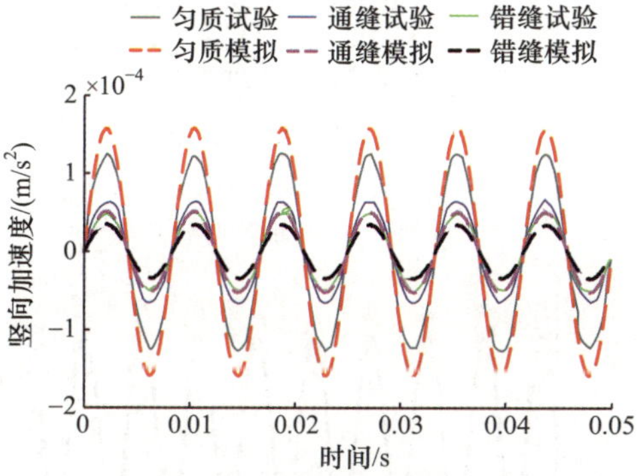

(c) 120Hz-A1-1测点

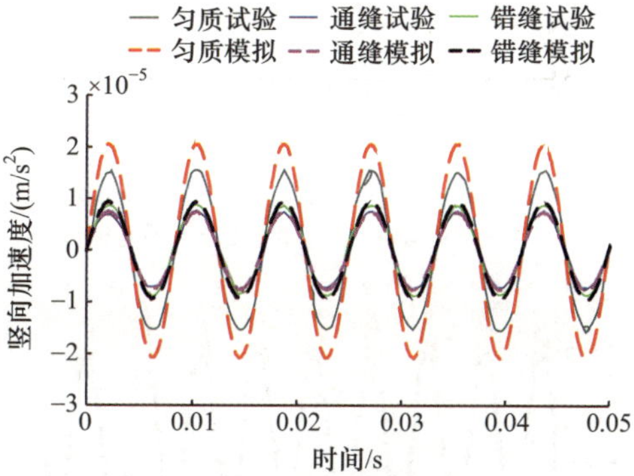

(d) 120Hz-A2-3测点

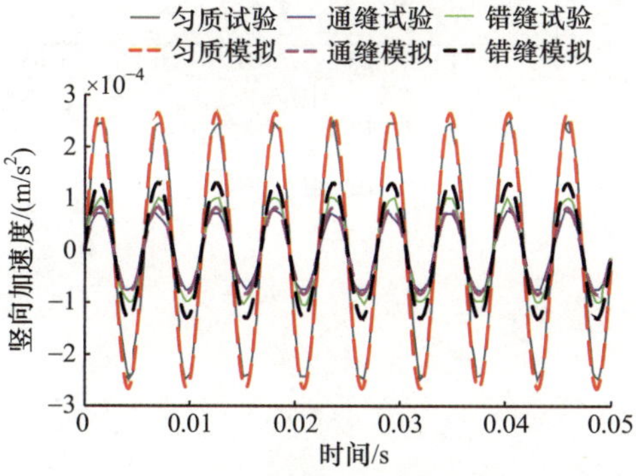

(e) 180Hz-A1-1测点

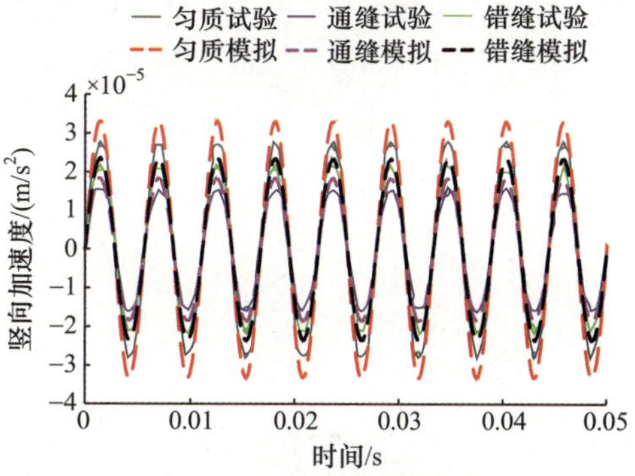

(f) 180Hz-A2-3测点

图 2-40　模型试验与数值模拟时域下隧道结构竖向加速度响应结果对比

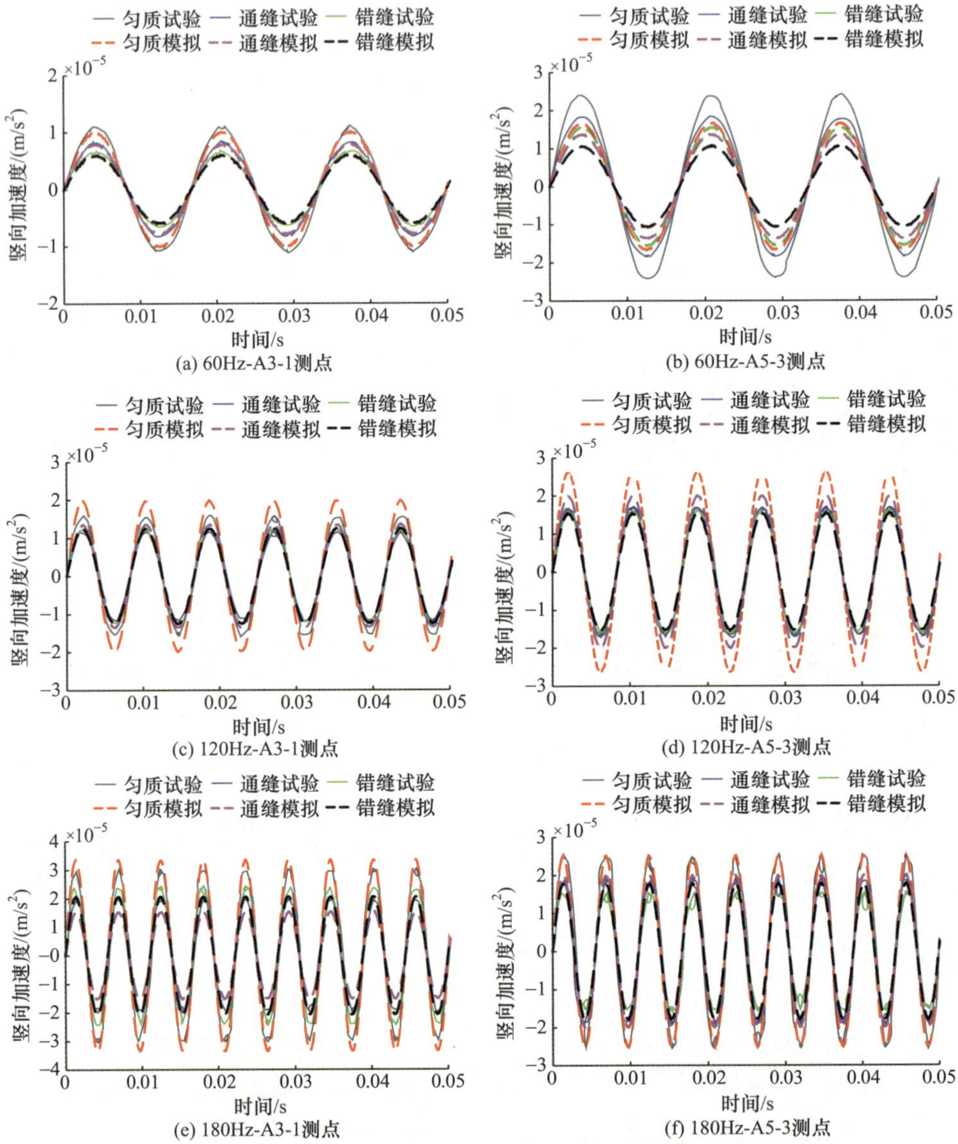

图 2-42　模型试验与数值模拟时域下周围地层竖向加速度响应结果对比

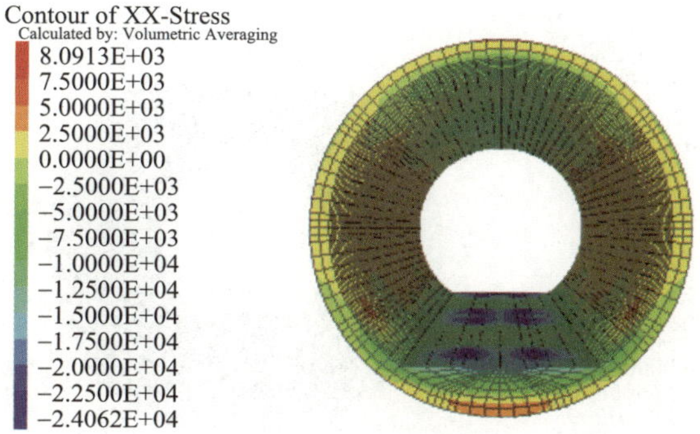

(a) 水平方向(X轴方向)

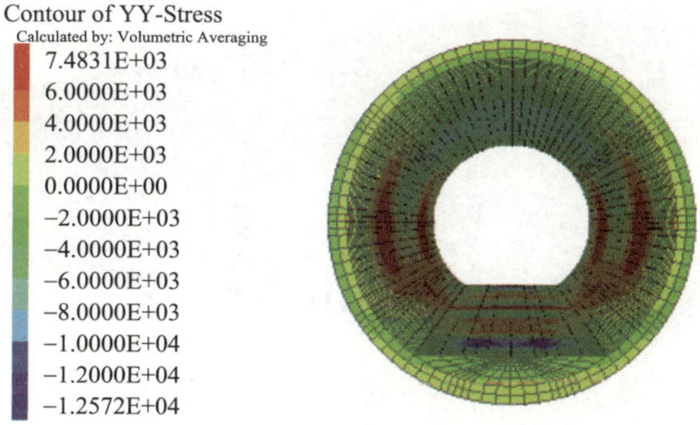

(b) 沿隧道纵向(Y轴方向)

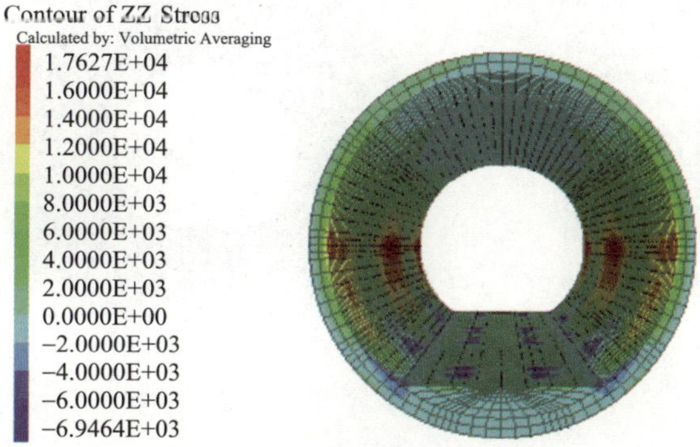

(c) 竖向(Z轴方向)

图 5-9　匀质圆环模型下不同方向隧道结构应力云图

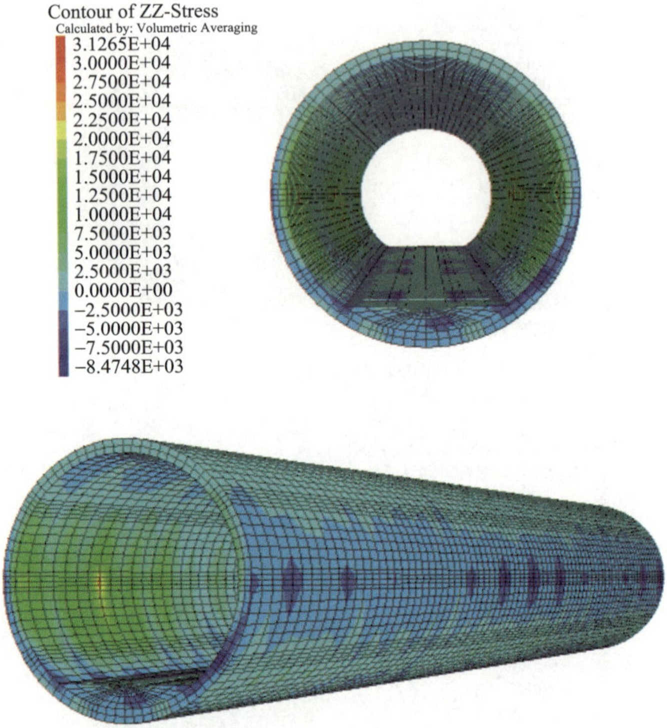

图 5-10　错缝拼装方式下隧道结构竖向应力云图

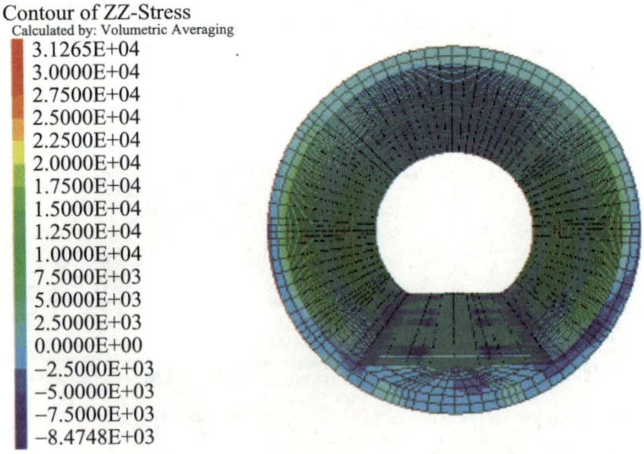

(a) 80km/h

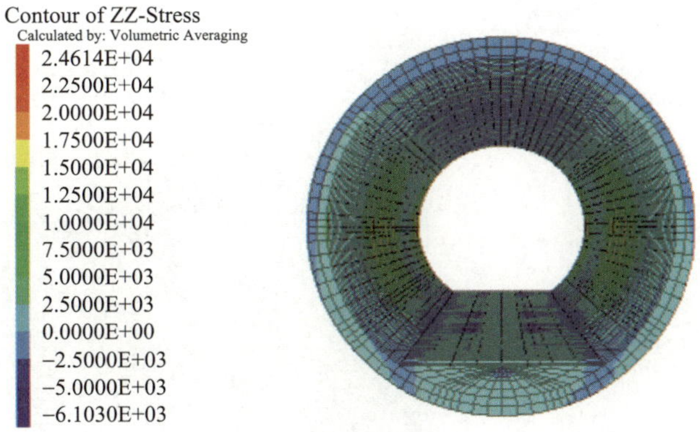

(b) 60km/h

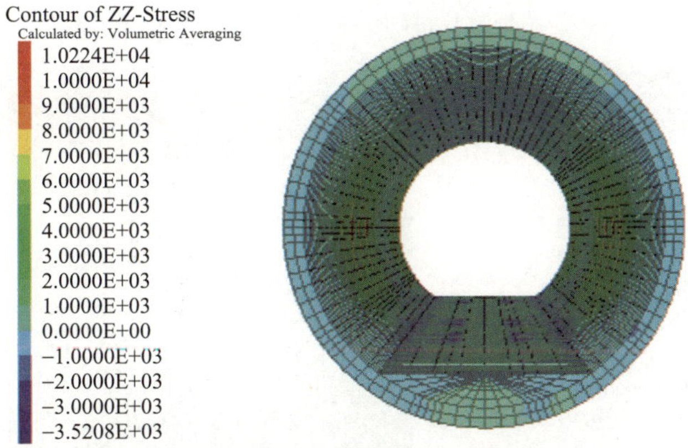

(c) 40km/h

图 5-11　不同列车速度下隧道结构竖向应力云图

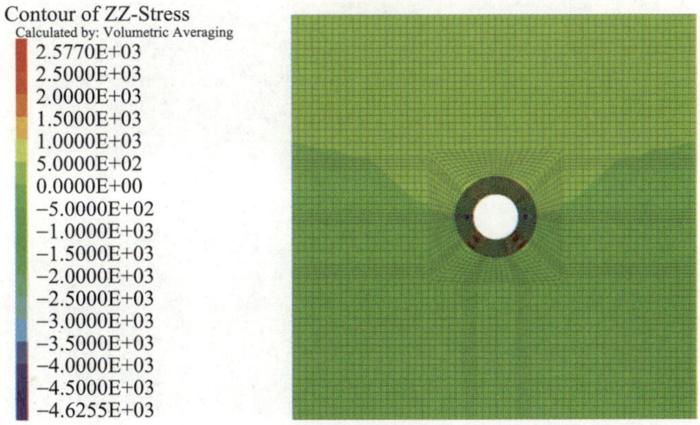

(a) 匀质圆环模型

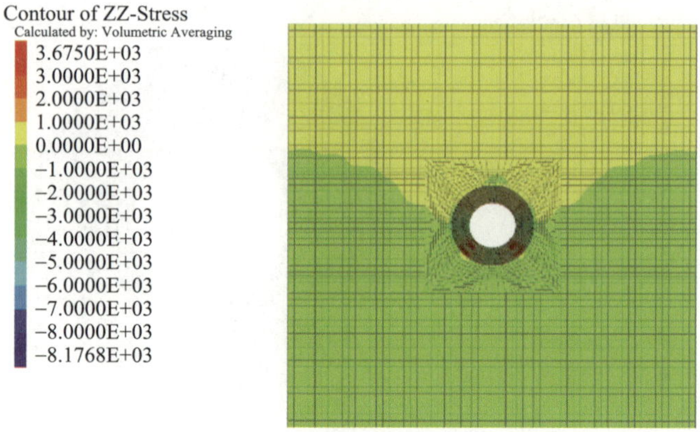

(b) 错缝拼装模型

图 5-19 两种管片衬砌模型下周围地层竖向应力云图

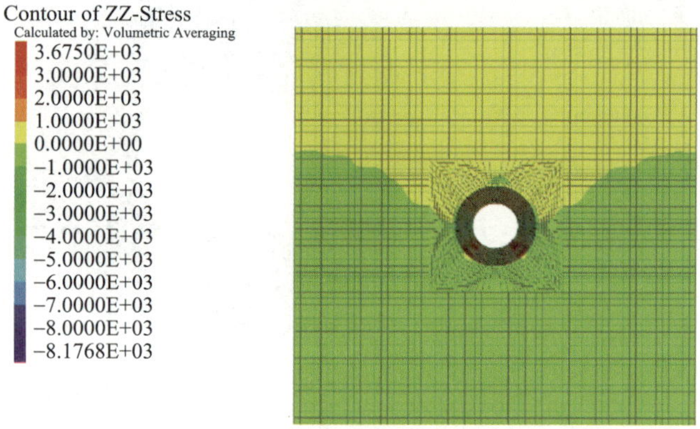

(a) 80km/h

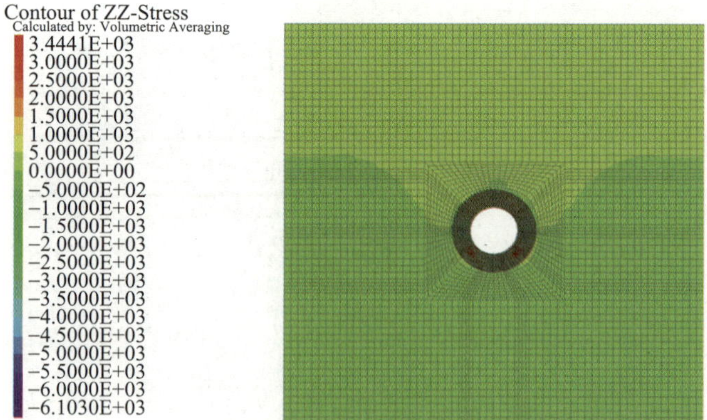

(b) 60km/h

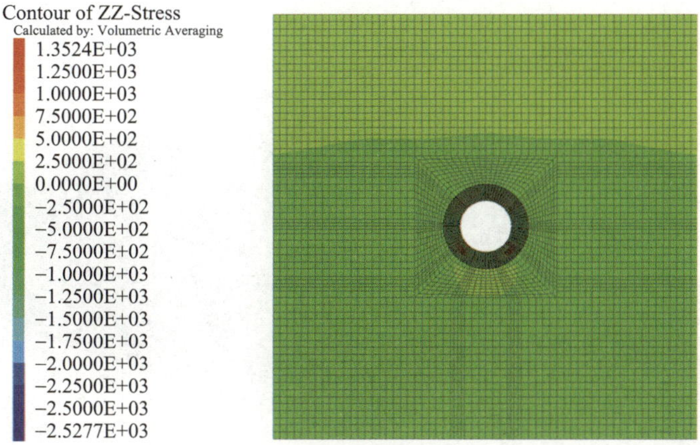

(c) 40km/h

图 5-20　不同列车速度下周围地层竖向应力云图

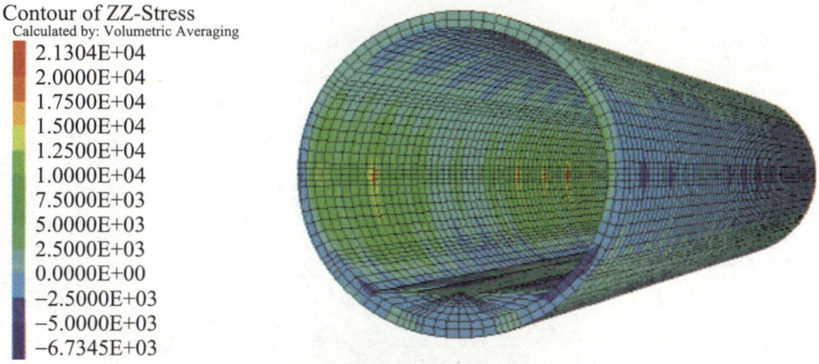

(a) 工况1

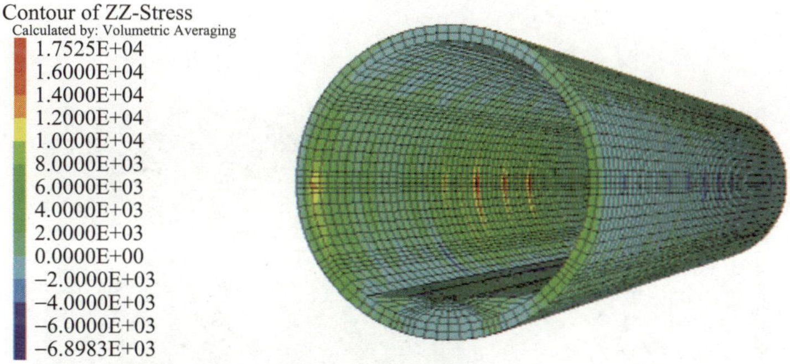

(b) 工况2

图 5-28　两种模型中竖向隧道结构应力云图(80km/h)

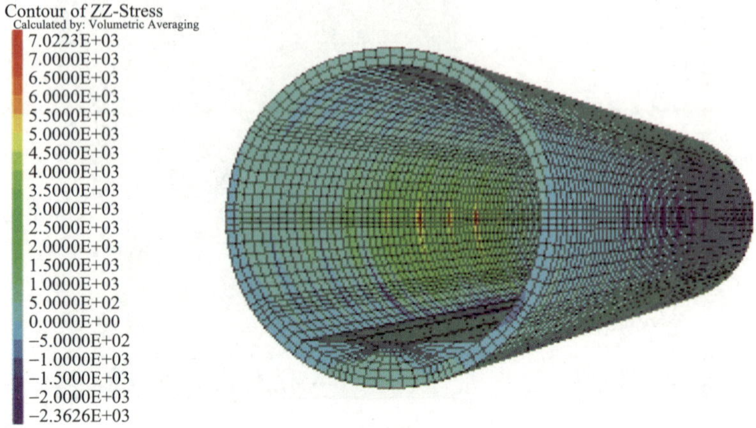

(a) 工况1

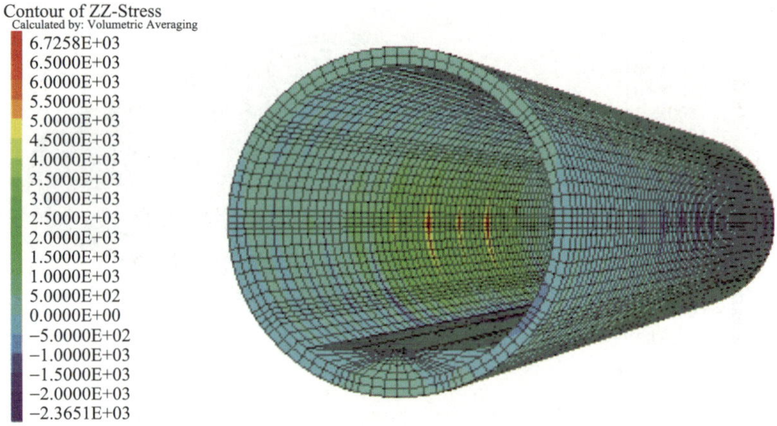

(b) 工况2

图 5-29　不同模型竖向隧道结构应力云图(40km/h)

(a) 工况1

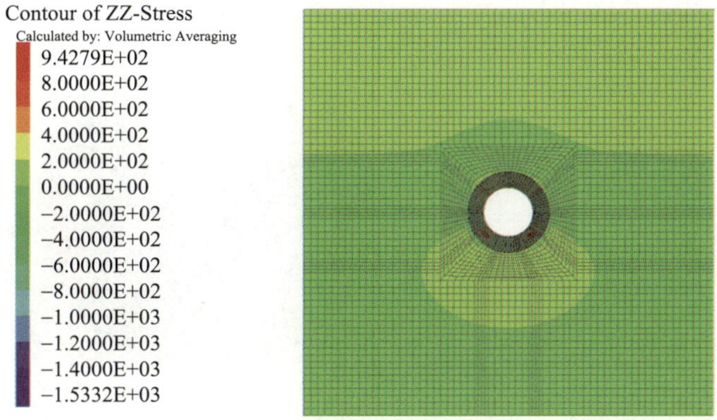

(b) 工况2

图 5-39　不同工况中周围地层应力响应(40km/h)

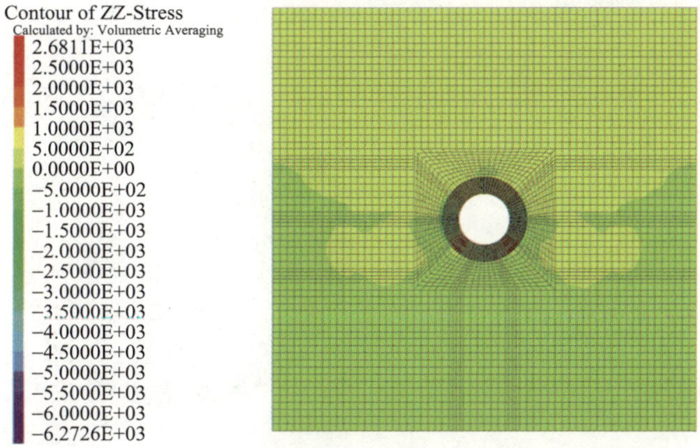

(a) 工况1

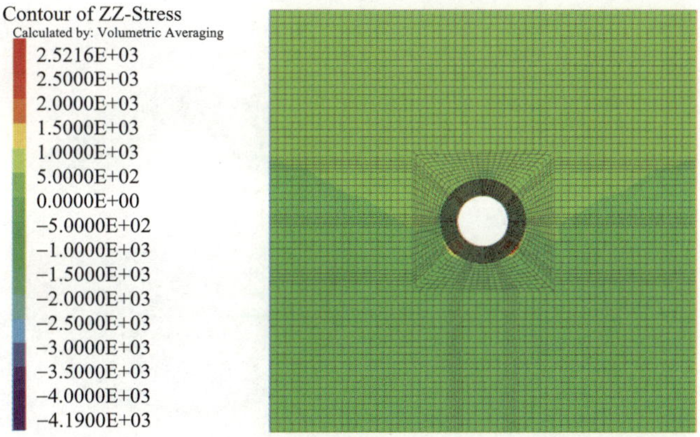

(b) 工况2

图 5-40　不同工况中周围地层应力响应(80km/h)

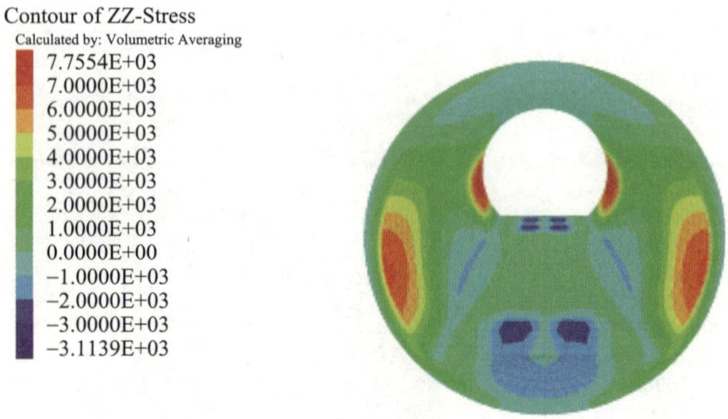

(a) 40km/h

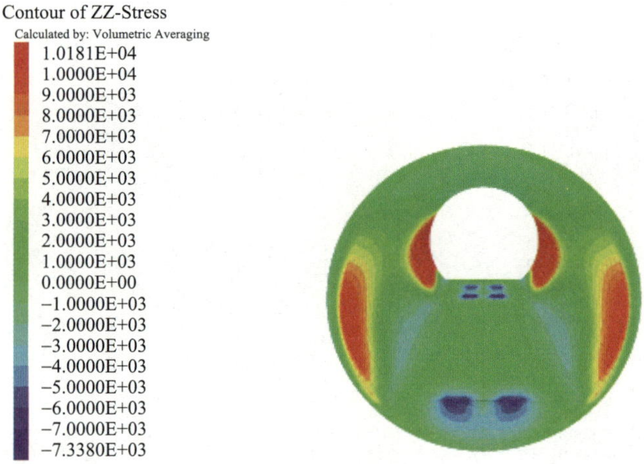

(b) 60km/h

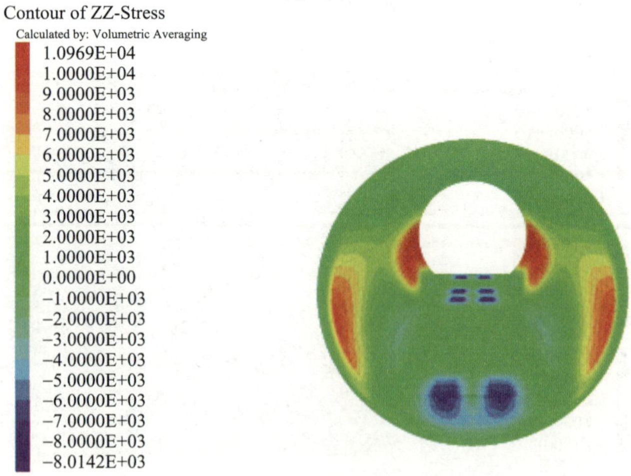

(c) 80km/h

图 5-50　不同列车速度振动荷作用下无空洞工况隧道结构应力响应

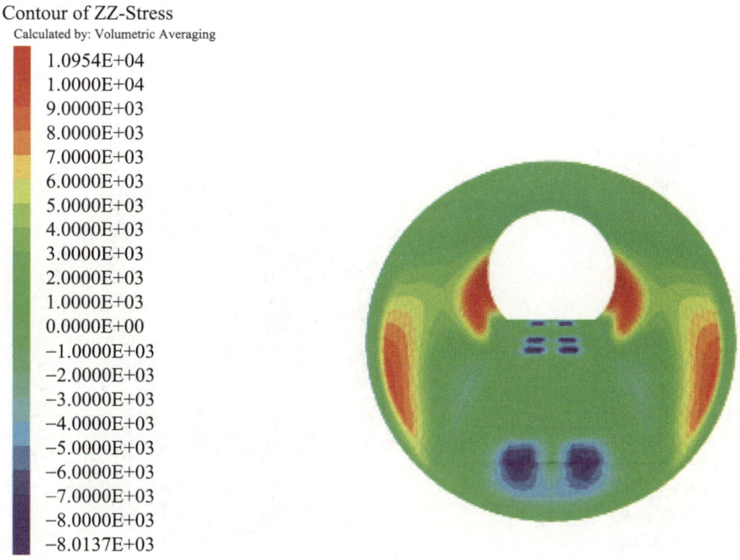

(a) 空洞0°-15°工况

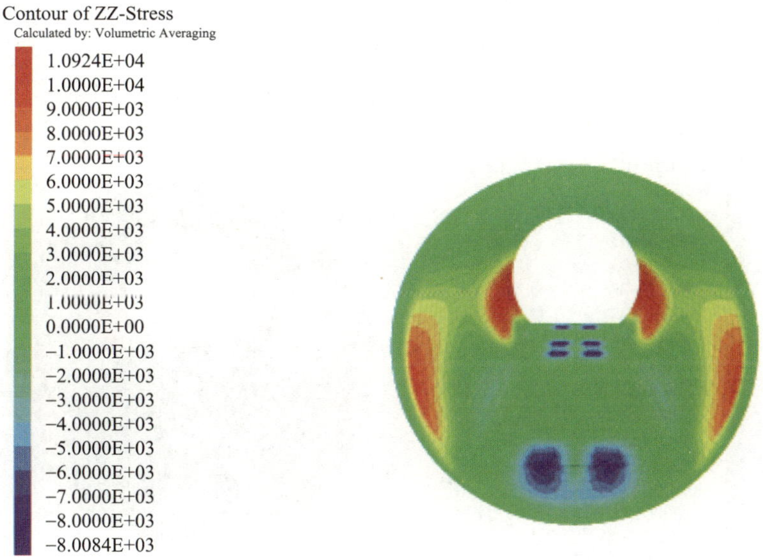

(b) 空洞0°-45°工况

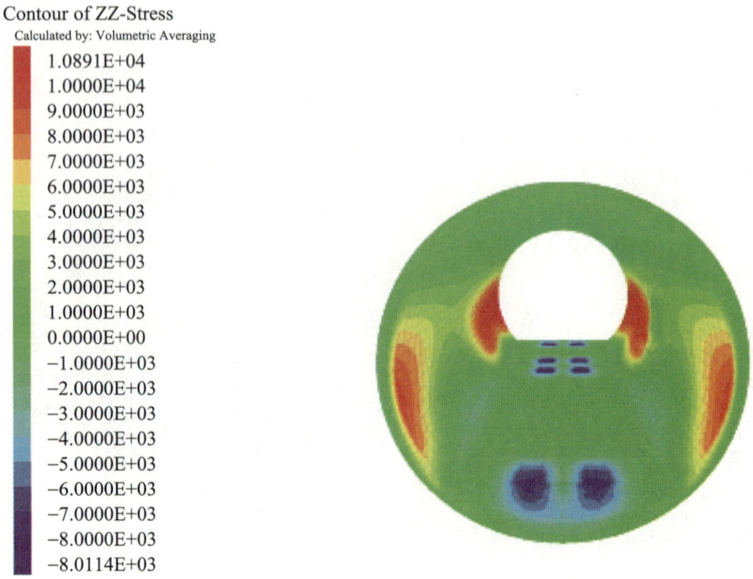

(c) 空洞90°-45°工况

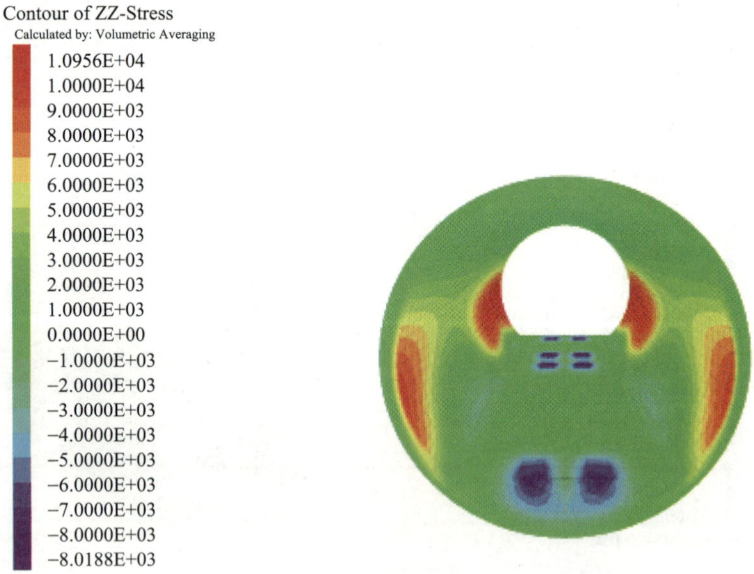

(d) 空洞180°-45°工况

图 5-51　不同宽度和位置的空洞工况下隧道结构应力响应

(a) 40km/h

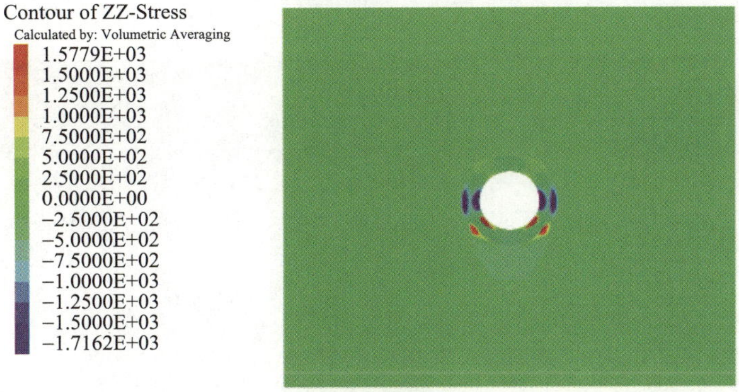

(b) 60km/h

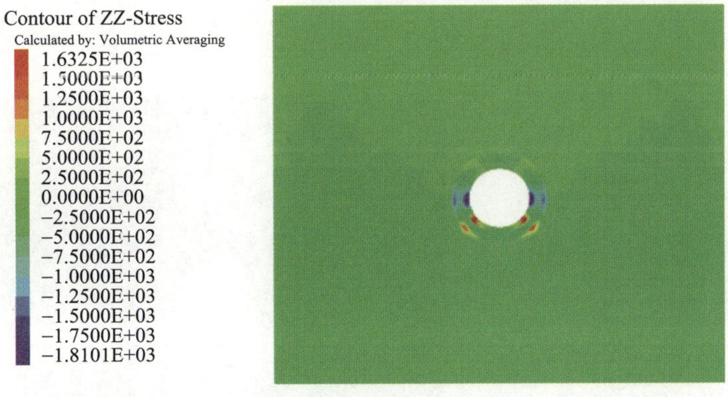

(c) 80km/h

图 5-55　不同列车速度振动荷载作用下周围地层应力响应

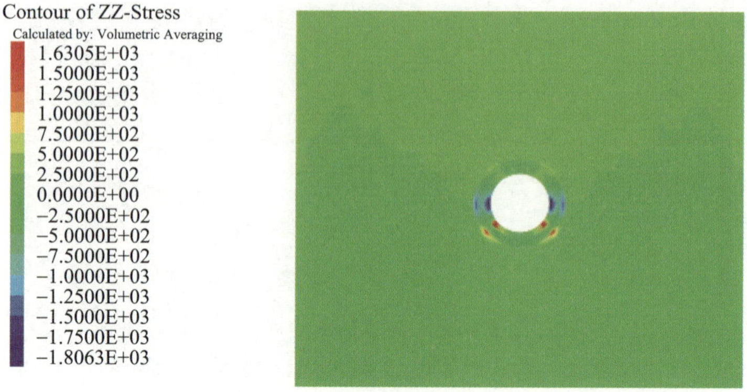

(a) 空洞0°-15°工况

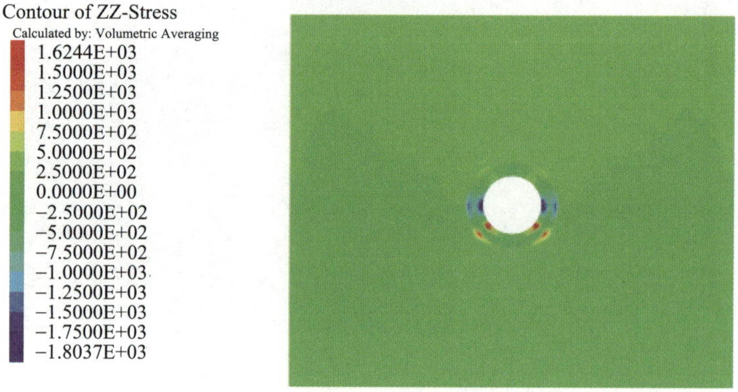

(b) 空洞0°-45°工况

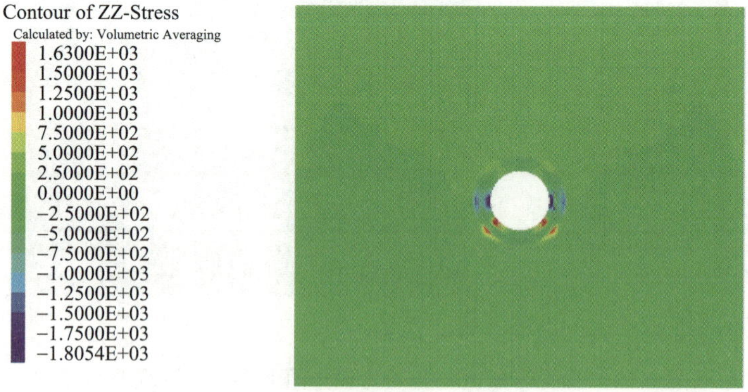

(c) 空洞90°-45°工况

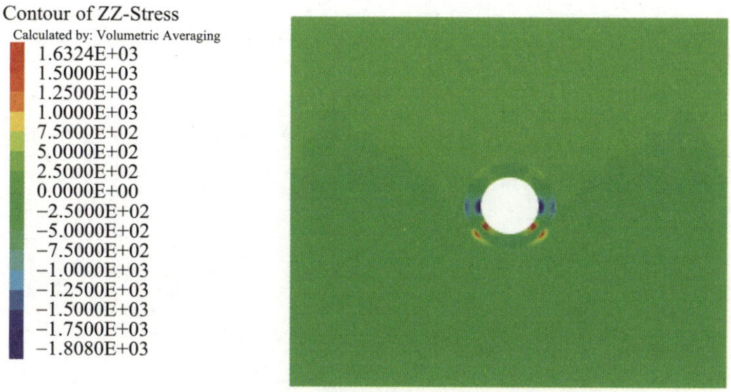

(d) 空洞180°-45°工况

图 5-56　不同宽度和位置的空洞工况下周围地层应力响应